부모교육론 개정판

개정판

부모교육론

PARENTS EDUCATION

안지영
김민정
박영주
이승하
최효정
공저

dm 동문사

머리글

인간의 삶이 시작된 이래 자녀에게 미치는 부모의 영향력이 강조되지 않았던 적은 없지만, 요즘만큼 부모역할의 중요성이 강조되는 경우도 없을 것이다. 최근 우리 사회의 가장 중요한 이슈 중 하나가 바로 '부모되기' 및 '부모역할'에 관한 것이다. 부모가 된다는 것은 축복받을 일이면서 동시에 책임이 뒤따르는 일이기도 하다. 따라서 부모가 되기 이전부터 충분히 준비를 해야 하고 부모가 된 이후에도 지속적으로 노력하여야 한다. 특히 어린 영유아기 자녀에게 미치는 부모의 영향력은 아무리 강조해도 지나치지 않을 정도이므로, 유아교육기관의 교사 또한 부모교육 및 지원에 관하여 보다 많은 관심을 기울여야 한다.

급격하게 변화하는 우리 사회에서 영유아의 성장과 발달의 책임을 맡은 부모에게 꼭 필요한 지원을 제공하는 것은 너무나 중요한 일이 되고 있다. 다양화되고 복잡한 현대사회에서 자녀들에게 삶의 방향을 몸소 보여 주고 가르쳐야 하는 부모역할도 그만큼 혼란스러워지고 있다. 이러한 사회에서 부모는 자녀가 함께 살아가고 있는 사람들에게 좋은 영향력을 미치고, 우리가 살아가고 있는 사회를 보다 나은 사회로 발전시켜 나갈 수 있도록 양육해야 한다. 유아교육기관에서 영유아를 교육하는 교사 또한 하루가 다르게 변화하고 있는 사회에서 더 나은 부모가 되기 위해 노력하는 부모들을 이해하고, 부모들이 처한 상황과 형편을 고려한 최선의 지원 방안을 실시할 수 있는 역량을 키워나가야 할 것이다.

보다 나은 부모가 되기 위해서 무엇을 해야 하고 어떻게 노력을 해야 하는지에 대한 방향을 설정한 후 양육지식이나 기술을 전달해야 할 것이다. 변화하는 사회에서 '부모되기'의 의미를 찾고, 바람직한 '부모되기'에 있어 필요한 정보를 제공하면서 부모를 위한 최선의 교육 프로그램이나 지원 방안을 모색하는 데 도움이 되길 바라는 바이다.

본 책은 총 8장으로 구성되어 있다. 1장에서는 '변화하는 사회와 부모역할'로 현대사회의 변화에 따른 최선의 부모역할이 어떠해야 하는지 알아보고, 2장에서는 '부모교육의 본질'에 대해 알아보았다. 3장에서는 '아동발달단계에 따른 부모의 역할'로 아동의 발달단계에 따른 부모의 역할 변화에 대해 살펴보았다. 4장에서는 '부모양육이론과 양육모형', 5장에서는 '부모교육의 이론', 6장에서는 '부모교육 프로그램'을 소개하였다. 7장에서는 '가족특성에 따른 부모역할'에 대해 알아보았으며, 8장에서는 '부모교육의 현장적용'으로 유아교육기관의 부모교육 및 지원의 실제를 구체적인 사례를 중심으로 알아보았다.

교사가 되기 위하여 준비하는 많은 예비유아교사들이 아직 '부모되기'를 경험하지 못했음에도 불구하고 교육현장에서 부모를 만나고 지원해야 한다. 이러한 어려움을 잘 알고 있는 저자들이 예비유아교사들의 부모와의 만남과 상호작용에 조금이라도 도움이 되기를 기대하면서 수정 보완하여 이 책을 준비하였다. 이 책이 부모교육을 강의하는 교수님들과 예비유아교사들에게 의미 있는 시간이 되었으면 하며, 마지막으로 책이 나오기까지 여러모로 애써주신 동문사 여러분께 감사를 드린다.

2022년 2월

저자 일동

차례

Chapter

01

변화하는 사회와 부모역할

부모역할은 인간의 생존과 발달에 필수적인 부분이다. 다른 동물과는 달리 의존기간이 상당히 긴 인간의 성장과정에서 부모는 가장 중요한 환경 변인으로 지목되고 있다. 그러나 사회변화에 따라 이러한 부모역할에 대한 인식은 점차 변화하고 있다.

전통사회에서는 부모의 역할이 필수적인 것으로 인식되었다. 그러나 최근 우리 사회는 급격하게 변화하고 있으며, 여성의 사회진출이나 이혼율의 증가와 같은 사회변화의 영향으로 많은 사람들이 부모역할에 대해 높은 가치를 부여하지 않고 있다. 이로 인해 부모역할은 필수적이라기보다는 선택이라는 인식이 팽배해 있으며, 이러한 인식을 단적으로 보여주는 것이 우리나라의 저출산율이다. 그러나 이러한 변화에도 불구하고 대다수의 사람들은 아직도 부모가 되기를 희망하고 있으며 부모역할을 통해 만족감을 얻고 있는 것도 사실이다.

이 장에서는 부모가 되고자 하는 동기, 부모역할의 특성 및 이에 영향을 미치는 요인들에 대해 알아보고, 그리고 현대사회에서 요구하는 부모역할에 대해 살펴보고자 한다.

1 사회변화와 부모역할의 동기

현대사회는 결혼과 동시에 자녀를 출산해야 한다는 과거의 통념으로부터 벗어나 부모가 되는 문제를 자신의 선택에 의해서 결정하는 시대이다. 결혼 적령기에 자녀 출산의 문제를 개인의 문제로 인식하는 경향이 있어 점점 부모로서의 포기가 증가할 것으로 보인다. 이러한 변화되는 사회적 관념을 이해하기 위해서는 부모가 되는 데 미치는 영향과 동기에 대해 기본적인 의미가 부여되어야 한다.

부모가 되고자 하는 동기를 에릭슨(Erikson, 1950)은 개인이 성장단계로 발달하게 되면 다른 사람을 돌보려는 생득적 동기가 생기며 자녀를 낳고 부모의 역할을 수행함으로써 이와 같은 동기가 표현된다고 보았다. 라빈(Rabin, 1965)은 부모가 되는 동기를 다음의 네 가지로 설명하고 있다(이선애 · 김상림 · 신희이, 2015 재인용).

- 숙명적 이유(fatalistic motivation): 운명에 순응한다는 사고로써 종교적 신념에 따르는 것이다. 가톨릭에서 낙태를 금지하고 있는 것을 한 예로 들 수 있다. 이는 자녀기를 통해 가계를 잇는다는 사고에서 나온 것으로 성씨(姓氏)를 유지하는 것이 중요한 문제가 된다.
- 이타주의적 이유(altruistic reason): 자녀에 대한 관심과 애정을 표현하는 부모가 되고자 하는 기본 욕구에서 비롯된다. 이는 자녀를 개인적인 관점에서 본다는 점이 문제가 된다.
- 자기도취적 이유(narcissistic reason): 자녀를 가짐으로써 심리적 안정을 얻을 수 있다는 생각으로 성인 대열에 합류했다는 정서적 안도감을 갖게 된다.
- 도구적 이유(instrumental reason): 표현적 이유와 반대되는 개념으로 자녀를 통해서 대리보상을 충족시키려는 것, 자신의 부모에게 효도했다는 만족감을 갖기 위한 것, 부부간의 불화를 방지할 수 있다는 이유 등과 관련되어 있다. 이는 국내 연구에서도 반영되었다(유안진 · 김연지, 2003).

1) 진화론적 관점

많은 사람들은 결혼을 하면 자녀를 출산하고 양육하는 것이 지극히 자연스러운 행동이며 숙명론적인 것으로 받아들인다. 진화생물학적 관점에서 본다면 인간이 결혼하여 가족을 형성하고 자녀를 출산하는 것은 자신의 유전자를 보존하기 위한 가장 효율적인 방법이라고 본다. 즉, 자신의 유전자를 다음 세대에 전달하기 위해서는 결혼해서 자녀를 출산하고 양육하는 투자를 담당해야 한다고 주장한다. 진화론적 관점의 핵심은 자연선택(natural selection)의 개념이다. 이는 환경에 잘 적응한 개체는 그렇지 못한 개체보다 자기 유전자를 남기는 확률이 더욱 높다는 것이다. 진화론적 관점에서는 이처럼 자기 유전자를 후대에 남기는 확률을 증대시키기 위해서는 의존적인 아동기를 확장하고자 하는 욕구가 존재한다고 하였다. 의존기간을 늘림으로써 한 개인으로 하여금 복잡한 인간공동체에 대한 적응을 보다 용이하게 해준다는 것이다. 즉, 의존적인 시기를 확장함으로써 얻게 되는 이익이 이에 대한 비용보다 더 크다는 것이다.

대다수의 부모들이 보이는 강한 도구적인 동기는 바로 이러한 맥락에서 설명할 수 있을 것이다. 부모들은 자신이 성취하지 못한 것을 자녀를 통해 성취하기를 기대하며, 이를 통해 대리만족을 얻고자 한다. 이러한 만족은 자녀를 키우는 과정에서 경험하는 만족감이라고 볼 수도 있지만, 궁극적으로는 자녀가 이 사회에 잘 적응할 수 있다는 확신을 의미하는 것이기도 하다. 그러므로 진화론적 관점에서 부모의 역할을 이처럼 긴 의존기를 통해 자녀가 사회에 잘 적응할 수 있도록 도와주는 것이며, 이를 통해 부모는 자신의 유전자를 후대에 전달할 수 있는 가능성을 높이는 것이다.

2) 발달론적 관점

많은 사람들은 성인이 되면 자녀를 출산하고 사랑을 베풀고 싶은 욕구를 지니게 되며, 이러한 발달적 욕구를 발전시켜 나가는 것이 부모가 되는 중요한 동기라고 볼 수 있다. 에릭슨(Erikson, 1950, 1968)은 사람들은 성인기에 이르러 다음 세대를 양육하고 이들을 양육함으로써 이타심이나 책임감, 민감성과 같은 특성을 발전시켜 나간다고 하였으며, 이를 생산성의 개념으로 설명하였다. 심리사회적 발달의 관점에서 한 개인의 발달단계를 8단계로 구분한 에릭슨(Erik Erikson, 1902~1994)의 이론에 비추어 보면, 5단계에서 자아정체감을 통해 자신을 사랑할 수 있는 기틀을 형성한 한 개인이 6단계에서 친밀감을 통해 자기 이외의 한 이성을 사랑하게 되어 가족을 형성하고, 이후 7단계에서는 자녀출산을 통해 생산성이라는 과업을 발전시켜 나간다는 것이다. 생산성의 개념을 발달시켜 나가는 것은 성인기의 중요한 발달과업이며, 이를 발달시켜 나가지 못하면 침체성에 빠지게 된다고 하였다. 이러한 생산성의 개념을 발전시켜 나가는 것은 사회봉사활동과 같은 여러 다양한 활동을 통해서 이루어질 수도 있으나 부모가 되는 것이 이러한 발달과업을 성취하기 위한 가장 효율적인 방법이며, 자녀출산이 불가능한 경우 입양하는 것도 이러한 발달과업을 수행하기 위한 한 가지 방법이 될 수 있다.

3) 사회문화적 관점

전통적으로 대부분의 사회에서는 성인이 되어 자녀를 출산한 사람에게 특정한 지위를 부여하는 반면, 그렇지 못한 사람에게는 불이익을 주는 문화적 관행을 가지고 있다. 우리나라의 경우 칠거지악(七去之惡)이 그 대표적인 예라고 볼 수 있다. 결혼을 한 여성이 자녀를 출산하지 못하는 것은 일곱 가지 죄악의 하나로 간주하여 축출의 사유로 인정하였던 것이다. 특히 전통사회에서는 남성의 지위가 타고난 지위라면 여성의 지위는 획득된 지위의 특성이 강하였다. 결혼 당시 낮은 지위를 점하고 있는 여성이 지위를 성취할 수 있는 대표적인 방법은 자녀, 특히 남아의 출산을 통해서였다. 전통사회에서는 자녀를 출산하여 가문의 대(代)를 이어나가는 것이 당연한 도리로 받아들여졌으므로, 이러한 사회적 압력이 부모됨의 중요한 동기였다고 볼 수 있다. 현대사회에서는 이러한 문화적 관행을 존재하지 않는다. 그러나 종교적인 측면에서 생명의 창조는 신의 영역이며 이를 인간이 간섭하는 것은 죄악이라고 생각하고 피임을 반대하는 것도 이와 유사한 맥락으로 이해할 수 있다.

2 사회변화에 따른 부모역할의 특성

부모역할에 대해서 파슨스와 베일즈(Parsons & Bales, 1955)는 구조기능론적 관점에서 전통적인 부모의 역할을 도구 역할(instrumental role)과 표현적 역할(expressive role)로 구분하였다. 이러한 역할구분은 아버지가 가정의 대표자나 생계유지자로서 도구적인 역할을 수행하고 어머니가 가족원들의 정서적인 욕구를 충족시켜 주는 표현적인 역할을 수행할 때 가족은 가장 기능적이라는 것이다. 또한 윈치(Winch, 1971)는 자녀양육의 역할 가운데 아버지의 역할을 통제적 역할로, 그리고 어머니의 역할은 양육적 역할로 뚜렷하게 구분하여 설명하였다. 그러나 이처럼 뚜렷하게 구분되었던 부모역할은 사회변화에 따라 점차 그 구분이 모호해지는 경향을 보이고 있다.

1) 어머니의 역할: 신체 · 정서 · 사회성 발달

부모역할에 대한 많은 연구들은 아동발달에서 어머니 역할의 절대성을 주장하였다. 프로이트(Freud, 1933)는 출생 직후 구강적 욕구를 충족시켜주는 사람이 어머니이기 때문에 어머니는 아버지보다 자녀의 성장에 더 많은 영향을 미치는 인물이라고 하였다. 보울비(Bowlby, 1969)도 애착연구를 통해 주양육자로서 어머니 역할을 강조하였다. 특히 신체발달이나 정서발달, 사회성 발달에서 어머니는 자녀의 발달에 지대한 영향을 미친다.

(1) 신체발달

어머니의 역할의 중요한 측면 가운데 하나는 자녀의 생존이나 신체발달과 관련된 것이다. 다른 동물에 비해 인간의 아기는 작고 미숙한 뇌를 가지고 태어나며 오랜 기간 동안 의존을 필요로 한다. 어머니는 수유를 통해 아기에게 생존에 필수적인 영양분을 공급해 주며, 모유

수유의 주체라는 점에서 생존의 욕구를 직접적으로 충족시켜주는 인물이라고 볼 수 있다.

어머니는 모유수유를 통해 단순히 영양공급뿐만 아니라 신체접촉을 통해 촉각적인 만족을 제공해 준다. 어머니와의 신체접촉이 결여된 영아는 비록 충분한 영양공급이 이루어진다 하더라도 여러 가지 신체발달상의 문제를 보인다는 점에서 신체접촉은 영아에게는 생존의 욕구와 직결된 것으로 볼 수 있다. 또한 모성결핍의 영향을 조사한 보울비(Bowlby, 1969)의 연구결과도 어머니 역할의 중요성을 지지해 주고 있다. 보울비(John Bowlby, 1907~1990)의 연구에 의하면 장기간 어머니와 격리되어 있거나 시설에서 양육된 아동은 신체발달에서 지체 현상을 보일 뿐만 아니라 인지·정서·사회성 발달에서 결함을 보인다고 하였다.

(2) 정서발달

정서발달에 대한 어머니의 영향은 태내에서부터 시작된다. 임신의 주체로서 어머니의 정서상태는 태아의 정서적 안정과 직결되어 있다. 임신기간 중 어머니의 정서상태의 중요성을 우리나라 전통육아에서는 태교라는 용어로 강조하였다. 임신기간 중 어머니의 스트레스 수준이 높을수록 태아의 움직임이 증가하고 심장박동률의 변화가 크게 나타나는데, 이는 출생 이후 영아의 행동특성을 예측하는 것으로 나타났다.

어머니는 태내에서부터 여러 가지 경로를 통해 태아와 정서적 애착관계를 형성할 뿐만 아니라 출생 이후에도 강한 정서적 유대감을 형성하게 된다. 특히 초기에 형성되는 애착관계는 이후의 부모-자녀 관계나 자녀의 정서발달에 장기적인 영향을 미치게 된다.

(3) 사회성 발달

아동이 출생 직후 어머니와 형성하는 애착은 이후의 사회성 발달에 큰 영향을 미친다. 초기의 애착이 전 생애에 걸쳐 지속적으로 영향을 미친다는 관점은 보울비(Bowlby, 1969)의 내적 작동모델에 그 근거를 두고 있다. 내적 작동모델은 영아가 양육자에 대한 반응성과 접근 가능성을 바탕으로 자신과 타인에 대해 형성한 정신적 표상을 의미한다. 자신에 대한 표상은 자신이 가치 있고 사랑받을 만한 존재인가에 대한 것이며, 타인에 대한 표상은 도움이 필요한 상황에서 자신이 애착을 형성한 대상이 의지하고 믿을 만한 사람인가에 대한 표상이다. 보울비는 아동이 어린 시절에 부모와 어떠한 관계를 형성하였는가에 따라 어머니와 기본적 신뢰감을 형성한 아동은 이후의 인간관계에서 신뢰감을 갖게 되며, 그렇지 못한 경우에는 타인에 대한 불신감으로 인해 원만한 대인관계를 형성하는 것이 어렵다고 하였다.

2) 아버지의 역할: 성역할 · 사회성 발달

전통적으로 아버지의 역할은 어머니의 역할과 대비시켜 이차적인 역할(secondary role)로 특징지어져 왔다. 이러한 아버지의 역할의 특징을 미드(Mead, 1968)는 '아버지는 생물학적으로는 필연적이지만 사회학적으로는 우발적인 인물'이라고 묘사하였다. '어미 잃은 날이 아비 정떼는 날'이라는 우리나라의 속담도 바로 이러한 아버지의 역할의 특징을 반영해 주고 있는 것이다(정순화 · 김시혜, 1996). 그러나 최근 아버지는 자녀양육의 중심인물이며 더 이상 사회화 과정에서 부차적인 인물로 간주되지 않는다. 아버지도 성역할과 사회성 발달 등에서 어머니 못지않은 영향을 미친다.

(1) 성역할 발달

자녀의 성역할 발달에서 아버지는 어머니보다 더 큰 영향을 미치는 것으로 나타났다. 특히 여아보다 남아의 발달에 큰 영향을 미치며, 시기별로는 동일시가 강하게 이루어지는 남근기에 가장 큰 영향을 미치게 된다. 5세 이전에 아버지의 결손을 경험한 남아는 의존적인 성향을 보이며, 축구나 권투와 같은 거친 활동보다는 독서나 그림 그리기, 퍼즐 등과 같은 비신체적이며 비경쟁적인 놀이를 선호하는 것으로 나타났다. 그러나 6세 이후에 아버지의 결손을 경험한 소년은 이러한 특성을 보이지 않았는데, 이는 연령이 증가함에 따라 아버지를 대신할 다른 남성 모델을 접하게 되기 때문이다(Parke, 1995).

전통적인 남성성이나 여성성이 최상의 성역할 모델이라고 볼 수는 없다. 그러나 적절한 성역할 기능의 학습은 아동의 발달에 필수적이다. 자신의 성에 필요한 기본적인 능력을 학습한 아동은 전통적인 성역할 개념에 얽매이지 않고, 보다 융통성 있는 성역할 발달이 이루어질 수 있다.

(2) 사회성 발달

아버지는 어머니 못지않게 아동의 사회성 발달에도 큰 영향을 미친다(이경희, 1993; 최경순, 1992). 어머니와 마찬가지로 아버지와의 관계형성에서도 출생 직후가 결정적인 시기이지만 상호작용의 형태에서는 다소 차이를 보이고 있다.

어머니는 자녀와의 상호작용에서 수유를 하고 시중을 드는 데 대부분의 시간을 보냄으로써 타인에 대한 신뢰감을 형성하는 데 보다 큰 영향을 미치는 반면, 아버지는 놀이를 통해 자녀에게 타인과 적절하게 상호작용하는 방법을 가르쳐 준다(Hamner & Tunner, 1996). 전형적으로 영아와 아버지의 관계는 애착욕구보다는 사교적인 욕구와 관련이 있으며, 사회화의 대상이나 놀이친구로서 아버지는 자녀에게 가족 이외의 사람과 어떻게 잘 지낼 것인가를 가르쳐준다. 그 결과 아버지를 좋아하고 아버지와의 접촉이 많은 아동은 낯선 사람과의 관계가 우호적이고 활발하며, 이는 특히 남아의 경우 두드러지게 나타난다(Parke, 1995).

3) 부모역할에 대한 새로운 관점

기존 연구에서는 부모역할에서 어머니 역할의 우월성을 강조하였다(Fleming, Ruble, Krieger, & Wong, 1997). 최근까지도 아동의 성장에 미치는 아버지의 영향은 간과되어 왔으나 근래에 와서는 양육자로서 아버지의 역할이 갖는 중요성이 밝혀지고 있어 주목을 받고 있다. 사회변화로 인해 아버지는 더 이상 가정에 물질적 도움만 주는 부양자로서의 존재가 아니며, 어머니 못지않게 자녀의 발달에 중요한 역할을 담당하는 것으로 인식되고 있다.

따라서 아버지는 거칠고 어머니는 부드러우며, 아버지는 엄격하고 어머니는 양육적이라는 전통적 역할구분이 이제 변화하고 있다. 다시 말해서 양성적인 부모역할이 점차 증가하고 있다. 자녀양육에서 어머니와 아버지의 뚜렷한 역할구분보다는 담당하는 역할의 차이가 점차 줄어들고 있는 추세이다. 생물학적 아버지로서 역할비중은 점차 감소하고, 사회학적 아버지로서의 역할비중은 점차 증가하는 추세이다. 연구결과에서도 아버지가 한계를 설정함과 동시에 온정성과 양육성을 보일 때 아동의 창의성, 독립성, 관대함, 민감성의 발달이 촉진된다고 한다.

3 사회변화와 부모역할의 영향요인

생태학적 관점에서 인간의 발달은 가까운 근접환경에서부터 자신이 살고 있는 문화적 환경까지를 모두 포함하는 미시체계, 중간체계, 외체계, 거시체계, 시간체계의 다섯 가지 체계의 영향을 받는다고 하였다(Bronfenbrenner, 2000). 이러한 환경요인 가운데 아동의 성장과정에서 무엇보다도 큰 영향을 미치는 것은 중요한 미시체계인 부모와의 정서적 유대감이다. 대부분의 부모들은 자녀와 강한 정서적 유대감을 형성하고 있지만 그 정도에서는 차이를 보이며, 이러한 차이를 결정하는 주요 요인으로는 부모의 특성, 자녀의 특성, 사회적 환경의 세 가지 요인을 들고 있다.

1) 부모의 특성

부모의 성격특성이나 자녀양육에 대한 신념과 태도, 근원가족에서의 경험과 같은 부모요인들은 부모의 행동에 많은 영향을 미친다.

(1) 부모의 성격

여러 학자들은 부모역할에서 개인의 성격이 결정적인 역할을 한다고 한다.

- 신경증(neuroticism): 개인이 심리적 고통이나 비현실적 생각, 과도한 충동이나 부적응적 대처반응에 얼마나 취약한가를 반영하는 것으로 부모의 행동에 여러 다양한 방식으로 영향을 미친다. 특히 영아기의 자녀를 가진 어머니의 우울증은 가장 주목을 받고 있는 신경증의 한 측면으로 볼 수 있다. 우울한 어머니들은 자녀에게 민감한 반응을 덜 보이고, 덜 웃고, 덜 말하고, 피부접촉을 덜 하는 것으로 나타났다. 또한 영아와의 적극적인 개입의 중요성을 과소평가하고 부정적인 행동을 촉진시키는 것으로 나타났다. 유아기의 학령전기에도 유사한 결과를 보이고 있는데, 신경증에서 보다 높은 점수를 얻은 어머니들은 안아주거나 칭찬하는 것과 같은 부정적인 양육행동의 수준은 낮은 반면, 때리거나 위협하는 것과 같은 부정적인 양육행동의 수준은 높게 나타났다. 자녀가 사춘기에 이르러서도 부모의 신경증은 문제를 유발하는 양육행동과 결부되는 것으로 나타났는데, 이들은 자녀의 행동에 대해 덜 수용적이고 심리적 자율성에 대해 덜 지지적인 것으로 나타났다. 이러한 연구결과는 어떤 발달단계에서든 높은 신경증

수준은 부적절한 양육행동과 관련되어 있음을 말해 주는 것이다 (정옥분 · 정순화, 2019 재인용).

- 외향성(extraversion): 상호작용의 양이나 강도, 활동수준, 자극에 대해 욕구나 기쁨에 대한 수용능력을 반영하는 것으로, 외향성에서 높은 점수를 얻은 사람들은 사교적이고, 활동적이며, 말이 많고, 인간지향적이고 낙천적이다. 반면, 외향성에서 낮은 점수를 얻은 사람들은 침울하고, 초연하며, 과제지향적이고, 조용하다. 이러한 차이에 비추어볼 때, 부모역할은 사회적인 특성과 관련이 있다는 점에서 외향적인 사람들은 보다 부모역할을 잘 수행할 것으로 추론할 수 있다.
- 순응성(agreeableness): 사고나 감정, 행동에서 타인에 대해 공감하고 조화를 이루고자 하는 상호관계적 성향을 반영하는 것으로, 순응성에서 높은 점수를 받은 사람들은 부드럽고 타인을 신뢰하고 관용적인 반면, 낮은 점수를 받은 사람들은 냉소적이고 무례하며 의심이 많고 농간을 부리는 경향이 있다.
- 경험에 대한 개방성(openness to experience): 새로운 것에 대한 개방적인 정도를 나타내는 것으로, 경험에 대한 개방성에서 높은 점수를 받은 부모들은 흥미가 광범위하고 상상력이 뛰어나다. 하지만, 낮은 점수를 받은 사람들은 실용적이고 전통적이며 정해진 방식으로 행동하는 경향이 높다. 경험에 대한 개방성과 부모행동 간의 관계에 대한 연구결과는 성격의 다른 측면과의 관계에 대한 연구결과들에 비해 뚜렷하게 나타나지 않는데, 일반적으로 개방성은 보다 지지적인 양육행동과 관련이 있다.

- 성실성(conscientiousness): 개인이 높은 성취기준을 설정하고 이를 달성하기 위해 노력하는 정도를 반영한다. 성실성은 지지적인 양육태도와 정적인 상관이 있는 반면, 통제적인 부모역할과는 부적인 상관이 있는 것으로 나타났다.

(2) 부모의 신념과 태도

부모의 신념이나 태도와 같은 사회인지적 요인도 부모의 행동에 많은 영향을 미치게 된다. 부모의 신념은 부모가 진실이라고 믿는 생각이나 지식으로서, 자녀양육방법, 아동발달, 부모-자녀 관계나 형제관계 등의 다양한 측면에 대한 부모의 생각을 포함하는 것이다. 부모의 태도는 신념에 근거한 것으로, 자녀를 칭찬하거나 체벌을 사용하는 것과 같이 대상에 대한 긍정적·부정적 평가차원이 첨가된 것이다.

부모의 신념은 부모가 된다는 것이 무엇을 의미하는가와 관련된 것으로, 이는 부모의 양육행동을 주도하는 힘으로 볼 수 있다.

(3) 근원가족에서의 경험

부모역할은 자신이 출생한 근원가족에서의 경험과 관련이 매우 많다. 자신의 부모와 안정적인 관계를 형성하였던 성인은 자녀와도 안정적인 애착을 형성하고 양육하는 경향이 있다. 이들은 자녀와의 상호작용에서 정서적 지도나 도움을 제공해 주고 발달상의 문제점을 이해하고 자녀의 개별성을 수용해 준다. 반면, 성장과정에서 부모와 좋지 못한 관계를 형성한 사람들은 자녀와의 상호작용에서 결함을 보인다. 부모역할은 자신의 부모에 대한 동일시를 통해 세대전달이 된다고 볼 수 있다.

(4) 부모역할과 결혼생활에 대한 만족도

부모역할을 즐거워할 때 자녀에 대한 바람직한 태도가 나온다. 결혼생활에 대한 만족도가 높을 때 자녀의 의견을 존중하고 긍정적이며 격려적이다. 반대로 낮을 때는 부부간의 갈등이 잦기 때문에 자녀양육방법에 일관성이 없는 등 자녀에게 부정적인 영향을 준다.

(5) 부모의 연령

부모의 연령이 높을수록 자녀에게 독립심을 길러 주지 않고 의존성을 조장하며 너무 어리거나 너무 많은 경우 부모의 역할을 적절히 수행하지 못할 수 있다.

2) 자녀의 특성

부모의 성격이 자녀에게 미치는 영향에 비해 아동의 성격이 부모역할에 미치는 영향에 대해서는 상당히 오랫동안 간과되어 있다. 부모역할은 부모가 가지고 있는 특성의 영향을 받을 뿐만 아니라 자녀의 특성에도 영향을 받는다. 자녀의 성별이나 출생순서, 기질 등은 부모역할에 영향을 미치는 중요한 요인이다.

3) 사회적 환경

부모 자신이나 자녀가 가지고 있는 고유한 특성 외에도 부모-자녀 간에 상호작용이 이루어지는 사회적 맥락도 부모역할에 영향을 미치는 요인이다. 부모역할은 부부관계나 자녀양육을 위한 지원망 등의 영향을 받으며, 나아가 사회경제적 지위나 종교, 문화적 요인의 영향을 받기도 한다.

(1) 배우자의 지지와 사회적 지원망

배우자의 지지나 사회적 지원망도 부모역할에 영향을 미치는 요인이다. 배우자의 지지나 사회적 지원망의 범위가 넓은 어머니들은 어린 시절에 보다 지지적인 환경에서 성장한 어머니들이었으며, 사회적 지원망이 많은 어머니들은 자녀에게 보다 지지적인 양육태도를 보이는 것으로 나타났다. 이러한 관련성은 자신의 친구나 배우자와 좋은 관계를 유지할 줄 아는 사람들은 그들 자녀와의 관계에서도 존중을 표하고 반응하며 인내심을 보인다고 볼 수 있으며, 동시에 정서적인 요구상황에 보다 효율적으로 대처하는 것으로 해석할 수 있다(Vondra, Sysco, & Belsky, 2005).

이와는 달리 만성적인 스트레스에 노출되는 것은 부모역할을 수행하는 것을 어렵게 하는 대표적인 요인이다(Cardemil et al., 2002). 스트레스로 인한 부적절한 부모역할은 혼란 애착형성과도 관련이 있다. 또한 만성적인 스트레스로 인해 부모역할이 제대로 이루어지지 못하게 되면 이는 자녀의 인지적·정서적 역기능을 초래하며, 이후 공격성이나 행동문제를 촉발하기도 한다(Patterson & Yoerger, 1997). 4세 남아를 대상으로 한 캠벨과 그의 동료들(Campbell et al., 1996)의 종단연구에서도 4세 때에 보다 부정적인 통제를 많이 한 어머니의 자녀들은 각각 6세와 9세에서 외현화된 문제행동을 더 많이 보이는 것으로 나타났다.

(2) 사회계층

사회계층도 부모역할에 영향을 미치는 요인이다. 사회계층에 따라 부모역할에 대한 신념이나 목표, 양육태도, 언어적 상호작용이나 통제방식 등에서 큰 차이가 나타난다. 사회경제적 지위가 높은 어머니들은 낮은 어머니들보다 자녀에게 높은 성취기준을 설정해 주고 자녀가 이러한 기준에 도달한 것에 대해 높이 평가하는 것으로 나타났다(Mansbach & Greenbaum, 1999; Ninio, 1988). 사회계층에 따른 양육 태도의 차이는 많은 연구들에서 지적되고 있는데, 일찍이 브론펜부르너(Bronfenbrenner, 1958)는 중산층 이상의 부모-자녀 관계는 보다 수용적이고 평등한 반면, 노동자 계층은 보다 복종이나 질서를 요구하는 경향을 보인다고 하였다.

하류계층의 부모가 보이는 부모중심적이고 권위주의적인 태도와 비교하여 중상류계층의 부모들이 보이는 이러한 양육태도를 민주적인 태도 또는 아동중심적인 태도로 묘사하였다. 사회경제적 지위가 높은 어머니들은 자녀와의 언어적 상호작용도 보다 많이 하는 것으로 나타났다.

노동자 계층의 부모들은 보다 외적 규칙에 대한 복종을 강조하는데, 이러한 가치는 지시에 대한 복종을 요구하는 하류계층의 직업적 특성을 반영하는 것이라고 하였다. 반면 상류계층의 부모들은 자기주도적이고 창의적인 것에 가치를 두는데, 이 또한 자신의 직업적 특성을 반영하는 것이라고 볼 수 있다. 이러한 콘(Kohn, 1963)의 연구결과는 후속연구는 다른 문화권을 대상으로 한 연구에서도 확인되었다. 엘더(Elder)와 그의 동료들은 경제적으로 어려운 상황에서 아버지는 보다 독단적이고 거부적인 방식으로 부모역할을 수행하며, 이는 이후의 행동 문제와 관련이 있다고 하였다. 또 다른 연구에서도 경제적 어려움은 부부간의 갈등을 유발하며 보다 미숙한 부모역할을 유발하는 것으로 밝혀지고 있다(Conger et al., 1991, 1992).

(3) 문화적 영향

부모역할은 자녀를 어떻게 양육해야 하는지에 대한 문화적 기준에 따라서도 영향을 받는다. 어린 시절 사회화 과정을 통해 사회적 동화가 일어나며 이로 인해 문화와 성격은 분리할 수 없는 통합적인 것으로 형성되기 때문에 부모역할 또한 문화의 영향에서 벗어날 수 없다.

4 현대사회에서 기대되는 부모역할

사회가 변화하면서 부모역할에도 많은 변화가 나타났다. 사회변화의 여러 측면 가운데 여성 취업률의 증가와 핵가족화, 이혼율의 급증과 같은 요인들은 부모역할에 변화를 초래한 대표적인 요인으로 볼 수 있다.

1) 여성 취업률의 증가와 부모역할

전통사회에서 아버지와 어머니는 그 역할이 엄격하게 구분되어 있었으며, 이는 자녀양육에도 예외는 아니었다. 아버지는 가족을 부양하기 위한 도구적인 역할을 수행하였다면 어머니는 자녀양육을 담당하는 표현적인 역할을 수행하였다.

그러나 최근 여성들이 자녀양육보다는 직업적 성취에 더 많은 비중을 두게 되면서 자녀양육은 부모의 직업적 성취에 종속되는 경향을 보이고 있다. 결혼 이후에도 자신의 직업적 성취를 고려하여 자녀출산을 연기하거나 아예 출산을 하지 않음으로 인해 나타나는 저출산율의 문제는 심각한 수준이다. 2020년 통계청에서 발표한 우리나라의 '2020년 출생통계'에 따르면 2020년 출산율은 0.7명으로 나타났는데, 이는 2015년 이래 지속적으로 줄어들고 있다. 이는 현재의 인구를 유지하는 데 필요한 최소한의 합계출산율이 2.1명이라는 사실에 비추어 볼 때 현재의 출산율이 그대로 유지될 경우 2050년경에는 우리나라 인구가 4천만 명 이하로 감소할 수 있으며, 이는 생산성이나 노인부양에서 심각한 문제를 초래할 수 있다.

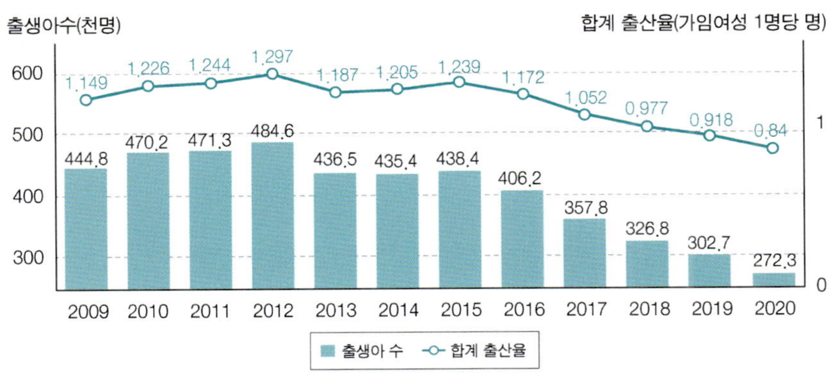

출처: 통계청, 2020년 출생통계(확정), 국가승인통계 제10103호 출생통계.

그림 1-1 출생아 수 및 합계 출산율

또한 자녀를 한 명만 둔 맞벌이부부들(double-income one-kid families, DIOKs)은 자녀에 대한 양육에서 지나치게 익애적이거나 허용적인 태도를 보여 한국판 '소황제 증후군'도 문제시되고 있다. 이들은 자녀를 위한 투자를 아끼지 않을 뿐만 아니라 이러한 투자가 자녀의 인지발달에 치중해 있기 때문에 자녀가 부모의 기대수준에 미치지 못하는 경우에 나타나는 갈등도 심각한 문제로 대두되고 있다.

2) 핵가족화, 소가족화와 부모역할

산업화와 도시화로 인해 가족은 형태상으로 점차 핵가족화가 되고 있다. 3세대 가족은 이제 전체 가족의 10%에도 채 미치지 못하고 있다.

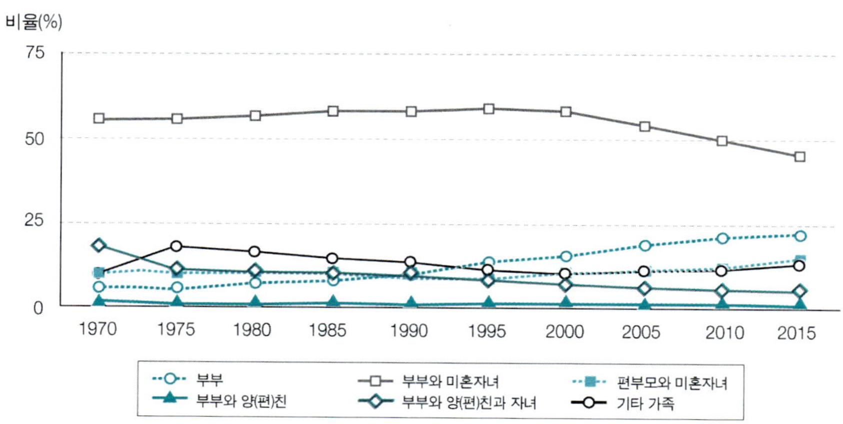

출처: 통계청(2021). 인구주택총조사.

그림 1-2 가족의 형태별 분포

이러한 가족형태의 변화로 인해 현대의 부모들은 과거 대가족 내에서 성장과정을 통해 자녀양육에 대해 자연스럽게 배울 수 있는 기회를 갖지 못하게 되며, 결과적으로 이에 대한 지식이 부족할 수밖에 없다. 이러한 지식의 부족은 자신감의 부족으로 이어지고 다시 부모역할에 대한 만족도를 저하시키는 요인으로 작용한다.

또한 여성 취업률의 증가와 더불어 이러한 소가족화, 핵가족화는 자녀양육자 부재현상을 촉진시키는 요인이 되고 있다. 보육시설이 충분하게 구비되지 않은 상황에서 전통적으로 자녀양육을 담당하던 여성들은 자녀양육의 책임을 전적으로 담당하지 하지 않으며 남성이 그러한 역할을 보완하고 있지도 않은 실정이기 때문에 자녀양육자 부재 문제가 심각한 사회문제로 대두되고 있다.

3) 이혼율의 증가와 부모역할

가족의 가치보다 개인적인 성취에 더 많은 가치를 두게 되면서 현대사회에서는 결혼을 통해 형성된 가족이 더 이상 안정적인 단위가 되지 못한다. 이혼율은 급속도로 증가하고 있으며, 이에 따른 한부모가족이나 계부모가족의 비율도 점차 증가하고 있다. 통계청에서 발표한 2021년 우리나라의 이혼 건수는 10만 6천 5백 건으로 나타났으며, 혼인 건수는 21만 3천 502건으로 놀라운 것은 이혼 건수가 혼인 건수의 절반을 차지하고 있다는 것이다.

높은 이혼율은 아동의 성장과 발달뿐만 아니라 부모역할에도 큰 영향을 미치게 된다. 이혼으로 인해 한부모가족이나 계부모가족이 점차 높은 비중을 차지하게 될 것이며, 이로 인해 유발되는 가족 내 갈등도 문제로 지적된다. 이처럼 여성 취업률의 증가와 핵가족화, 소가족화, 이혼율의 증가와 같은 사회변화에 따라 부모역할에도 많은 변화가 나타났으며, 이러한 변화에 순조롭게 적응해 나가기 위해서는 부모교육의 필요성을 절감하게 된다.

함께 생각해 보기

1. 자녀 수 감소 및 자녀의 성장에 따른 부모교육의 필요성에 대하여 생각해 봅시다.

2. 앞으로의 사회변화에 따라 우리가 기대할 수 있는 '부모의 상(image)'은 어떠한 것인지 생각해 봅시다.

Chapter

02

부모교육의 본질

어느 시대나 사회를 막론하고 부모는 자녀가 태어나면서 우선적으로 만나는 최초의 환경이다. 따라서 부모는 사회적 환경으로 자녀의 성격, 가치관 형성, 인성에 대한 태도 및 행동에 중요한 영향을 미친다. 바람직한 부모역할을 수행하기 위해사서는 부모역할에 대한 실천적 지식과 태도를 습득해야 한다.

현대사회에서는 부모됨의 준비나 부모역할에 대한 개념 등이 충분히 교육되지 않은 상태에서 부모가 되고 부모역할을 수행하고 있다. 이러한 것은 큰 스트레스 또는 심적 부담으로 다가올 수 있다. 이것이 또한 부모교육을 필요로 하는 이유이기도 하다. 이 장에서는 부모교육의 개념, 목적 및 필요성에 대해 알아보고 부모교육은 어떻게 이루어져 오고 있는가를 살펴보고자 한다.

1 부모교육의 개념

부모교육을 한마디로 정의한다는 것은 쉬운 문제가 아니다. 교육학사전에는 부모교육을 '이미 성인이 된 사람을 위한 일종의 성인교육'이라고 정의하고 있다. 이는 부모교육 프로그램의 주요 대상인 부모가 대부분 성인이기 때문에 부모교육을 성인교육의 한 형태로 본 것이긴 하나, 부모교육이 성인교육과 같은 의미는 아니다. 성인교육은 부모교육을 포함하는 다양한 교육내용을 포함하고 있어 비록 부모가 아니더라도 모든 성인이 그 대상이기 때문이다. 또한 부모교육을 성인교육이라고 하기 힘든 이유 중의 하나는 부모교육 대상이 반드시 성인에게만 국한되지 않고, 부모기에 대한 준비가 필요한 예비부모인 청소년들에게도 필요한 것이기 때문이다. 특히 최근 아동학대의 경우 대부분 가정 내 부모에 의한 3세 미만의 영아학대 사례가 많아지면서 20~30대 젊은 부모들에 대한 정책적 차원에서 부모교육 실시가 요구되는 것으로 나타났다. 또한 아동이 행복한 사회를 구현하기 위한 아동복지 차원에서도 아동의 문제를 해결하기 위한 일차적 예방 수단으로 부모교육의 중요성이 강조되고 있다.

부모교육은 체계적인 프로그램을 통해 부모에게 지식과 정보 그리고 기술을 알려주기 위해 의도적으로 계획된 활동이라고 볼 수 있다. 이러한 부모교육에 대한 초기의 인식은 전문가들이 부모를 가르치고 부모는 배운다는 교사와 학습자로서의 특성이 강조되었다. 그러나 1960년대 이후 부모교육에 대한 인식은 전문가가 가르치고, 부모가 배운다는 일방적인 관점이 아니라 동등한 입장에서 교육활동에 참여함으로써 보다 효율적인 교육이 가능하다는 쌍방적인 관점으로 변화하였다. 여러 학자들에 의한 정의를 살펴보면 표 2-1과 같다.

이와는 달리 부모교육자의 자질 향상과 부모의 역할수행에 변화를 주기 위하여 부모교육자, 부모, 예비부모, 그리고 자녀를 대상으로 부모교육과 자녀교육문제를 내용으로 모든 방법을 동원하여 교육하는 활동을 부모교육으로 정의하기도 한다. 이와 같은 관점에서 부모교육은 전문가로서의 필요한 지식을 배우고, 기술을 익히는 것은 물론 부모자신의 자기실현을 위한 교육, 자녀지도를 위한 교육 등 다양한 내용들이 포함된다.

부모가 자녀발달을 도와주는 교육은 계획과 의도를 가지고 이루어지는 형식적인 교육과 생활 속에서 부모의 삶에 대한 태도, 가치관, 생활양식 등을 보고 배우는 비형식적인 교육에 의해 이루어진다. 특히 부모의 삶에 대한 가치관은 어떠한지, 부모의 생활양식과 사회적 관례는 어떠한지 등의 가정 내 비형식적 교육과정은 자녀에게 그대로 전달되어 영유아 성장발달에 결정적 영향을 준다. 따라서 부모는 자신 스스로를 자녀의 성장발달에 커다란 영향을 주는 중요한 인적 환경으로 인식하고 꾸준히 성숙해 나가야 한다. 즉, 인간으로 자신을 사랑하고, 자기를 실현하려고 노력하는 부모가 자녀에게 중요한 모델이 되어 지속적 영향을 끼치므로, 부모로서의 역할뿐만 아니라 한 개인으로서 자아실현을 하도록 도움을 주는 일들이 부모교육이다.

표 2-1 부모교육의 정의

학 자	정 의
Etaugh(1980)	부모역할의 지침과 정보를 제공하는 모든 종류의 활동과 경험
Brooks (1993)	가족에게 아동양육방법에 대한 지식을 제공하고 변화시키려는 조직화된 체계적인 노력
Cataldo (1987)	부모와 아이들을 돌보는 사람들에게 자녀를 건강하게 양육할 수 있는 방법을 가르쳐주고 자신감을 증진시키기 위해 제안된 프로그램, 자원서비스 또는 자원
Grotberg (1993)	부모로서의 역할기능을 원활하게 수행할 수 있도록 부모에게 정보나 지식을 전달하고 기술을 가르치는 활동
Harman & Brim (1990)	부모를 직접적 대상으로 하여 자녀의 발달 및 성장을 도모하고 효과적 부모역할에 도움을 주는 조직적인 교육 활동
이재연, 김경희 (2003)	부모의 자녀에 대한 이해와 지식을 증진시켜 사고와 감정, 그리고 행동에서 습관적인 방법을 돌이켜 검토해 봄과 동시에 자녀를 양육하는 새로운 방법을 습득하도록 도와주는 다양한 교육적 경험

이를 종합해 볼 때 부모교육은 부모로서 역할을 효과적으로 수행할 수 있도록 양육지식과 정보를 제공하고 양육기술을 습득할 수 있도록 도와주며 역할수행 변화를 통해 부모 자질을 향상시키는 체계적인 교육으로 부모의 자아존중감을 향상시키고 자기실현을 돕게 된다.

부모교육과 관련된 여러 가지 용어들이 있는데, 이에 대한 개념은 다음과 같다.

표 2-2 부모교육의 개념

용 어	개 념
부모참여 (parent participation)	유아교육 프로그램의 계획, 실천, 평가, 수정 등 모든 중요한 과정과 단계에 부모가 참여하는 것으로, 특히 부모의 의사결정권이 강조되며 부모교육은 부모참여를 위한 전략으로써 부모역할의 기능을 활성화하는 구체적인 실천방법으로 개념화하고 부모참여는 좀 더 포괄적인 개념으로 구분하고 있다.
부모개입 (parent involvement)	부모역할의 가능성을 실현하는 과정으로 그들의 정신력, 가능성, 부모로서의 능력을 발견하도록 이끄는 것이며, 부모역할하기는 부모로서의 상태와 부모로서 수행해야 할 과정으로 정의하였다.
부모지지 (parent support)	부모교육을 부모와 자녀 간 상호작용의 질을 개선하고, 부모와 자녀의 행동을 긍정적으로 변화시키기 위한 의도적이고 목적지향적인 학습활동이라고 정의하였다.
부모역할하기 (parenting)	모든 부모가 자녀의 성장을 위해 돕는 영양 공급, 보호와 발달단계를 통해 그때그때 필요한 새로운 생활을 안내하는 등의 부모과업을 의미한다. 이러한 부모역할하기는 부모-자녀 간의 계속 진행되는 일련의 상호작용의 과정으로서 이 과정은 자녀의 성장과 더불어 부모와 자녀를 모두 변하게 한다고 하였다. 부모역할하기는 최근에 등장하여 널리 사용되고 있다. 즉, 부모역할하기(parenting)는 부모가 자녀의 발달을 돕는 일련의 계속적인 과정으로 발달단계에 따라 자녀를 양육하고 지도하는 과정이다. 이는 부모와 자녀 사이의 지속적인 상호작용의 과정으로 부모와 자녀를 모두 변화시키는 것이다. 부모역할은 어머니역할(mothering)과 아버지역할(fathering)로 세분하여 사용하기도 하지만 최근에는 여성의 취업으로 일과 가정의 양립을 위한 사회 환경을 조성하기 위해 공동양육(co-parenting)이라는 용어를 사용한다.

2 부모교육의 필요성

자녀는 태어나면서부터 주위 환경에 적응하며 살아가는 능력을 키우는데, 이때 부모의 역할은 절대적인 영향을 미치게 된다. 출생 후 부모와의 첫 관계 속에서 영아는 새로운 경험을 쌓게 되고, 나름대로 상황에 따라 문제를 해결하는 방법들을 터득하게 된다. 특히 인간발달에서 초기 경험의 중요성에 대한 연구결과들은 부모교육의 필요성을 강조하는 요인이 되었다. 그러나 현대사회의 여성 취업으로 인한 다양한 가족체계의 변화는 부모의 가치체계를 혼란시켜 부모의 교육적 기능 역할이 약화되었고, 급속한 사회변화로 부모의 역할이 복잡하고 어려워지면서 부모교육의 필요성이 더욱 요구되고 있다.

부모교육의 필요성은 시대적·사회적 요구에 따라 다르다. 오늘날 부모들은 미래사회의 급속한 환경적 변화에 대처하는 능력을 지닌 책임감 있고 유능한 자녀로 키우기 위하여 자녀에게 필요한 자질이 무엇인지를 결정하는 것이 필요하다. 대부분의 학자들에 의하면 이러한 자질로 인격의 완성, 사회에 공헌할 수 있는 능력, 합리성, 추상적 지식의 습득, 환경변화에의 적응, 다른 사람의 요구를 고려한 자기억제 및 통제 능력 등이 요구된다. 이들을 기르기 위하여 다양한 자녀양육을 자녀의 특성에 맞게 시도할 수 있는 유능한 부모가 되기 위해 부모교육이 필요하다. 부모교육의 필요성을 아동, 부모, 사회적 측면에서 설명하면 다음과 같다.

1) 아동의 측면

영유아의 성장과 발달에 영향을 주는 요인을 밝힌 많은 연구들에 의하면, 영유아기는 부모가 아동의 신체, 언어, 인지, 사회, 정서 등 발달의 모든 영역에 영향을 미치고 그 영향이 일생 동안 지속된다는 것이 과학적으로 검증되었다. 영유아의 성장발달에 부모의 양육태도와 가치관이 절대적인 영향을 미치기 때문에 부모교육의 필요성은 더욱 강조되고 있다.

자녀를 잘 기르게 되면 영유아들은 한 인간으로서 정서적, 인지적, 신체적으로 자신의 세계를 온전하게 잘 발달하여 전인적 인간으로 성장할 수 있다. 영유아의 인성은 물론, 사회적, 정서적 발달은 부모의 양육태도 및 양육방법에 크게 영향을 받는다. 뿐만 아니라, 이들의 인지적 발달과 신체적 발달 또한 부모의 양육태도와 방법에 의해 크게 영향을 받기 때문이다. 그리고 부모가 자녀를 잘 기르게 되면 영유아들은 사회적 관계 속에서 세상을 풍요롭고 폭넓은 마음으로 함께 더불어 살아가는 '꼭 필요한' 사람으로 성장할 수 있다.

2) 부모의 측면

부모교육의 필요성을 부모 측면에서 보면 다음과 같이 설명될 수 있다.

- 부모 자신의 성숙을 위하여 부모교육이 필요하다. 부모는 출산과 양육과정에서 인성이 성숙되어 갈 수도 있지만 반대로 좌절, 갈등을 겪어 스트레스를 경험하면서 힘들어질 수 있다. 따라서

부모교육을 통해 도움을 받고 건전한 가치관과 인격을 형성하여 자녀교육의 올바른 지식을 습득하는 것은 부모 자신의 성숙을 위해 필요하다.

- 급속한 가족체계의 변화로 젊은 부모들이 주변 어른들에게 자녀양육의 도움을 받을 수 없게 되면서 부모 스스로 책임을 수행해야 할 상황에 부딪히게 되었다. 따라서 자녀양육 관련 지식과 기술을 부모교육을 통해 배우면서 부모들이 자신감을 가질 수 있을 뿐만 아니라 효과적으로 대처할 수 있는 방법을 배우게 된다.
- 여성의 사회참여가 늘어나면서 일과 가정의 양립을 위한 사회환경을 조성하기 위하여 남성에게 부모교육을 통해 공동육아의 중요성을 강조함으로써 아버지들도 자녀양육에 적극 참여하고 가사를 분담하도록 하여 적극적으로 아버지의 역할을 수행하도록 해야 한다.
- 현대 문화와 대중매체가 제시하는 부모상과 부모역할을 비현실적으로 그릇된 이미지를 심어 주는 경우가 많아 부모교육이 필요하다. 대중매체에서 부모역할은 비현실적이고 지나치게 이상적이거나 극단적으로 묘사되는 경우가 많다. 그러나 실제로 자녀를 낳고 부모의 역할을 수행할 때에는 자신이 기대했던 것과 일치하지 않아 혼란과 좌절을 겪게 되면서 열등감을 갖게 된다. 따라서 부모가 된다는 것이 어떤 것이며 자녀는 어떤 의미이고 부모역할에는 어떤 희생과 준비가 있어야 하는지에 대한 정보를 제공하여 예비부모들을 도와줄 수 있기 때문에 부모교육이 필요하다.

3) 사회적 측면

부모교육에 대한 필요성을 사회적 측면에서 보면 다음과 같이 설명될 수 있다.

- 국가에서 인적 투자의 효율성을 고려해 볼 때 부모교육이 필요하다. 경제적인 측면에서 보면 국가는 사회의 구성원이 어릴 때 적은 비용을 들여 부모교육을 함으로써 아동이 건강하게 성장발달하는 것을 도와주어 질 높은 인적 자원을 확보하고 사회 발전의 원동력을 얻을 수 있다. 최상의 아동복지는 가족복지이며, 이는 부모역할을 지지해 줄 때 가능하다. 사회적으로 문제를 지닌 청소년, 성인을 교화하고 치료하는 데 드는 비용을 절감할 수 있고 사회보장 제도에 의존하여 생활하게 되는 비용을 절감할 수 있다는 측면에서도 투자의 가치가 있다.
- 미래사회에 적응할 수 있는 자녀로 키우기 위해 부모교육이 필요하다. 현대사회는 급속히 변하고 있고, 변화의 속도는 앞으로 더욱 가속화될 전망이다. 사회화를 담당하는 부모들이 해야 할 일은 자녀들이 미래사회의 사회질서를 따르고 사회 발전에 기여할 수 있도록 준비시키는 일이다. 급속히 변화하는 사회에서 자녀가 살아갈 사회가 어떤 것인지 자녀에게 어떤 가치, 태도, 기술, 능력을 갖추어 주어야 할지를 예측하는 일은 쉬운 일이 아니다. 그러므로 부모들에게 미래사회를 살아갈 자녀들에게 필요한 것이 무엇이고 어떻게 준비시켜야 할 것인지에 관한 도움을 주기 위해서 부모교육이 필요하다.
- 현대사회는 다양한 형태의 가족이 있으며, 각 가족이 요구하는

부모의 역할이 다르기 때문에 가족유형에 적합한 부모교육이 필요하다. 현대사회가 정보화됨에 따라 높은 이혼, 실직, 가족구성원에 대한 유기와 폭력, 가출 등으로 인하여 한부모가정, 계부모가정, 다문화가정 등 다양한 가족이 발생하고 있다. 예전에는 가족의 외형적 모습을 보고 판단하여 정상 가족과 비정상 가족으로 구분하였으나, 최근에는 가족구성원의 내적인 소통 관계를 보고 건강한 가족으로 개념화하였으므로 다양한 가족들의 의사소통력을 향상하기 위하여 자녀의 성장발달을 지원하는 부모교육이 필요하다. 또한 현대사회가 복잡하고 다양해짐에 따라 부모의 역할을 수행하는 데 더 많은 어려움을 겪고 있기 때문에 부모교육이 필요할 뿐만 아니라 아동 개인과 국가 전체의 이익을 위해서도 부모교육이 필요하다.

4) 교사의 측면

부모교육을 통해서 영유아들이 자신의 능력을 발휘하고 세상과 더불어 행복한 삶을 살아가게 된다면, 교사는 교사로서의 삶에 대한 긍지와 보람을 갖게 될 것이다. 교사의 안내와 도움을 받은 부모가 자녀에게 좋은 부모역할을 수행하게 되면, 영유아들은 건강하고 행복한 모습으로 성장하게 될 것이다. 이러한 과정에서 교사는 자기 자신의 역할 수행에 대한 보람과 긍지를 가지고 교사로서의 자긍심과 만족감이 증가될 것이다. 또한 교사는 자녀에 대한 바람직한 부모역할을 안내하고 도와주는 과정에서 교사 자신도 함께 성장하는 기회를 갖게 될 것이다. 부모를 교육하기 위해 준비를 하거나 부모를 대상으로 교육을 수행하는 과정에서 인간교육에 대한 긍정적이고 다양한 아이디어를 체험하고 공유하는 기회를 갖게 될 것이다. 이러한 과정에서 교사로서의 역할 수행을 위한 바람직한 교육 전략을 향상시키게 될 것이다.

3 부모교육의 목표

부모교육은 부모가 자녀발달에 결정적 영향을 끼치며, 부모를 교육하면 아동에게 그 효과가 나타난다는 전제하에서 출발한다. 부모교육의 궁극적 목적은 부모가 자녀를 이해하고 지도하는 데 필요한 지식, 능력, 태도 등을 익히도록 부모를 도와주는 데 있다. 즉, 부모는 자녀 성장과 발달에 영향을 미치는 중요한 인적 환경이라는 것을 인식하여 보호자, 교육자로서의 역할을 수행할 수 있도록 영유아의 성장발달과 교육에 대해 이해하고, 적절한 양육지식과 기술 습득을 제공하여 부모 자신의 자아존중감을 증진시켜 부모와 자녀 관계에 궁극적인 변화를 주는 것이다. 최근 가족의 형태가 다양화되면서 건강한 아동발달에 관심을 갖게 되고 부모-자녀 간의 민주적인 관계의 중요성을 인식하면서 부모교육의 필요성이 사회에서 강조되고 있다.

부모교육은 부모가 자녀 발달에 영향을 미치는 중요한 요인임을 인식하여 자녀의 건강한 성장과 발달을 위해 지식과 기술을 습득하고, 효과적인 교육자와 보호자의 역할을 하며 부모 자신의 내적 통제력과 자아존중감은 높여 부모 자신은 물론 가정과 학교 및 지역사회에 긍정적인 변화를 가져올 수 있게 한다.

1) 정보제공

부모교육의 일차적인 목표는 자녀의 성장과정이나 양육방법과 관련된 폭넓고 전문적인 지식이나 정보를 제공해 주고, 이를 상호 간에 교환할 수 있도록 도와주는 것이다. 부모들은 강연회나 토론회, 독서모임 등을 통해서 부모교육 전문가로부터 자녀양육과 관련된 정보를 습득하거나 부모 상호 간에 정보를 교환할 수 있다. 이러한 정보 제공이라는 목표는 빈곤가정에 대한 보상교육을 통해 부모역할 수행능력을 향상시키고자 했던 초기 부모교육의 중요한 목표였으며, 지금까지도 부모교육의 중요한 목표로 인식되고 있다.

2) 신념 변화

부모교육의 목표는 부모가 자신의 신념에 대해 명료하게 인식하게 하고, 문제가 있을 경우에는 이를 변화시키도록 도와주는 것이다. 부모역할을 수행하는 데 있어 일차적인 과제는 부모 자신이 어떤 사람인지에 대한 명확한 인식이다. 자신이 어떤 유형의 부모이며, 이러한 자신의 신념이나 가치관이 자녀의 성장에 어떠한 영향을 미치는가에 대한 인식이 선행됨으로써 진정한 의미에서 부모의 태도변화도 가능하다. 즉, 자신이 권위주의적인 양육태도를 가지고 있다면 이를 명확하게 인식함으로써 이러한 태도가 자녀의 성장에 어떠한 영향을 미치는가에 대해 인식하고 이러한 태도를 변화시켜 나가는 것이 가능하다.

3) 기술 습득

부모교육의 목표는 부모로 하여금 효율적인 부모역할을 수행하는 데 필요한 특정한 기술을 습득하도록 도와주는 것이다. 자녀양육과 관련된 기술 습득이라는 목표를 달성하기 위하여 부모교육 프로그램에서는 가장 보편적으로 다루고 있는 내용은 부모-자녀 간의 의사소통과 관련된 것이다. 많은 부모교육이론들은 부모-자녀 간에 원만한 상호작용이 이루어지기 위해서는 의사소통방법이 가장 중요하다는 것을 전제로 하고 있으며, 따라서 이들 이론을 근거로 하여 만들어진 부모교육 프로그램들은 부모-자녀 간의 대화기법에 대한 내용을 중점적으로 다루고 있다. '나-전달법', '반영적 경청' 등과 같은 의사소통 방식은 PET, STEP, AP 등과 같은 부모교육 프로그램에서 널리 활용되는 방법이다.

4) 문제해결능력 증진

부모교육의 또 다른 목표는 일상생활에서 자녀와의 상호작용 과정에서 직면하게 되는 여러 가지 문제들에 대한 해결능력을 증진시키는 것이다. 자녀의 잘못된 행동습관을 고쳐주고 이를 바람직한 행동으로 수정해 나가고자 하는 것은 모든 부모의 공통된 관심사이다. 특히 행동수정이론은 아동의 문제행동을 잘못된 학습의 결과로 간주하며, 이를 수정할 수 있는 여러 가지 행동수정 기법을 제시해 주고 있다. 아동의 발달로 가정에서 발생하는 여러 문제점들을 해결하는 능력을 향상시키기 위해 전문가들은 특정 상황에서 부모-자녀 간의 상호작용을 관찰하고 이에 대한 피드백이나 행동지침을 제시해 주기도 한다.

이상과 같은 여러 가지 목표를 종합해보면 부모교육의 전반적인 목표는 다음과 같이 설정해 볼 수 있다.

첫째, 부모의 자아존중감이나 부모 자신의 발달적 욕구를 우선적으로 고려해야 한다. 부모교육의 목표는 부모로 하여금 자녀의 발달적 욕구를 효율적으로 충족시켜 줄 수 있도록 도와주는 것이지만, 부모교육의 주체는 부모 자신임을 잊지 말아야 한다.

둘째, 부모역할을 수행할 수 있는 역량을 배양하고 이를 통해 부모역할에 대한 자신감을 갖게 하는 것이다. 자녀양육과 관련된 지식의 제공이나 정보교환, 기술습득, 문제해결능력을 향상시킴으로써 전문가로서 부모의 역량을 배양한다.

셋째, 부모역할에 대한 가치관이나 신념의 확립이 우선적으로 고려되어야 한다. 전문가로서의 부모의 역량을 배양하는 것은 안정적인 부모역할의 수행에 필수적인 요인이지만 그보다는 가치관이나 신념의 확립과 결부되어 있다.

넷째, 부모교육이 부모-자녀 관계라는 좁은 의미에서 벗어나 보다 넓은 인간관계의 차원에서 조명되어야 할 것이다. 앞으로의 부모교육은 이러한 부모-자녀 관계가 가족의 기능을 강화시키고 사회의 발전에 기여할 수 있는 거시적인 안목에서 이루어져야 할 것이다.

다섯째, 사회변화를 고려한 미래지향적 부모교육이 이루어져야 할 것이다. 미래사회에서 요구되는 창의적인 인간상, 급변하는 사회에 효율적으로 대처해 나갈 수 있는 융통성 있는 인간상에 초점을 맞춘 부모교육이 필요하다.

4 부모교육의 대상

부모교육은 일반적으로 이미 부모가 된 사람을 대상으로 그들이 부모역할을 잘 할 수 있도록 교육하는 것으로만 생각하기 쉽다. 그러나 아직 부모가 되지 않은 사람, 앞으로 부모가 될 예비부모를 대상으로 하는 부모교육 또한 매우 중요하다. 따라서 부모교육은 이미 부모가 된 사람들과 앞으로 부모가 될 예비부모를 대상으로 이루어져야 한다.

1) 부모 대상 부모교육

부모가 된 사람을 대상으로 하는 부모교육은 어머니와 아버지를 대상으로 하는 교육이다. 어머니를 대상으로 하는 교육이든 아버지를 대상으로 하는 교육이든 부모교육의 내용과 방법은 자녀의 상황과 입장을 고려해서 이루어져야 한다. 즉, 어머니의 역할, 아버지의 역할에 대해 고정된 틀을 정해 놓고 접근하는 것이 아니라, 자녀가 실제 어떤 상황과 입장에 처해 있는가에 따라 부모교육의 내용과 방법이 다르게 적용되어야 한다.

부모교육은 어머니와 아버지가 함께 참여하는 방식으로 적용을 하고, 자녀를 양육하고 교육하는 것에 대한 바람직한 방향을 부모가 함께 공유하고 인지하면서 자녀 교육을 실천해야 한다.

2) 예비부모 대상 부모교육

예비부모란 아직 자녀를 출산하지 않았거나, 또는 자녀를 출산하기 위해 준비를 하고 있거나 자녀를 출산할 예정인 예비어머니와 예비아버지를 말한다. 예비부모교육이 중요한 이유는 예비부모 시기에 부모로서의 역할을 미리 준비하게 되면 좋은 부모로 성장할 가능성이 높기 때문이다. 예비부모교육을 통해서 부모가 되기까지의 과정에 깊은 관심을 가짐으로써 좋은 부모로서의 자질과 역할에 대해 미리 준비할 수 있을 것이다.

예비부모교육과정을 통하여 배우자를 만나고 결혼해서 임신을 준비하는 과정, 출산의 과정, 그리고 실제 부모가 되어서 만나게 되는 다양한 상황에 대해 대처하는 능력 등을 배울 수 있다. 자녀와 바람직한 인간관계를 형성하면서 자녀를 양육하는 기술 전략 등을 습득하게 되면, 미래의 자녀가 보다 행복한 삶을 살아갈 수 있는 측면에서 예비부모교육은 중요한 교육과정이라 할 수 있다.

또한 예비부모교육은 보다 거시적 관점에서의 실천방안을 모색할 필요도 있다. 대부분의 부모들이 제대로 교육이나 훈련을 받지 않고 준비도 되지 않은 채 갑자기 부모가 되기 때문에 부모됨에 있어 많은 어려움을 경험하게 된다. 만일 예비부모교육을 통하여 부모됨을 미리 준비하게 되면 자녀의 입장에서, 부모의 입장에서, 그리고 사회적 입장에서 유익한 결과가 나타날 수 있을 것이다.

5 부모교육의 역사

인류역사의 시작과 더불어 자녀양육에서 부모역할이 중요하다는 사실에 대해서는 많은 사람들이 공감해 왔다. 처음부터 체계화된 부모교육 지침이나 이론을 근거로 하여 '부모교육(parent education)'이 이루어진 것은 아니지만 '어떻게 부모역할을 해야 하는가(parenting)'에 대한 지침은 존재해 왔었다.

자녀를 양육하는 데 있어서 부모의 역할이 어떤 것이어야 하는가에 대해서는 사회문화적 배경이나 시대에 따라, 또 학자에 따라 상이한 관점을 보인다. 엄격하고 규칙적인 것이 바람직한 부모역할이라고 생각했던 시대가 있었는가 하면, 모성성을 강조하는 시대도 있었다. 보다 적극적인 부모역할을 강조하는 학자가 있는가 하면, 최소한의 부모역할이 오히려 바람직하다고 생각하는 학자도 있었다. 또한 아동의 성장에 집단양육이 바람직하다고 주장하는 학자가 있는가 하면, 아동의 개인차를 고려하여 각 가정에서 부모가 양육하는 것이 바람직하다고 주장하는 학자도 있었다. 이들 가운데 어떤 관점을 가장 적절한 것으로 받아들일 것인지의 문제는 궁극적으로 선택의 문제로 남게 된다.

1) 서구의 부모교육

(1) 고대사회의 부모교육

부모역할에 대한 관심은 고대 그리스 시대로 거슬러 올라간다. 고대사회의 부모역할에 대한 생각은 오늘날과 같이 발달이론에 근거한 체계적인 것은 아니지만 부모역할의 중요성에 대해 많은 시사점을 제공해 주고 있다. 이어 로마시대에도 어머니의 무릎에서 이루어지는 가정교육이 자녀의 올바른 성품의 형성과 생활태도를 확립하는 데 큰 영향을 미친다고 하였다.

(2) 중세사회의 부모교육

중세시대는 종교적인 가치가 사고의 중심을 차지한 시기로서, 인간의 행동이나 부모교육에 대한 논의는 성서가 그 바탕이 되었다. 인간은 사악한 존재로 태어나므로 부모는 바람직하지 않은 행동을 말소할 책임이 있으며, 악한 본성을 가지고 있는 아동을 자제력 있고 신앙심 깊은 성인으로 성장하게끔 고된 훈련이나 엄격한 훈련을 시키는 것이 부모의 역할이라고 생각하였다. 중세에는 인간은 창조의 산물이라는 신학적 견해로 인해 전성설적인 사고가 지배적이었다. 전성설(前成說)은 인간은 남성의 정자나 여성의 난자 안에 이미 완전한 형상을 갖추고 있다는 것으로, 이러한 관점에서 보면 성인과 아동의 차이는 단순히 양적인 차이에 불과하다는 것이다. 그러므로 중세에는 인간의 발달은 단계별로 질적인 차이가 있는 것이 아니라 양적인 팽창만 존재하는 것으로 이해되었다. 따라서 부모의 역할은 아동의 고유한 본성에 귀를 기울이고, 단계별 특성에 따라 교육을 하는 것이 아니라, 성인과 동일한 과제를 양적으로만 축소시켜 적용하는 것이었다.

(3) 근대사회의 부모교육

종교개혁 이후 자녀교육에 대한 관심이 높아지기 시작하면서 17세기 이후 부모교육에 도움이 될 만한 체계적인 지도서들이 등장하기 시작하였다. 동시에 아동기를 매우 중요한 시기로 보고 아동을 하나의 독립된 인격체로 인식하기 시작하였다. 대표적으로 코메니우스(Comenius), 루소(Rousseau)를 거쳐 페스탈로치(Pestalozzi), 프뢰벨(Fröbel) 등의 이론을 바탕으로 서서히 변화하였고, 미국의 자녀양육 및 부모교육에 큰 영향을 미쳤다. 이에 부모교육에 관심을 가진 단체가 결성되어 다양한 프로그램이 제안되기 시작하였다. 1888년에 최초로 뉴욕에서 미국 아동보육협회(Society for the Study of Child Nurture)가 결성되었다. 이 협회는 1924년에 미국 부모교육협회를 창립하고서 일반 부모와 전문가들을 위해 일하였고, 1942년에 그 명칭을 미국 아동연구협회로 바꾸었다. 그리고 1987년에는 미국 어머니회가 설립되었다.

① 코메니우스

코메니우스(Comenius, 1592~1670)는 교회의 주교로 봉사하며 학생들을 가르치고 교육적인 교과서를 쓰면서 일생을 보냈다. 그는 중세의 부모들이 아동에 대해 갖는 신념, 즉 인간의 본질적인 성품은 악하다는 것에 반대되는 인간의 본성은 선하다는 입장을 갖고 있었다. 그는 아동의 능력과 개성을 중시하였고 교육은 감각교육과 자연의 질서와 섭리에 따라 이루어져야 한다는 점을 역설하였다. 특히 그는

'어머니 학교'라는 개념을 제시하면서 모든 아동은 출생해서 6세까지는 가정에서 어머니로부터 교육을 받아야 한다고 주장하였다. 그는 교육은 조기에 시작해야 하는데 바로 어머니의 무릎이 가장 중요한 최초의 학교라고 주장하였다. 어머니의 무릎학교에서 어머니는 교사에 의해 초보적인 지적·도덕적·종교적인 교육이 이루어져야 한다고 하였다. 따라서 아동에게 있어서 어머니의 역할의 중요성과 어머니를 위한 부모교육을 역설하였다.

② 로크

17세기의 또 다른 부모교육학자는 로크(Locke, 1632~1704)이다. 로크는 어머니들에 대한 충고를 담은 「교육에 대한 고찰」을 출판하였다. 인간은 태어날 때 백지와 같은 상태로 태어나므로 교육에 의하여 좌우된다고 주장하였다. 그는 학교교육보다 가정교육을 중시했다. 부친이나 가정교사에 의해 이루어지는 가정교육과 의지와 신체의 단련을 통해 좋은 습관을 기를 것을 강조하였으며, 이를 위하여 최적의 환경을 조성해 주어야 한다고 강조하였다. 로크는 부모가 아동을 훈육할 때 벌보다는 칭찬이 바람직하며, 좋은 모델을 보여 주는 것이 중요하다고 하였다.

③ 루소

1762년 루소(Rousseau, 1712~1778)는 「에밀」을 펴냄으로써 부모들의 아

동양육관을 변화시키는 데 큰 영향을 미쳤다. 그는 인간은 본래 선하게 태어났으므로 아동양육은 자연적인 방법으로 실시해야 한다고 주장했다. 즉 아동은 모유로 키워야 하며, 아동의 타고난 좋은 천성이 자연스럽게 자라날 수 있도록 간섭이나 강요를 하지 않아야 하고 관찰을 통해 아동에게 적합한 교육을 실시해야 한다고 하였다. 그리고 책으로 공부시키기보다는 동기를 유발할 수 있도록 자연에서 뛰어 놀게 할 것을 제안하였다. 또한 아동의 내부에 잠재해 있는 자연적 발달을 조장하기 위해서는 아동은 존중하고 외부에서 구속하지 말며 아동 스스로 보고, 느끼고, 생각하도록 도와주어야 한다고 주장하였다. 따라서 아동에게 주입식, 암기식으로 가르치지 말고 자연을 통해 배우도록 내버려 두라고 권고하였다. 루소는 부모가 아동에게 연령이나 능력에 맞는 적절한 관제를 제시해 주되, 개인차를 고려하고 스스로 하고자 하는 동기가 자연스럽게 표현될 수 있도록 지나친 간섭은 피하는 것이 바람직하다고 하였다.

④ 페스탈로치

19세기는 현대적인 부모교육이 시작된 시기로 1801년 페스탈로치(Pestalozzi, 1746~1827)가 「게루트루드는 어떻게 자녀를 가르쳤나」라는 책을 펴낸 것을 그 출발점으로 삼을 수 있다. 그는 아동이 어머니의 무릎에 앉는 순간부터 가르쳐야 한다고 주장하였다. 이 책을 통해 부모는 자녀에게 도덕교육과 종교교육을 제공해야 함을 강조하였으며,

그 방법은 교리나 문답에 관한 것이 아니라 어머니와 자녀와의 상호관계 속에서 가르쳐야 한다고 주장하였다. 페스탈로치는 아이들의 최초의 교사는 어머니이며, 모성애야 말로 아동 발달의 원동력이 된다고 역설하면서 어머니와의 감각적 상호작용을 강조하였다.

⑤ 프뢰벨

프뢰벨(Fröbel, 1782~1852)은 학령전기의 영유아들에게 보다 많은 관심을 기울여 유치원을 창시하였을 뿐만 아니라 부모교육의 발전에 큰 영향을 미쳤다. 1843년 어머니를 위한 지침서인 「어머니의 노래와 놀이, 이야기」를 출판하였다. 이 책에서는 부모들이 가정에서 가르쳐야 할 내용을 밝히고 있는데, 어머니가 자녀에게 이야기를 해 주고 놀이를 가르칠 때 몸동작과 노래를 함께 해 주면 더욱 효과적으로 배울 수 있다고 하였다. "우리는 진정으로 어린 자녀들과 함께 살아야 하고, 그들은 우리들과 살아야 한다"고 강력하게 주장한 프뢰벨은 작업(occupation)을 창안하여 부모들에게 직접 가르치기도 하였다.

(4) 20세기의 부모교육

20세기에 들어와서는 인간의 발달을 보다 과학적인 관점에서 설명하고자 하는 시도가 이루어졌으며, 인간발달에서 영아기, 유아기, 아동기에 대해 많은 학자들이 관심을 갖게 되었다. 정신분석이론이나 학습이론, 인지발달이론 등 다양한 관점에서 연구들이 이루어졌으며, 이러한 이론적 관점을 부모역할과 접목시키고자 하는 움직임이 시작되었다.

① 20세기 초반

20세기 초반에는 행동주의의 영향으로 보상과 벌의 방법을 사용하여 자녀를 양육해야 한다는 생각이 지배적이었다. 그러므로 부모역할은 다소 엄격하고 규칙적이고 계획적인 것이 이상적이라고 생각하였다. 수유시간이나 양, 자녀양육과 관련된 모든 측면에서 규칙성이 강조되었다. 아동의 행동에 비추어 시간을 가늠할 수 있을 정도로 규칙적이고 엄격한 양육을 하는 것이 바람직한 부모역할로 간주되었다. 즉, 엄하고 절제된 환경이 아동의 성장에 바람직한 영향을 미치는 것으로 인식되었다. 이러한 견해가 현재로서는 상당히 극단적인 것처럼 보이지만 당시의 부모들에게는 큰 영향을 미쳤다. 부모들은 이러한 원칙에 따라 정해진 시간이 되기 전에는 비록 몇 분 전이라고 하더라도 자녀에게 수유를 하지 않았다. 그 시대의 부모들은 이처럼 절제된 양육을 함으로써 이후에 자녀가 나쁜 길로 빠져들지 않는다는 보장이 있다면 엄격한 규칙을 고수하는 것이 필요하다고 생각하였다.

② 20세기 중반

20세기 중반에는 자녀양육에서 모성성을 강조하였던 시기라고 볼 수 있다. 정신분석이론의 영향으로 학자들은 다소는 느긋하게 아동의 욕구를 지나치게 억압하지 않고 양육하는 것이 바람직한 것으로 권고하였다. 아동의 내적 충동을 적절하게 발산하게 하고, 이들의 행동에 대해 관대하고 이해심 있는 태도를 갖는 것이 바람직하다고 하였다.

③ 20세기 후반

1960년대 이후에는 이전의 자녀양육과는 또 다른 새로운 관점으로 전환이 이루어졌다. 이러한 전환이 이루어지게 된 데에는 몇 가지 이유가 있다. 먼저, 지나치게 허용적이고 관대한 태도는 참을성이 없는 아이를 만들게 되므로 아동의 욕구나 충동에 대한 적절한 한계를 설정하는 것이 필요하다는 것이다. 또한 발달을 주도하는 힘이 아동에게 있다는 종전의 주장은 자녀양육에서 부모의 역할을 지나치게 과소평가하고 있다는 점이다. 환경은 아동의 성장발달을 촉진시켜주기도 하지만 방해할 수도 있으며, 만약 환경요인이 특정 시기에 방해를 받게 된다면 발달상의 지체가 나타날 수 있다는 것이다. 피아제(Piaget, 1896~1982)의 인지발달이론은 당시의 부모들에게 많은 영향을 미쳤다. 피아제는 아동은 주변 환경과의 상호작용을 통해 세계와 사물에 대한 틀을 구성해나간다고 하였다. 그러므로 부모는 자녀가 경험을 통해 자신의 세계를 확장시켜 나갈 수 있도록 다양한 경험의 기회를 제공해 주어야 한다고 하였다. 따라서 아동의 인지발달을 촉진시키는 데 있어서 적극적인 부모의 역할을 강조하기 시작하였으며, 이와 동시에 특정한 관점에서 부모역할을 제시하기보다는 여러 부모교육 프로그램을 통해 다양한 선택의 기회를 제공해 주는 것이 필요하다고 생각하였다.

1970년대에 이르러서는 생태학적 관점이 대두됨으로써 아동의 발달에서 부모와 아동 간의 상호작용뿐만 아니라 개인이나 가족을 둘러싼 주변 환경요인이 아동의 성장에 중요한 영향을 미치는 요인이라는 생각을 가지게 되었다. 브론펜브루너는 생태학적 관점에서 교육이 효과적으로 이루어지기 위해서는 개인과 가족을 둘러싼 생태환경의 개발에 역점을 두어야 한다고 강조하였다.

2) 우리나라의 부모교육

(1) 전통사회의 부모교육

① 아동존중

외형적으로 우리 문화는 장유유서(長幼有序)라 하여 성인과 아동의 관계가 상하관계로 인식되고 있으나 실제로 아동에 대한 존중사상이 강조되었던 문화라고 볼 수 있다.

② 개인차의 교육

교육방법에서 연령에 따른 차이를 고려했을 뿐만 아니라 개인의 성품과 자질을 헤아리고 배려해야 함을 강조하였다. 조선 후기의 실학자인 이덕무가 지은 「사소절」의 <사전>편에는 "총명하고 민첩한 아이에게 조금 읽혀 잘 외우게 하는 것도 좋은 것은 아니지만, 둔한 아이에게 많이 읽히면 이는 약한 말에게 무거운 짐을 실은 것과 같으니, 어찌 멀리 갈 이치가 있겠는가?"(김종권, 1993)라고 하였다. 즉, 독서교육에 있어서 아동의 역량을 무시한 채 독서의 양을 지나치게 부과하지 않고 아동의 역량에 맞게 할 것을 권장하였다. 또한 자녀를 훈계하는 데 있어서도 자녀의 기질 및 성품을 고려하여 방법을 달리하도록 한 사실은 개인차에 대한 이해와 통찰력이 뛰어났음을 보여주는 것이다.

③ 지행합일의 교육방법

지행합일의 원리 또한 우리나라 전통가정교육의 대표적인 교육방법이라고 볼 수 있다. 배움은 곧 실천으로 이어질 때 진정한 가치가 있다는 지행합일의 원리를 강조하였기 때문에 전통교육에서는 부모가 자녀에게 말로만 가르치고 지시하기보다는 먼저 부모 자신이 자녀의 본보기가 되고자 노력하였다. 부모 자신이 인격을 수양하고 절제하는 생활태도를 직접 보여줌으로써 바람직한 모델을 제시해 주는 것이 우리나라 전통교육의 출발점이었다고 볼 수 있다. 이러한 모델제시의 원리는 현대의 교수방법으로 평가해 볼 때에도 상당히 효율적인 방법이라고 볼 수 있다.

④ 효의 생활화

효의 생활화는 자녀에 대한 부모역할보다는 오히려 부모에 대한 자녀의 역할을 강조하는 것으로 볼 수 있다. 부모-자녀 관계에서 특히 효를 강조한 것은 자연의 법칙에 근거한 것이다. 즉, 중력이 작용하는 자연계에는 자연낙하하는 것이 절대적인 법칙인 것과 같이 인간의 정(情)도 아래로 향하는 자정은 자연적으로 생기지만, 위로 향하는 효성은 노력하지 않으면 생기지 않는다고 보았다. 또한 종족보존의 본능에 의해 자정이 없는 사람은 거의 없지만, 효성은 도덕의 원칙에 근거한 것이므로 장려하지 않으면 없어지기 때문에 효를 강조하였다. 즉 자정은 아래로 흐르는 물과 같고 효도는 상승하는 불과 같아서, 물은 자연히 높은 곳에서 낮은 곳으로 흐르기 마련이지만 불은 인간이 살려야만 존재하고 계속해서 보살피지 않으면 꺼져버리므로, 불에 해당하는 효성을 강조하는 의미에서 자식이 노친을 봉대하고 있는 모양으로 '효(孝)'자를 만들어 생활화하였던 것이다(유정기, 1975).

유교이론에 따르면 효는 상승하는 성질이 있어서 그것이 상승했다가 하강하면 원을 그리는데, 그 원 속의 것은 전체를 포용한다는 것이다. 따라서 부모에게로 상승하는 효심은 하강하면 형제자매를 포용하고, 또 연장해서 조부모에게 상승하는 효심은 하강하면 숙고와 종반을 포용하게 되니, 그것을 더욱더 연장하면 모두 다 일체로 포용이 되어서 원만하게 되므로 효도는 도덕의 근본이 된다는 것이다. 즉, 단순히 부모만을 잘 봉양하는 것은 최소의 효 또는 하위의 효이고, 천하 만인에게까지 발전시켜 인류를 박애하는 것이 최고의 효 또는 최상의 효가 된다. 따라서 효를 참으로 잘 행할 수 있는 자는 여타의 인간관계도 원만히 이끌어 나갈 수 있다고 보았다(류점숙, 1995). 이처럼 아동존중사상과 더불어 효의 생활화를 통해 부모의 역할과 자녀의 도리가 균형을 맞출 수 있었던 것이 우리 전통사회의 부모-자녀 관계의 특징이라고 할 수 있다.

⑤ 엄부자모

전통사회에서는 이상적인 부모역할로 엄부자모(嚴父慈母)의 모델을 제시하였다. 아버지의 엄한 가르침과 어머니의 자애로운 보살핌이 조화를 이루는 것이 자녀를 양육하는 데 있어서 이상적인 모델이라고 생각하였다. 부성의 두려움과 모성의 사랑이 함께 어우러져 인격의 기본틀을 형성하는 데 결정적인 역할을 한다고 하였다(이계학, 1991). 「여사서」의 〈내훈〉에는 "실로 고지식하게 자애한다는 것을 일삼거나 자애에 빠지는 것을 덕으로 삼는다면 이는 스스로 그 아랫사람을 잘못되게 만드는 것이다"라고 하여 자녀를 양육함에 있어서 엄격한 가르침이 없는 사랑을 경계하고 있다(백혜리, 1999). 또한 아버지를 엄친(嚴親), 어머니를 자당(慈堂)이라고 하여 아버지의 엄한 역할만을 강조한 것이 아니라, 엄(嚴)함과 친(親)함이 공존하는 것을 자녀를 양육하는 올바른 태도로 간주하였다. 즉, 엄하면서 동시에 온정적인 아버지여야 함을 강조한 것이다.

(2) 20세기의 부모교육

1900년대 초반 우리나라에 외국문물이 유입되면서 서구의 부모-자녀 관계에 대한 이론들이 유입되기 시작하였으나 이러한 영향은 극히 제한적인 것이었으며, 1960년대 이후 본격적으로 이에 관한 이론이나 저서가 소개되기 시작하였다.

1969년에 스폭(Spock) 박사의 「육아일기」가, 1972년에는 기노트(Ginott)의 「부모와 자녀 사이」 등의 아동양육지침서가 번역되어 출간되었다. 1970년대에는 행동과학연구소를 중심으로 행동수정이론에 대한 연구가 활발하게 이루어지고 널리 보급되었다. 1980년대에는 여러 다양한 부모교육 프로그램들이 소개되기 시작하였다. 1985년에는 딩

크마이어와 맥케이(Dinkmeyer & McKay)의 '체계적 부모효율성 훈련' 프로그램이, 1989년에는 고든(Gordon)의 '부모효율성 훈련' 프로그램이 국내에 소개되었으며, 1995년에는 '적극적 부모훈련' 프로그램이 국내에 소개되었다. 이들 프로그램들은 연구소나 지역사회의 기관, 여성단체나 대중매체를 통해 많은 부모들에게 널리 보급되었다.

특히 문화관광부 산하의 한국청소년상담원에서 개발한 '자녀의 힘을 북돋우는 부모훈련' 프로그램은 국내에서 개발된 대표적인 것으로, 1993년에는 총론이 개발된 이래 '자녀의 힘을 북돋우는 대화(1994)', '바른 행동의 길다지기(1994)', '생활의 기틀세우기(1995)', '어울려 사는 지혜 기르기(1995)' 등 1997년까지 구체적인 지도방법을 다룬 각론 프로그램이 개발되고 개정되었다. 이는 전통적인 자녀양육방식 가운데에는 지나친 남녀차별이나 수직적인 가족 내 인간관계 등과 같이 개선되어야 할 요소도 있지만, 우리의 전통적인 양육방식이 서구의 어떤 이론이나 프로그램보다도 구체적이고 우리 교육의 자녀양육 지침으로 삼을 수 있는 내용이 많다는 것을 참고로 하여 전통적인 자녀양육방식 가운데 현대사회에 적용될 수 있는 내용을 중심으로 하여 개발되었다.

(3) 우리나라와 서구의 부모교육

우리나라와 서구의 부모교육의 중심내용은 가족형태나 문화적인 차이에 따라 강조하는 측면이나 방식에서 어느 정도의 차이를 보이지만 본질적으로는 거의 유사한 것으로 볼 수 있다.

윈치(Winch, 1971)는 아버지의 역할을 통제적인 역할로, 어머니의 역할을 양육적인 역할로 대비시켜 표현하였는데, 이는 우리의 엄부자모 모델과도 일맥상통하는 것이다. 즉, 아버지의 엄하고 통제적인 역할과 어머니의 온정적인 역할의 조화가 자녀의 인격을 결정하는 틀로서 중요한 요소임을 말해 주는 것이다. 동서양을 막론하고 자녀에게 올바른 인격의 틀을 형성시켜 주기 위해서는 자녀에게 사랑의 정감과 동시에 두려움의 정감을 발달시켜 주어야 한다는 엄친자모의 원리는 문화적인 차이라기보다는 부성과 모성의 자연성에 근거한 것이라고 볼 수 있다. 또한 우리의 전통가족에서는 가정교육의 방법적 원리로 수신, 모범, 책임, 정성, 희생, 인내, 엄친, 존중, 관심, 가르침, 관대, 믿음의 12가지 덕목을 중시하였다(정옥분 외, 1997). 이와 유사한 원리는 서구의 부모역할 지침에서도 찾아볼 수 있다. 밀러(Miller, 1983)는 자녀의 발달을 저해하는 독성교육의 항목을 구체적으로 제시함으로써 역설적으로 자녀의 성장발달에 도움이 되는 부모의 역할을 제시해 주고 있다. 독성교육의 항목에는 다음과 같은 항목들이 포함되어 있다. 부모의 감정을 억제하면 자녀가 미워지므로 부모의 감정표현은 죄가 아니며, 부모의 감정이 자녀의 감정보다 우선시 되어야 하며, 자녀의 감정을 고려하는 것은 위험한 일이다. 부모는 자녀의 주인이며, 부모는 자녀의 모든 면에서 옳고 그름을 판단하고, 부모라는 이유만으로 존경받아야 하며, 자녀의 의지는 무시되어야 한다. 순종을 통해서 자녀는 강해지며, 자녀의 높은 자긍심은 해로운 것이고, 오히려 낮은 자긍심이 더불어 사는 데 필요한 요소이며, 부모의 관대함은 자녀에게 해로운 것이고, 자녀의 욕구에 반응하는 것은 잘못된 것이다. 또한 자녀는 부모에게 반항해서는 안 되며, 부모는 언제나 옳다는 것이다. 그리고 이러한 항목들은 자녀에게 어린 시절부터 주입하여 자연스럽게 받아들이도록 해야 한다는 것이다. 이러한 항목이 아동의 성장발달에 해가 되는 독성교육이라면, 바꾸어 말하면 자녀에게 유익한 교육이란 부모의 감정표현을 조절하고, 자녀의 감정을 수용하며, 자녀 스스로 옳고 그름을 판단하게 하고, 자녀의 자긍심에 상처를 입히지 말아야 한다는 것이다. 또한 부모는 자녀에게 관대해야 하고, 자녀의 욕구를 존중해야 하며, 자녀가 지적하는 부모의 잘못도 기꺼이 수용해야 함을 의미하는 것이다. 이러한 교육의 지침은 바로 우리나라 가정교육 12덕목의 맥락에서 크게 벗어나지 않는 것으로 볼 수 있다(김시혜 · 정순화, 1998).

(4) 21세기의 부모교육

앞서 살펴본 바와 같이 부모역할은 사회변화의 영향을 상당히 많이 받게 된다. 정보화 시대에 접어든 현 시점에서 이러한 변화는 이미 현실화되고 있다. 그러나 여기서 한 걸음 더 나아가 정보화 시대도 막을 내리고 있다는 견해도 있다. 소비자이면서 동시에 생산에 자신의 아이디어를 반영하는 프로슈머들은 이미 우리 사회에 뿌리는 내리고 있으며, 이들에게 있어 창의적인 능력은 중요한 자원이 되고 있다.

그러므로 21세기에 요구되는 부모교육은 기존의 부모교육을 바탕으로 자녀들이 변화하는 사회에 잘 대처할 수 있도록 지적인 능력과 아울러 감성적이고 창의적인 능력을 길러주는 것에 역점을 두어야 할 것이다. 즉, 21세기의 인간상에 부합되는 자녀를 길러내기 위한 교육이 이루어져야 할 것이다. 21세기에 요구되는 인간상을 길러내기 위한 부모역할에서 역점을 두어야 할 점을 살펴보면 다음과 같다.

첫째, 우리는 세계화 시대, 지구촌 시대에 살고 있다. 그러나 앞으로의 사회는 인터넷의 발달로 보다 개방적이고 다양성이 공존하는 사회가 될 것이다. 그러므로 미래사회에서 살아갈 수 있는 사람은 새로운 경험에 대해 열린 마음을 유지할 수 있는 경험에 대한 개방성이 절실하게 요구될 것이며, 부모교육도 이러한 측면에 역점을 두어야 할 것이다.

둘째, 경험에 대한 개방성은 정서지능과도 관련이 있는 개념이다. 개방성의 하위요인 중에서도 정서지능과 가장 관련이 깊은 요인은 감정에 대한 개방성이며, 이는 자기 내부에서 일어나는 느낌이나 정서를 수용하고 정서를 생활의 중요한 부분으로 평가하는 것이다(정옥분 · 정순화 · 임정하, 2007). 물질문명의 발달이나 생명공학의 발달로 인해 앞으로 인간 소외는 더욱 가속화될 전망이며, 발달하는 물질문명에 보조를 맞추면서 인간의 정신세계는 더욱더 소외되고 이로 인한 불안 등의 정신질환의 비율은 한층 증가할 것이다. 이러한 사회에서 보다 중요한 위치를 차지하는 것은 개인의 정서적인 능력을 향상시키는 것이며 부모교육도 이러한 측면에 역점을 두어야 할 것이다.

셋째, 이러한 개방성을 토대로 새로운 아이디어를 끊임없이 창출하는 창의적인 능력도 필요하다. 지금까지의 교육이 기존의 지식을 습득하고 이를 통해 평가를 받는 주입식 교육이었다면 앞으로는 창의적인 사고를 길러주는 것이 보다 필요할 것이며, 부모교육도 이러한 측면에 역점을 두어야 할 것이다.

넷째, 여성 취업률의 증가와 한자녀가족의 증가, 인터넷이나 게임을 통한 혼자놀이의 비중이 증가하면서 최근 사회성 발달은 더욱 문제시된다. 최근의 집단따돌림으로 인한 사회문제는 바로 이러한 사회성 발달의 문제를 단적으로 보여주는 것이다. 그러므로 사회적인 능력을 향상시키고 공동체의식을 함양시키는 것에 초점을 둔 부모교육이 필요하다.

다섯째, 다양한 문화에 대한 개방성과 아울러 대한민국 사람으로서 자긍심을 가지고 우리의 문화적 정체성을 확립하고 이를 계승해나가고자 하는 노력도 필요하다. 단순히 서구의 문화를 무분별하게 받아들이고 모방하는 것에 그치지 않고, 우리 문화를 근간으로 다른 문화를 포용하고 통합하여 새로운 한류, 한류문화를 창출하는 것에 초점을 맞춘 부모교육이 필요하다.

함께 생각해 보기

1. 현대사회에서의 부모교육의 개념은 어떻게 정의할 수 있을지 생각해 봅시다.

2. 다가오는 미래사회에서의 부모교육을 위해서는 무엇이 필요한지 생각해 봅시다.

Chapter
03

아동발달단계에 따른 부모의 역할

최근 잇따라 드러난 아동학대 사건을 계기로 2016년 3월 정부는 부모교육 활성화 방안을 발표하였다. 이 방안에는 부모교육 참여율과 효과성을 개선하기 위해 생애주기별 부모교육을 강화하고 부모교육에 대한 접근성 및 전문성을 제고하는 내용이 담겨 있다. 부모교육은 학교 교육과정부터 군 복무, 결혼, 임신 · 출산기, 자녀양육기에 이르기까지 임신 · 출산 · 육아 과정, 산후우울증 대처 방법, 아동의 연령별발달 특성, 애착 형성과정, 성장단계별 양육 지식 및 기술 등을 교육하는 활동으로 구성되었다. 또한 부모교육의 질적 수준을 높이기 위해 부모교육 표준 프로그램을 개발하고 부처별 · 기관별 전문가를 통합적으로 관리할 방침이다. 아울러 정부는 부모교육에 대한 자발적 참여를 유도하고 사회적 관심을 환기하기 위해 2016년부터 매년 부모교육 주간을 정해 다양한 부모교육 프로그램을 마련하기로 했다.

– KDI FOCUS(2017.02) 김인경 연구위원 –

자녀가 어떤 발달단계에 있느냐에 따라 부모의 역할도 함께 변화한다. 자녀의 발달과정 중 한 단계에서 다음 단계로 전환하는 시기에 가족은 가장 많은 스트레스를 받는다.

국가에서도 이런 점에서 위와 같이 생애주기별 부모교육의 중요성을 인식하고 부모교육 정책이 국민적 호응을 얻어 부모 역량이 증진되는 효과를 거두려면 아동발달과 부모역할의 관련성이 규명되어 부모역할의 중요성에 대한 사회적 공감대가 확산되어야 한다. 특히 부모역할 방식이 아동발달과 관련 있다면 이후 아동이 접하게 될 교육의 효과를 높이기 위해서 이른 시기에 부모역할이 개선되는 것이 바람직할 것이다. 영유아기는 일생 중 인지적·사회·정서적 발달이 가장 활발히 일어나는 시기로(Naudeau et al., 2011), 이때 축적된 인적 역량을 기반으로 추후 새로운 지식과 기술 습득이 이루어지기 때문이다

(Francesconi & Heckman, 2016). 이에 자녀의 임신에서 출생, 유아·청소년기까지의 발달의 변화와 그에 따른 부모역할을 알아보고자 한다.

1 자녀발달과정에 따른 부모양육태도

자녀는 성장하면서 욕구에 변화가 오게 된다. 자녀가 성숙해 감에 따라 부모는 자연스럽게 자녀에 대한 통제를 감소시키고, 독립성을 주면서 자신의 역할을 변화시킬 필요성이 있다. 여기에서는 아동의 발달에 따라 부모의 역할이 어떠해야 하는지를 갈린스키(Galinsky, 1983)의 연구를 참고로 살펴보면 다음과 같다.

표 3-1 자녀발달과 부모역할 변화

생애주기별 부모기	자녀 발달의 특징	부모발달 단계	역할 수행
잠정적 예비부모		부모됨을 준비함	• 부모됨에 대한 예비지식 쌓기 • 자녀를 출산하기 위한 건강관리
태아기 부모		이미지 형성단계	• 부모로서 자신의 이미지 형성 • 부모가 될 준비 • 임신에 대한 긍정적 태도 • 최적의 태내 환경조성을 위한 노력
영아기 부모	세상에 대한 신뢰감과 양육자와의 애착을 형성하는 시기	양육 단계	• 출산, 애착 형성, 유아의 양육 • 출산으로 인한 가족 내의 불균형 바로잡기 • 자신의 정체감 유지
유아기 부모	부모에 대한 의존에서 벗어나 독립·자율성을 추구하는 시기	권위 형성단계	• 자녀에게 한계를 설정하고 강화함 • 자율과 책임을 가르치며 권위 형성 • 부모와 자녀를 분리하기 시작
아동기 부모	인지능력이 급속도로 향상하고, 학교생활을 시작하면서 또래관계가 중요한 시기	설명 단계	• 여러 가지 현실을 설명해 줌 • 분리와 결속, 걱정과 기대를 중심으로 자신의 부모기를 평가하고 새로운 단계를 대비함
청소년기 부모	아동에서 성인으로 넘어가는 과도기로 자기 존재 가치를 확인하려는 시기	상호의존 단계	• 성인이 되어 가는 자녀에게서 느껴지는 놀라움 및 충격을 중심으로 새로운 관계 수립해야 함 • 자녀의 정체감을 수용하여 새로운 결속을 형성함

2 태내기 특징 및 부모역할

인간의 생명은 남성의 정자와 여성의 난자가 만나서 시작된다. 매우 작은 정자와 난자가 만나 자궁 속에서 40주가 지나면 하나의 생명체로서 이 세상에 태어난다는 것은 태내기가 얼마나 중요한가를 의미한다. 태내기에 형성되는 신체적 구조와 기능은 한 개인의 전 생애를 통해 특정 지을 수 있는 신체구조와 행동발달의 기초가 되는 것이다. 따라서 태내 환경은 태아의 발달에 지대한 영향을 미치며, 이에 관련된 여러 가지 요인들은 다음과 같다(조복희, 1999).

1) 태내환경

(1) 모체의 영양, 질병, 연령, 정서상태

① 모체의 영양

태아의 정상적인 성장뿐만 아니라 자궁과 태반 등의 발육을 위해 임산부는 평상시보다 많은 영양소를 섭취해야 한다. 제2차 세계대전 말기 유럽에서 사산의 비율은 평상시보다 2배나 되었고, 미숙아의 출생도 매우 증가된 것으로 보아, 임산부의 불충분한 영양분의 섭취는 유산·사산 등의 원인이 된다고 할 수 있다. 뿐만 아니라 아동의 두뇌 발달은 태내기에 가장 급속하게 이루어지기 때문에 임산부의 불충분한 영양섭취는 아동의 지적발달과도 관계가 있는 것으로 간주된다. 인간에 있어 성인의 두뇌 크기의 80%가 3세 이전에 완성되므로 태아에 대한 충분한 영양공급은 지적발달에 결정적이라고 할 수 있다.

② 모체의 질병

임산부가 질병을 앓게 되면 태아에게도 영향을 끼친다. 그 중 풍진은 임산부가 아주 경미하게 앓았다 하더라도 태아에게 치명적이다. 임산부가 임신 첫 3개월 이내에 풍진을 앓은 경우 태아는 청각장애와 시각장애, 또는 심장병을 갖고 태어나거나 정신박약아가 될 수도 있다. 특히 임신 3주나 4주에 풍진을 앓으면 가장 영향이 큰 것으로 밝혀졌다.

임질이나 매독은 태아에게 치명적이어서 기형아 출산 가능성이 높다. 당뇨병인 경우에는 당뇨병이 있는 임산부보다 그 임산부의 태아가 훨씬 위험에 처할 경우가 많다. 모체는 커다란 고통을 받지 않더라도 이들의 태아는 사산되거나 태어나도 수주 이내에 사망할 확률이 높다.

③ 모체의 연령

임산부가 35세 넘어서 출산을 하는 경우 생산기능의 약화로 태아에게 여러 장애를 가져올 수 있다. 대체적으로 자연유산이 많고 임신중독증 현상을 볼 수 있으며 산도가 굳어져 분만시간이 길어 난산이 되기 쉽다. 뿐만 아니라 임산부의 생명까지도 빼앗아간다. 태아의 정상적 발달이 어머니의 연령과 관계가 있는 것으로 밝혀졌다.

미숙아의 출생 가능성도 35세 이상의 산모에게서 높았고, 다운증후군(Down Syndrome)은 산모의 연령이 고령이 됨에 따라 급격히 증가한다.

즉 30세 이전의 산모에게서 다운증후군의 아이를 갖는 확률은 1,500명 중 1명인데 비해, 40서에는 109명 중 1명이고, 45세가 되면 32명 중 1명이다. 임산부의 연령이 20세 이하인 경우에도 미숙아 출산율이 높다. 이것은 생식기능이 충분히 발달되지 않았기 때문인 것으로 분석된다. 또한 10대의 청소년이 출산한 아이는 유아 사망률이 20대 산모보다 2배 정도나 된다. 이것은 이들의 가정환경과 교육수준이 낮아 불충분한 영양공급과 비위생적으로 자녀를 양육하기 때문인 것으로 짐작된다.

④ 모체의 정서상태

임신 중의 정서상태는 측정하기 어려우나 긴장이 명확한 경우, 즉 이혼, 남편이나 자녀의 사강, 또는 질병, 기타 뚜렷한 경제적 문제로 큰 충격은 받게 되면 자연유산이나 조산을 유발하는 것으로 나타나고 있다. 태아와 임산부는 신경조직과 내분비조직이 연결되어 있으므로 임산부가 겪는 긴장이나 불안이 자연히 태아에게 영향을 미칠 것이다. 임산부는 일생에서 매우 중대한 임신으로 인해 신경이 예민하게 되므로 가족이 협력하여 임산부를 편안하게 하는 것이 태아를 위하는 길이다.

표 3-2 태내기의 발달 특징

신체발달	인지발달	사회정서발달
• 수정에서 탄생까지 약 280일 동안 배종기, 배아기, 태아기의 3단계를 거치면서 기본적 신체구조와 조직이 형성된다. • 유전적 특성이 이 단계의 시작부터 환경의 영향과 상호작용한다. • 뇌의 발달이 시작된다. • 생애 중 신체적 발달이 가장 빠르게 일어난다.	• 배우고 기억하는 능력이 태내기 중에도 존재한다.	• 태아는 엄마의 목소리처럼 익숙한 소리와 리듬을 인식하여 반응하며 이를 선호하게 된다.

출처: 박성연(2006), 아동발달, pp.90-92, Papalia et al(2001). Human Development.

(2) 약물, 흡연, 음주 및 방사선

① 약물

임산부가 섭취하는 모든 약물은 그대로 태반을 통해 태아에게 전달되므로 각별히 조심해야 한다. 약물의 종류에 따라 일시적으로만 태아에게 영향을 미칠 수 있으나, 어떤 약물은 치명적이면서 영구적으로 태아에게 영향을 끼친다. 한 예로, 1960년대 유럽에서 다수 출생한, 팔과 다리가 없거나 팔다리가 몸체에 붙은 기형아는 임산부가 임신 초기에 신경안정제인 탈리도마이드(thalidomide)를 복용한 것이 원인으로 밝혀졌다. 마리화나나 헤로인 같은 환각제 또는 마약의 복용도 태아에게 좋지 않다.

② 흡연 및 음주

임산부가 담배를 피우면 유산과 사산, 그리고 조산아를 낳을 확률이 많은 것으로 나타났다. 또 달수가 찼다 하더라도 몸무게가 정상아보다 크게 미달되는 아이가 태어날 가능성이 매우 높다. 이렇게 태어난 유아들은 영아돌연사증후군도 많고 여러 질병에 걸릴 확률이 매우 높다. 또한 신체적 장애와 지적 장애가 뚜렷이 나타났고, 그들이 커서 읽기나 수학에 뒤처졌을 뿐만 아니라 사회적 적응도 잘하지 못하는 것으로 밝혀졌다.

임신 중의 알코올 섭취 또한 태아에게 나쁜 영향을 준다. 즉 태아의 지적발달이 원만히 이르어지지 못하고, 출생 시 몸무게와 키가 평균치에 미달하며, 턱 모양에 이상을 나타낸다(Furey, 1986).

③ 방사선

방사선이 태아에게 영향을 미친다는 것은 제2차 세계대전 시 일본의 히로시마에 투하된 원자폭탄으로 증명되었다. 그 근처에 살아 방사선을 쬐었으리라 생각되는 어머니에게서 많은 기형아나 정신지체아가 태어났던 것은 인간에게 새로운 경종을 울린 일이다.

라디움은 유전인자의 돌연변이를 초래하는 것으로 밝혀졌다. 아버지가 직업상 라디움을 많이 쬐게 되는 경우, 염색체이상의 자녀를 갖게 되는 확률이 매우 높았다(Santrock, 1994). 임신 초기에 X선을 통해 라디움을 쬐면 기형아를 낳을 가능성이 있다.

(3) 아버지와 태아

아버지도 태아에게 영향을 미친다. 유해물질이 많은 곳에서 일하는 아버지는 자신의 정자를 통해 자녀에게 여러 가지 질병을 일으키게 한다. 납 성분을 다루는 직장의 아버지에게서 태어난 아동은 신장병이 보통아보다 3배 정도 높고, 벤젠이나 솔벤트를 취급하는 아버지의 자녀에게서는 저체중아 출산율이 높았고, 유리공장, 섬유공장, 광산에서 일하는 아버지에게서는 미숙아 출산율이 높았다.

2) 태교

서구의 가치관이 맹목적으로 받아들여질 때 흔히 그래왔듯이, 태교를 합리적인 것으로 여기기보다는 전통사회의 미신 정도로 인식하여 왔다. 즉, 과학적인 근거가 없고 믿을만한 가치관이 아니므로 지킬 필요가 없다는 것이 과거 배운 사람들의 생각이었다.

그러나 과학의 발달로 태아의 성장과 발달이 밝혀짐에 따라 우리의 태교가 상상 이상으로 합리적이라는 것을 알게 되었다. 물론 태교의 내용 중에는 전혀 과학적 근거가 없는 것도 포함되어 있으나, 임신 후 모체 주변의 모든 물리적·정신적 환경이 태아에게 많은 영향을 끼치리라는 가정은 현명하기 이를 데 없는 가치관이다.

태교는 태모(胎母)를 통한 간접교육으로 엄격히 말하자면 태모교육이라 할 수 있다. 현대에서의 태교의 의미는 다음과 같이 요약될 수 있다(한순옥, 1985).

첫째, 태아에게 인격을 부여하였다. 서구에서는 아이가 태어나서 만 1년이 되어야 한 살이 되지만, 우리나라에서는 출생하자마자 1살이 된다. 이것은 태 중에 있던 기간도 포함하여 나이를 계산한 것이다.

둘째, 아버지의 태교도 강조하였다. 아버지 몸이 허약할 때, 중병을 앓고 난 뒤 신경이 안정이 안 되었을 때를 피하도록 했으며, 부정한 장소에서도 남녀교합을 금하도록 했다. 뿐만 아니라 임신이 되면 성생활을 금하도록 했는데, 이는 유산과 조산의 우려를 방지하는 방법으로 현대의학에서도 뒷받침할 수 있는 행동이다.

셋째, 행동을 조심하여 유산·조산의 위험을 방지하고자 하였다.

넷째, 임신 중의 정서적 불안과 심리적 긴장을 피하도록 하였다. 책을 읽어 마음을 편안하게 하고, 아름다운 것을 보고 듣도록 하는 것은 현재에도 권장하는 임산부의 태도이다.

다섯째, 임산부의 마음가짐을 바르게 하는 데 적극적이다.

여섯째, 임산부가 가려서 먹어야 할 음식과 약물의 금기를 실천하도록 하였다. 이 점은 임산부가 먹는 모든 것이 태아에게 전달된다는 것을 잘 알고 있었던 것이다.

3 영아기 특징 및 부모역할

영아와의 상호작용은 상호작용이 얼마나 자주 발생하는가 하는 양보다 어떻게 상호작용이 진행되는가 하는 질적인 측면이 더 중요하다. 영아는 모든 것을 부모에게 요구하며 전적으로 도움을 받아야만 하고, 부모는 영아의 보호자이며 요구를 만족시키는 제공자로서의 역할을 수행하기 때문에 어머니들은 자신의 개인적 욕구를 충족시킬 수 없어서 스트레스를 받으므로 이에 적응하도록 대비해야 한다. 또한 스트레스 해소방안, 도움대책, 부모와 영아와의 관계는 부모 자신의 아동기 경험, 부부관계, 건강, 직업의 안전성, 가정 분위기, 영아의 특성에 의해 영향을 받는다.

표 3-3 영아기의 발달적 특징

신체발달	인지발달	사회정서발달
• 감각계는 태어나기 전에도 기능한다. 대상에 대한 우리의 다감각 지각은 여러 감각에 걸쳐 협응한다. • 뇌의 구조와 기능은 가소적으로 변화 가능성과 보상 가능성을 갖는다. • 신체적 성장과 운동 발달이 빠르다.	• 초기 몇 주 이내에 배우고 기억하는 능력이 나타난다. • 상징을 사용하고 문제를 푸는 능력이 두 돌이 될 무렵에 발달한다. • 언어에 대한 이해와 사용이 급속히 발달한다. 언어습득은 유기체와 경험 사이의 복잡한 상호작용을 반영한다.	• 부모와 타인에 대한 애착을 형성하며, 애착유형의 차이는 아동발달에 영향을 준다. • 자기지각(self awareness)이 발달한다. • 의존성에서 자율성으로 변화가 나타난다. • 성 유형화된 선호는 생애 초기부터 아동의 사회적 환경에 의해 촉진되는 것으로 보인다.

출처: 곽금주 외(역)(2012). 아동발달, Papalia et al.(2001). Human Development.

1) 신뢰감의 발달

에릭슨(Erikson)의 심리사회적 발달단계에서 영아기는 기본적 신뢰감과 불신감을 형성하는 시기이다. 기본적 신뢰감은 돌봐주는 사람이 아기의 기본적 욕구를 일관성 있고 민감하게 충족시켜 줄 때 그 사람에 대해 갖는 믿음을 말한다. 영아를 양육하는 사람이 영아가 불편함을 느낄 때 그 원인을 빨리 제거해 주고 일관성 있게 사랑, 관심, 놀이, 접촉, 자극 등을 통해 영아의 욕구를 충족시켜 주면 영아는 세상이 안전하고 확실하며 예측할 수 있고 살아갈 만하다는 믿음을 갖게 된다. 반대로, 양육하는 사람이 일관성 없이 부적절한 행동으로 영아를 돌보면 영아는 세상에 대해 두려움과 불신감을 갖게 된다. 이러한 신뢰감과 불신감은 영아기에서만 해결될 수 있는 문제가 아니며, 각 단계마다 발생하고 허결해야 하는 심리사회적인 문제이다.

양육자에 대한 신뢰감은 의사소통과정에서 형성된다. 영아는 우는 행동으로 의사소통한다. 부모는 영아의 우는 소리에서 의사소통하고자 하는 내용을 알아차려야 한다. 예를 들면 배가 고파서 우는지, 어디가 불편해서 우는지, 졸음이 와서 우는지 등의 표현 내용을 알아차려야 한다. 말하자면 영아가 신뢰감을 갖느냐, 불신감을 갖느냐 하는 것은 부모의 책임이다.

즉, 양육자에 대한 신뢰감이 형성되면 사물이나 사건을 구체적인 상황에서 해석하고 의미를 부여할 수 있는 예측 능력이 발달한다. 예측능력은 자신에 대한 신뢰감을 형성하는 데 중요한 요인이다.

만일 여러 사람이 영아를 양육하게 되거나, 수유, 놀이, 수면 등에 있어서 일관성이 없어서 환경을 예측하기가 어렵게 되면 영아가 다른 사람을 믿을 수 있다는 신뢰감과 자신의 역량에 대한 신뢰감이 손상된다.

2) 상호성 발달 및 자극의 제공자

부모와 영아는 서로 자극과 반응을 주고받는 상호성을 지닌 체계이다. 상호성은 두 사람이 상호작용하는 동안 긍정적이든, 부정적이든 간에 서로 자극을 받는 평행의 줄다리기를 교환하는 것을 말한다. 이것은 어머니와 영아가 서로 눈을 마주보고, 소리를 교환하며 연속적인 반응을 하는 것이다. 언어를 배우기 이전의 영아는 울음, 미소, 옹알이 등으로 자신의 의사를 표현하면서 상호작용에 참여한다. 민감한 어머니는 적정한 때에 자극을 주며 영아가 어떤 자극에 관심을 갖는지 반응의 단서를 파악한다. 이러한 어머니는 어느 정도 자극하고 멈추어야 하는 시기를 알며, 적절한 시기에 영아가 평온을 회복할 수 있게 한다.

처음 6개월 동안의 상호성은 영아에게 자신이 다른 사람과 분리된 존재라는 사실을 깨닫게 한다. 상호작용을 통하여 영아는 어머니와 다른 사람이 나타내는 행동유형이 다르다는 것을 안다. 아기는 상호성을 통하여 다른 사람이 자신에게 하는 행동에 자신도 영향을 줄 수 있다는 것을 알게 됨으로써 자신의 역량을 기르게 된다. 어머니가 영아의 기분과 요구를 무시하고 자신이 정한 발달기준에 맞추어 영아를 훈련하고 가르치려고 하면 영아는 자발적인 상호성의 발달을 방해받는다. 영아는 스스로 어떤 것을 할 수 있다는 자신의 역량에 대해 자신감이 생기면 손에 잡히는 것은 무엇이나 호기심을 나타내고 열심히 탐색한다. 인간의 건강한 발달을 위해서는 영아기에 운동능력, 사회성, 인지능력 등의 발달이 선행되어야 한다. 이것은 부모가 영아기 동안 어떤 종류의 자극을 제공하느냐에 따라 달려 있다.

부모는 영아에게 흥미 있고 자극을 주는 환경을 제공하여 영아가 자기주도적인 활동을 할 수 있도록 도와주어야 한다. 그러나 부모의 역할이 환경을 제공하는 것으로 끝나서는 안 된다. 부모는 영아를 가르치는 교사이므로 환경의 제공과 더불어 행동의 본보기로서 영아의 활동에 참여해야 한다.

4 걸음마기 특징 및 부모역할

부모는 자녀가 걷기 시작하면서부터 새로운 차원의 보호자 역할을 한다. 부모는 아기가 자율성을 시험하고 학습능력을 증진시킬 수 있도록 가능한 한 가장 안전한 환경을 마련하여야 한다. 집안이나 마당에서 사고가 발생할만한 곳을 미리 점검하여 유리나 날카로운 물건 등을 치우고 출입구도 안전한지 살펴본다. 영아가 만지면 안 되는 물건은 손이 닿지 않는 곳으로 옮긴다.

부모는 교육자에서 보호자로서 역할이 변화되면 많은 어려움을 경험한다. 자녀의 안전에 대비하지만 어느 순간 일을 저지르고 다치기도 한다. 신체적으로 활동이 많은 자녀를 보호하는 역할에 어머니는 에너지를 모두 소비하게 된다. 따라서 부모 자신의 사회활동이나 배우자에 대한 관심이 자연히 적어진다. 높은 의자에 올라가거나 기어오를 때 많은 부모는 자녀의 안전을 위해 경찰의 역할을 하는 자신을 발견한다. 만일 형제가 있다면 형제간에 갈등이 발생한다. 이때 부모가 서로 협력하여야 하는 것은 필수적이다.

1) 자율성 발달의 조력자

자녀를 보호하는 역할보다 더 어려운 것은 자율성 발달에 효과적으로 대처하는 것이다. 1세에서 3세 사이의 아기는 부모로부터 독립을 선언하며 심리사회적 발달단계에 따라 자율성과 수치심 및 회의를 경험하는 시기이다. 부모가 영아의 능력에 맞게 어떤 것을 하도록 영아의 요구를 인정해 주면 영아는 자신의 행동을 통제할 수 있는 능력을 발달시킨다.

영아가 자율성을 시험할 수 있도록 스스로 옷을 입어보게 하고, 우유를 따르게 하고, 장난감을 치우도록 하는 데 부모들은 많은 인내가 필요하다.

걸음마기 영아의 자율성 발달은 '싫어'라는 표현으로 나타난다. 영아는 부모가 그들에게 무엇을 기대하며 어떻게 반응할 것이라는 것을 배운다. 만일 거절하는 영아에게 강한 반응을 보이면 영아의 행동은 증가하고, 반대로 반응을 보이지 않고 무시하면 행동은 감소한다.

자녀가 사용하는 '싫어'의 수는 부모가 현재 사용하고 있는 이전에 사용한 '싫어'의 수와 관련된다고 볼 수 있다. 따라서 부모는 영아에게 선택권을 주어 싫다는 대답을 유도할 가능성이 있는 말을 하는 대신에 영아에게 기대하는 바를 이야기해야 한다. 예를 들면, 자야 할 시간이 되었을 때 "이제 자겠니?"라는 말보다 "잘 시간이다"라고 말한다.

자녀가 부모에게서 독립하고자 할 때 부모는 영아의 정상적인 행동이 무엇인가를 인식하여야 하고, 동시에 행동을 분명히 해야 하며, 일관성이 있어야 한다. 영아를 지도하는 적절한 기술은 부정적인 행동보다 긍정적인 행동에 관심을 더 가져야 하며, 영아가 행동을 선택할 수 있도록 기회를 주어야 한다.

2) 학습경험의 제공자

첫째, 자조능력을 학습하게 하는 것이다. 영아는 손으로 음식을 먹을 수 있고, 숟가락을 사용하여 음식을 입으로 가져가려고 노력한다. 이때 부모는 혼자 할 수 있는 준비가 됐다는 것을 알아차리고, 미숙하더라도 숟가락을 주고, 숟가락으로 먹게 하며 여러 가지 방법을 사용하도록 한다. 그러나 부모는 영아가 필요로 할 때 도움을 줄 수 있도록 항상 관심을 기울여서 음식이 넘쳤을 때 식탁, 마루, 자신의 옷 등을 깨끗이 할 수 있도록 도움을 주어야 한다. 옷 입는 것을 스스로 하겠다고 할 때 영아가 혼자서 바지를 입고 양말을 신는 단순한 행동은 할 수 있도록 하여야 한다. 대부분의 부모들은 영아들의 단순한 행동경험을 방해한다. 바지를 올리고 내리는 행동은 대소변 훈련단계에서 필수적이므로 특히 중요하다. 대소변 훈련은 대체로 2세 전후에 이루어지지만 시기가 정해져 있는 것이 아니며 문화에 따라 그 시기와 방법이 다양하다. 이때 부모가 영아의 훈련과정을 참고 견디면 영아가 자율성을 갖는 데 도움을 주지만, 서두르거나 비판적인 태도를 보이면 자아존중감이 손상되고 수치심과 회의를 갖게 한다. 부모가 대소변 훈련을 수용해야 하는 학습경험으로 볼 때, 영아는 즐거움을 갖고 훈련단계를 성취하여 자신감을 가질 것이다.

둘째, 자조능력의 학습경험 이외에 네 가지 다른 학습영역이 있다. 사회적 기술, 언어, 호기심의 발달, 지적능력의 기초형성 등이다. 사회적 기술을 습득하기 위해서 부모는 자주 영아를 놀이집단에서 놀게 하여야 한다. 자기의 순서를 기다리고, 장난감과 놀이시설을 공유하고, 만족을 지연시키고, 집단에 잘 협동하는 등의 기술을 습득할 수 있다. 그러나 걸음마기 영아는 또래를 사람으로 취급하기보다는 사물로 취급한다. 흔히 이 시기의 영아들은 또래를 때리고 밀고 괴롭히는 것을 볼 수 있다. 이는 영아가 자기중심적이어서 남에게 해를 준다는 것을 인식하지 못하기 때문이며 능력이 부족하기 때문이다.

다른 사람과 사회적 기술을 습득하는 데 있어서 언어는 중요한 수단이다. 다른 사람과 의사소통하는 기술의 발달은 언어의 효과적인 사용에 있다. 걸음마기 영아의 언어는 빠르게 발달한다. 언어발달에 있어 부모의 역할은 사물의 이름을 반복하여 말하고, 영아가 말할 때 강화해 주며, 가장 중요한 것은 언어의 본보기가 되는 것이다. 부모가 자녀와 왜, 무엇을, 어떻게 등에 수백 번 답하고 질문하며 책을 읽고 언어를 지적발달의 가치 있는 도구로 생각하면서 자녀와 서로 이야기하는 정도는 초기언어발달을 촉진시킨다.

호기심의 발달과 지적능력의 기초형성은 언어발달과 일정하게 관련된다. 걸음마기 이전에는 보고 듣고 만져보는 등의 감각을 사용해서 호기심을 보여 준다. 자녀에게 최적의 지적 발달과 호기심을 만족시키기 위하여 부모는 안전한 환경에서 다양한 사물과 경험을 제공하여야 한다. 가장 중요한 학습경험은 자연적인 상태에서 지적능력을 기르며 발견하는 학습을 하는 것이다. 발견학습을 하기 위하여 부모는 환경을 구조화하여야 한다. 부모는 영아와 상호작용하며 다양한 자료와 경험을 제공하여야 한다.

5 유아기 특징 및 부모역할

양육은 유아가 더 나은 발달을 하도록 애정과 관심을 가지고 이끌고 지도하는 것이다. 걸음마기 영아처럼 언제나 따라다녀야 할 필요는 없지만 유아에게 안전한 환경을 마련하여야 한다. 사랑과 애정 어린 도움을 줄 수 있도록 관리·감독해야 한다.

유아는 끊임없이 부모의 관심을 요구하고 부모의 시간과 에너지를 소비한다. 즉 유아는 부모의 대화를 방해하고, 떠들고, 집안을 어지럽히고, 예상하지 못한 여러 가지 엉뚱한 행동과 극단적인 행동을 한다. 그리하여 부모는 유아의 강한 욕구를 충족시켜야 하며 자신의 욕구도 충족시켜야 하는 어려움을 겪는다. 자녀를 양육할 때 각각의 부모는 독특한 자신의 방식대로 상호작용한다. 그러나 서로 합의하여 규칙을 정하고 그 규칙은 일관성 있게 제공되어야 한다.

부부간의 애정적인 관계는 양육자로서의 부모의 역할수행을 촉진시킨다. 부부가 서로 상대방을 존중하고 유아를 한 인격체로 존중하면 가정의 분위기는 긍정적으로 형성된다.

표 3-4 유아기의 발달 특징

신체발달	인지발달	사회정서발달
• 성장이 전 단계보다는 더디나 지속적으로 일어난다. 체형이 좀 더 호리호리해지고 신체비율이 성인에 가까워진다. • 식욕이 감소하고 수면문제가 보편적으로 나타난다. • 왼손 및 오른손 잡이가 결정된다: 섬세하고 거친 운동기술과 힘이 증가한다. • 모든 유치들이 돋아난다. • 주요 대근육 운동 능력을 습득하고 (달리기, 기어오르기) 소근육 운동능력이 생긴다.	• 사고가 전조작적이고 직관적 이며 비논리적이다. • 기억력이 향상되고 어휘력이 증가한다. • 단순문장부터 복잡한 문법적 형태까지 모두 처리한다. • 기초적인 수학적 개념을 터득한다. • 지능을 예상할 수 있다. • 자기중심성, 물활론, 결과속단, 중심화 등이 있다. • 세상에 대한 정보 데이터베이스를 형성 • 분류 및 사물의 범주화에 심취	• 점차 자신, 타인, 사물들에 대한 인식 확대 • 자아개념과 정서에 대한 이해가 좀 더 복잡해진다: 자존감이 커진다. • 독립성, 창의성. 자아 통제, 자기보호 능력이 증가한다. • 성정체감이 발달한다. • 놀이가 점차 상징적이 되고 정교화, 사회화된다. • 이타주의, 공격성, 두려움 등이 보편적으로 나타난다. • 가족이 여전히 사회생활의 중심이지만 또래친구가 점차 중요해진다. • 주도성 대 죄책감의 발달

출처: 박성연 외(2011). 인간발달, Papalia et al(2001). Human Development.

1) 주도성의 발달

에릭슨(Erikson, 1963)은 심리사회적 발달을 3단계가 주도성 대 죄의식의 발달이라고 하였다. 이 단계의 유아는 기본적인 운동능력을 획득하여 비교적 자율적으로 행동한다. 다른 사람의 행동에 반응만 하는 것이 아니라 자신이 여러 가지 활동을 시작한다. 부모가 유아의 주도적인 활동을 지지하고 도움을 주면 주도성이 발달하게 되고, 반대로 부모가 유아의 행동을 제한하고 질문을 귀찮아하면 죄의식이 발달하게 된다.

유아기에 환경을 탐색하도록 허용받고 격려받은 아동은 그러한 탐색활동을 주로 하는 데 주의력 있고 쉽게 접근하지만, 과잉보호 받거나 벌을 받은 아동은 환경의 탐색을 하지 않는 경향이 있다. 부모들은 유아가 불안을 느끼지 않고 새로운 환경을 주도적으로 탐색할 수 있도록 환경을 조성하여야 한다. 부모는 유아가 동작활동을 시작하는 데 필요한 장난감 기회 공간을 마련해 주어야 한다. 여러 가지의 놀이 활동을 통해 유아는 자신의 능력을 발달시키고 자기 확신의 역량감이 생기며 새로운 놀이 활동에 자신의 능력을 시험할 수 있게 된다.

유아의 지적 주도성은 부모가 질의응답을 통해 향상시킬 수 있다. 유아들은 끝없이 누가, 왜, 무엇을, 어떻게, 어디서라고 질문한다. 부모가 인내심을 가지고 유아의 이러한 질문에 반응하면 유아의 호기심과 탐색을 격려하게 되며 더 나아가서 유아는 지식추구에 가치를 부여하게 된다. 부모의 질문은 유아가 더 높은 인지수준의 사고를 하도록 격려하는 것이 된다.

2) 학습경험의 제공

유아에게 학습할 기회를 많이 주고 다양한 재료를 제공해 주면 유아기 동안 습득하여야 할 지적·감성적·사회적 능력을 발달시킬 수 있는 기초를 마련하게 된다. 유아는 자신이 처해 있는 환경과 경험하는 사건을 통해서 학습한다. 또래관계, 놀이, 환경과의 상호작용, 특히 부모가 유아의 호기심에 어떻게 반응하느냐 하는 것이 유아의 학습경험에 영향을 준다.

다양한 환경의 제공이 사회 지위 변인보다 유아의 인지적 발달에 더 도움을 주는 것으로 나타났다. 또한 환경의 양적인 면보다는 질적인 면이 지능과 더 관계가 있는 것으로 보고되고 있다. 놀이자료는 학습을 자극하는 장난감이나 실제 조작해 볼 수 있는 것 등으로 유아의 발달을 위해 중요한 환경자극이다. 장난감은 유아의 발달수준에 적절하고 호기심을 유발하는 것으로 융통성·내구성·심미성·안전성을 갖춘 것이 좋다.

3) 훈육 대 벌

훈육이 필요하다는 말은 일반적으로 벌이 필요하다는 의미로서 대부분의 경우 신체적인 벌을 의미하는 것으로 받아들여지고 있다. 실제로 훈육은 다른 사람을 지도하고 이끄는 사람을 의미하는 사도(disciple)에서 유래된 것이다. 훈육은 유아를 지도하는 광범위한 긍정적인 체계를 말하는 것이고, 벌은 그 체계의 일부에 지나지 않는다.

바움린드(Baumrind, 1978)는 아동의 행동을 통제하는 부모의 훈육태도를 다음과 같이 제시하였다.

첫째, 허용적 태도는 유아에게 자율성을 허락하고 벌과 통제는 사용하지 않는다. 외부에서 규정한 기준에 유아가 복종하도록 요구하지 않는다. 가족의 결정을 아동과 의논하여 정하며, 힘을 사용하기보다는 이유를 설명한다.

둘째, 독재적 태도는 체벌과 강압적인 방법을 사용하며, 유아의 자율성을 제한한다. 아동의 자유의지를 구속하고 복종을 요구한다.

셋째, 민주적인 태도는 의사소통을 격려하고, 한정된 범위 내에서 유아의 자율성을 허용한다. 논리적 설득, 권위, 강화 등을 사용하며,

자율적인 자유의지와 순응을 존중한다.

6 아동기 특징 및 부모역할

아동기는 초등학교에 다니는 시기에 해당된다. 생활의 중심이 가정에서 학교로 이전되며, 이전과 같은 급속한 변화가 눈에 띄게 나타나는 것은 아니지만 이미 획득된 지각이나 운동기술이 점차 세분화되고 정교화되는 시기이다. 특히 학교생활을 통한 다양한 학습기회를 통하여 급속하게 지적발달이 진행되고, 사회가 요구하는 기본적 기술을 습득함으로써 근면성도 발달하는 시기이다.

아동기는 학교생활을 통하여 사회적 관계가 확대되면서 부모에 대한 신체적·심리적 의존 상태에서 벗어나게 되고, 상대적으로 또래 집단의 영향력이 점점 커지게 된다. 점차 자기중심성을 극복하면서 사물에 대한 이해가 구체적인 문제에 대해서는 상당히 논리적이고 귀납적인 사고를 할 수 있게 된다. 신체적인 성장도 꾸준하게 이루어지면서, 빠른 아이들 중 특히 여아의 경우는 2차 성징이 나타나기 도 한다. 이러한 발달에는 개인차가 크게 나타나는데, 특히 신체적인 차이는 외형적으로 눈에 띄게 구분되는 영역이다. 이러한 신체적 차이가 아이들의 자존감에 영향을 미치기도 한다.

아동기의 부모는 설명단계(interpretation stage)에 해당된다. 부모가 자녀의 끊임없는 질문에 응답하는 과정을 통해, 그리고 기술 습득을 돕는 과정을 통해 자신이 지닌 세계관과 가족의 가치를 자녀에게 전달해 주는 역할을 담당하게 된다. 이 시기의 중요한 과업은 자녀에게 세상을 해석해 주는 것이다. 설명 과정에서 부모는 자녀가 자아개념을 형성하도록 돕고, 자녀에게 기술과 가치를 가르친다. 자녀가 질문(예를 들어 "왜 사람들은 서로 싸워요?")을 했을 때, 부모는 자신의 자녀관을 검토하면서, 자신의 가치와 관점을 명확하게 전달해야 한다(Galinsky, 1987). 아동기의 발달특징 및 부모역할을 살펴보면 다음과 같다.

표 3-5 아동기의 발달 특징

신체발달	인지발달	사회정서발달
• 사춘기 전까지는 성장이 느리게 이어지다가 사춘기가 되면 급등적으로 일어난다. • 힘과 근육이 증가한다. • 나쁜 식습관과 적은 신체활동이 비만율을 증가시킨다. • 호흡기 질환이 보편적으로 나타나나 일반적으로 건강은 인생의 어느 시기보다 좋다.	• 자기중심성이 감소한다. • 논리적인 사고가 나타나나 구체적인 사실에 국한된다. • 기억과 언어기술이 향상된다. • 인지발달이 형식적인 학교생활을 하는 데 도움이 된다. • 새로운 것을 배우고 익히는 데 특별한 욕구와 힘을 나타낸다.	• 자존감에 영향을 미치는 자아개념이 복잡해진다. • 상호규제의 기준이 부모통제에서 또래통제로 점차 옮겨진다. • 또래를 가장 중요하게 여기게 되어 또래집단 지위가 중요한 주제가 된다. • 보다 광범위한 사회적 환경(조직화된 활동에의 참여, 방과 후 프로그램, 성인의 지도 없이 지내는 시간, 대중매체)이 전 단계보다 더 발달에 직접적인 영향을 미친다.

출처: 박성연 외(2011). 인간발달, Papalia et al(2001). Human Development.

1) 격려자

부모는 아동의 신체적 양육에서 점차 심리적 양육으로 중점을 더 두어야 한다. 아동은 학교생활이라는 새로운 사회생활 속에서 낯선 교사, 또래 및 그들에게 받는 평가 등으로 불안을 느끼게 된다. 이때 잘 적응하면 자신감을 갖지만 실패하게 되면 좌절감을 느끼게 되므로, 부모는 특히 또래관계에 관심을 갖고 격려자로서의 역할을 수행해야 한다.

최근 학교에서 문제가 되고 있는 또래 괴롭힘은 지나친 학업성적 위주의 경쟁 분위기, 일방적인 가치관 강요 등에도 원인이 있다는 사실을 부모는 인식해야 한다. 초등학교에서 일어나는 또래 괴롭힘의 수준은 어른의 기준에서 볼 때 지극히 사소한 것일 수도 있고, 쉽게 해결할 수 있으며, 가해자와 피해자의 역할이 쉽게 역전될 수도 있는 것으로 보인다. 그러나 아직 마음이 여린 초등학생들은 작은 일에도 쉽게 상처를 받을 수 있고, 그 작은 상처가 깊은 골이 되어 발달상 많은 장애를 초래할 수도 있음을 명심해야 한다. 그러므로 부모는 자녀에게 각자의 개성을 존중하고, 남이 나와 다를 수 있다는 사실을 받아들이며 '나는 나, 너는 너 자체'로 의미가 있으므로 상대를 있는 그대로 인정하는 교육을 해야 한다. 또한 자녀가 세 가지 '척(잘난 척, 가진 척, 예쁜 척)'의 습관을 고치도록 도와주며, 만약 또래 괴롭힘을 받으면 선생님이나 부모에게 도움을 청하도록 지도해야 한다. 이를 위해 교사들로 하여금 또래관계를 증진시키고 학교를 더 안전한 환경으로 만들기 위한 방법을 교육받도록 해 주어야 할 것이다(박응임 · 김지신 · 김상희, 2002). 이와 함께 또래 괴롭힘에 대처하는 최선의 방법은 단짝이나 친구를 사귀는 방법이다.

2) 훈육자

영유아기와 달리 아동의 행동과 태도가 다양해지므로 부모는 아동의 발달수준에 적합하고 효과적인 훈육방법을 모색해야 한다. 논리적 결과나 아동의 행동에 적당한 근거를 제시하고 설명하는 방법을 사용한다. 또한 아동의 자존심이나 인격을 무시하는 말을 하지 않도록 한다.

7 청소년기 특징 및 부모역할

청소년기는 상호의존단계(interdependent stage)로 부모의 주요과제는 자녀의 독립 욕구를 인정하고 이를 충족시켜주는 것이다. 이 단계에서는 부모와 자녀가 그들 간의 관계를 재정의함으로써 법칙이나 적절한 행동, 제한 등에 대해 함께 논의하고 협상하는 것이 필요하다. 특히 코로나 시기를 살아가는 청소년들은 이전과는 다른 문제를 경험하고 있다. 청소년 시기는 다양한 심리·정서·행동문제에 취약하며 코로나 및 스트레스에 대처하는 능력이 성인에 비해 부족하여 부모와의 소통을 통한 협력이 필요한 시기이다. 이 시기의 부모는 자녀의 독립 욕구는 높으나 부족한 위기 대처양식을 이해하고 수용해야 한다. 10대 청소년이 정체성 문제를 추구하는 동안 부모는 자신을 평가하고 자신의 이상이 어느 정도 달성되었는지, 자신이 정한 목표에서 어느 정도 와 있는지를 돌이켜본다(Galinsky, 1987). 청소년기의 부모역할을 살펴보면 다음과 같다.

1) 안내자

청소년기는 2차 성징을 겪으면서 신체적·심리적인 변화가 심하게 나타나는 시기이다. 따라서 부모는 이 시기 자녀의 신체적·심리적 특징을 이해하여 자녀가 갑작스러운 신체적 변화에 적절하게 대처할 수 있도록 그들에게 올바른 정보를 제공해 주어야 한다. 그러나 입시위주의 우리나라 교육은 변화가 많고 민감한 청소년에게 오로지 공부하기만을 강요하여, 이것이 결국 부모를 자녀에게 다가서기 힘든 존재로 만들고 있고 청소년의 삶을 불만족스럽게 만드는 요인이 되고 있다.

그러므로 부모는 청소년기 자녀에게 단순히 공부하기만을 강요할 것이 아니라 자녀의 전인적 발달을 위해 다양하고 풍부한 선배로서의 경험과 지혜를 자녀에게 제시할 수 있어야 한다. 특히 자아정체감의 확립을 위해 방황의 시기를 겪고 있는 자녀가 기쁜 마음으로 따르고 모방할 수 있도록 부모 자신이 삶 속에서 좋은 모범을 보여 주어야 한다. 부모의 기준이나 틀에 자녀가 따라와 주기를 강요하지 말고 자녀가 행복한 삶의 주체가 될 수 있도록 안내해 주는 부모가 되어야 한다.

2) 관찰자 및 감독자

사춘기를 겪으면서 신체적으로 급성장하는 청소년들은 아직 심리적으로는 성숙되지 못했음에도 불구하고 자신을 성인으로 대접받고 싶어 한다. 이에 따라 이들은 성인이 되어야 허용될 수 있는 행동이나 사회적으로 금지된 행동을 시도하게 된다. 대표적인 행동으로 성행동, 음주나 흡연 및 약물 사용 등이 있다.

이러한 행동은 부모의 관심과 지도가 제대로 이루어지지 않을 경우, 부모가 하는 음주나 흡연을 몰래 따라 한다거나 성적 호기심을 충족시키기 위해 인터넷 포르노 사이트나 음란잡지의 탐닉 혹은 무절제한 이성교제나 매춘 등으로 이어질 수도 있다. 부모로부터 벗어나서 독립적이 되려고 하는 욕구가 강한 청소년을 아동기와 동일하게 강압적인 훈계만으로는 다루기가 어려우므로, 부모는 심각한 문제가 발생하기 전에 자연스럽게 자녀들이 가질 수 있는 관심과 호기심을 충족시켜줄 수 있는 올바른 정보를 제공해 주어야 한다.

청소년의 약물 오남용의 경우 청소년들이 또래집단과의 정서공유를 위해 자발적으로 빠져드는 경우도 있지만 위험하다는 인식이 없어 자신의 의지와 상관없이 약물에 노출되는 경우가 많다. 특히 '공부 잘하는 약', '머리 좋아지는 약', '키 크는 약', '살 빼는 약' 등이 유행하면서 부모조차 제대로 된 검증 없이 약물을 부추겨 자녀를 약물 중독에 빠지게 하는 경우도 있다. 약물 오남용을 예방하기 위해서는 불필요한 약물을 습관적으로 사용하지 않기, 약물은 병원이나 약국 등 확실한 경로를 통해 구입하기, 처방전을 꼭 챙겨서 자신이 먹는 약에 대한 정보를 꼼꼼히 살펴보기 등을 잘 지키도록 해야 한다. 약물 사용은 문제가 있는 사람만이 하는 것이라고 생각하지만 그 누구에게도 약물은 중독이 될 위험이 있으며, 특히 청소년들이 구입하기가 쉬워서 호기심으로 사용할 위험이 있는 본드나 부탄가스를 흡입하면 뇌가 손상될 수 있으므로 이들이 흡입하지 않도록 어른들의 특별한 지도가 요구된다.

특히 청소년기에는 또래 문화가 자녀의 행동기준이 되는 경우가 많으므로 좋은 친구를 사귀도록 도와준다. 아울러 인터넷이나 주변 환경에 자녀가 잘못 빠지지 않도록 자녀의 생각과 행동에 관심을 가지고 좋은 방향으로 이끌어 주도록 노력해야 한다. 이러한 부분에서 자녀의 도덕성과 사회성 발달에 큰 영향력을 가진 아버지의 역할이 중요함에도 불구하고 실제 아버지들의 관심과 노력은 미흡한 것이 현실이다.

3) 상담자

청소년기가 되어 자녀가 부모로부터 독립하려는 욕구가 커지고 바쁜 학교생활과 친구나 기타 다른 주변 인물과의 관계가 확대되면서 부모의 영향력이 줄어드는 것은 사실이지만, 여전히 부모는 자녀가 어려움에 직면할 때 가장 먼저 그리고 가장 큰 도움을 줄 수 있는 존재가 되어야 한다. 특히 코로나 19로 사회적 거리두기가 지속되면서 사회적인 관계가 제한되고 대부분의 시간을 집에서 지내면서 사회적 고립감(social isolation)이 증대되고, 스트레스와 우울감을 호소하는 청소년들이 증가하고 있는 추세이다(한국청소년상담복지개발원, 2020). 이러한 상황 속에서 자녀가 늘 가깝게 생각하고 어려움을 상의할 수 있는 상담자로서의 역할은 청소년 자녀를 둔 부모의 가장 중요한 역할이라고 할 수 있다.

표 3-6 코로나19로 인해 힘든 점: 청소년

청소년 : 사회적 거리두기로 인한 '관계 단절' 가장 힘들다고 호소

■ 코로나19로 힘든 점과 관련하여, 청소년은 '친구들을 만나지 못하는 것'(72%), '온라인 개학 실시'(64.6%), '생활이 리듬이 깨짐'(64.6%), '외출 자제로 인해 집에서만 지내야 하는 갑갑함'(62.2%) 순으로 힘들다고 응답함. 또한 '코로나19가 언제 끝날지 모르는 불안감', 학업/진로의 불투명성', '나와 주변사람들의 감염 위험성'도 과반수가 넘는 청소년이 힘들다고 응답함

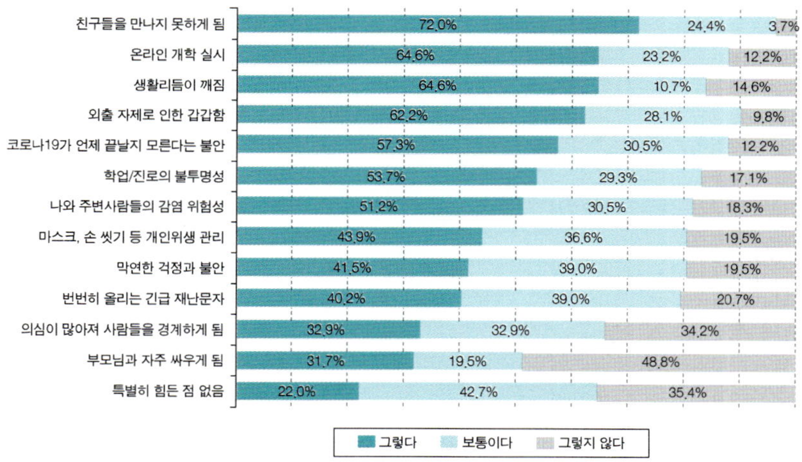

표 3-7 코로나19로 인해 힘든 점: 보호자

보호자 : '자녀의 미디어 사용 증가' 및 '불규칙한 생활습관'이 가장 힘들다고 호소

■ 강력한 사회적 거리두기와 함께 온라인 개학 실시로 대부분의 보호는 '자녀의 미디어 사용의 증가'(77.8%)와 '불규칙한 생활습관'(74.2%)이 가장 힘들다고 응답함. 또한 '자녀를 돌보는 부담이 가중됨', '온라인개학으로 인한 자녀의 학습 부진'에 대해 과반수의 부모가 힘들다고 호소하는 바, 부모가 자녀의 생활지도에 대해 어려움을 갖고 있는 것으로 보임

■ 보호자 역시 막연한 걱정과 불안감으로 인한 어려움을 높게 호소, 본 조사에서 **보호자의 '불안과 걱정'이 청소년의 약 1.5배**(82.8%)로 높게 나타나, 불안감으로 인한 보호자의 심리·정서적 스트레스가 드러남

- 또한 대부분의 보호자가 '일상생활의 위축'(71.7%). '마스크, 손씻기 등 개인위생 관리 지속'(65.2%)에 대한 어려움을 보고하고 있는 것으로 볼 때, 코로나19 사태가 장기화하면서 일상생활의 제약과 위생관리 지속에 대한 높은 피로감이 나타나는 것으로 보임

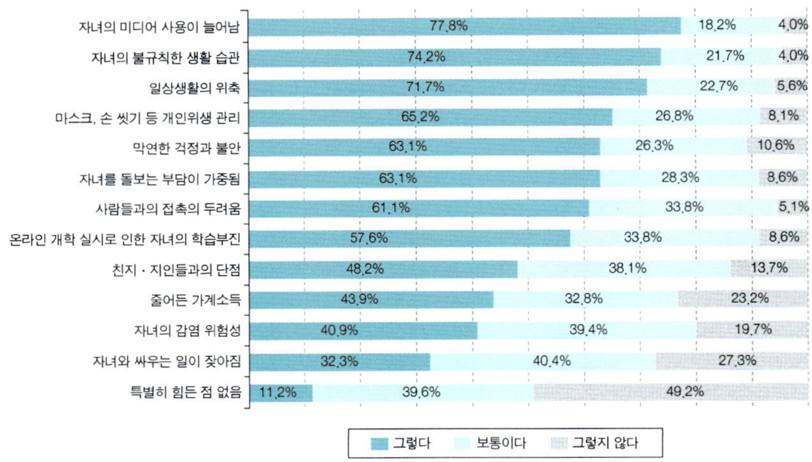

한국청소년상담복지개발원이 지난 2020년에 조사한 '코로나19로 바뀐 일상-청소년, 보호자 체감도 조사'(표 3-6, 표 3-7)에 의하면 청소년과 보호자 모두 코로나19로 인해 '불안, 걱정' 수준이 지배적이었으며, 특히 청소년은 보호자에 비해 '화-분노'가 2배 이상 높은 것으로 나타났다. 이를 자세히 살펴보면 청소년은 '친구들과의 관계단절'을 그리고 보호자는 '자녀의 미디어사용 증가' 및 '불규칙한 생활습관'을 가장 문제로 꼽았다.

과거 청소년들이 고민하던 일탈 및 비행, 성격문제가 오늘날에는 순위권 안에 들지 못한 반면, '사회적 고립으로 인한 우울감', '은둔형 외톨이 현상' '과도한 미디어 사용' 같은 상담 주제가 급부상하고 있어 청소년들의 고민도 시대상을 반영하고 있음을 알 수 있다. 한국청소년상담복지개발원의 '코로나19 이후 1년, 청소년 정신건강 변화 기록'에 의하면 2021년 1분기 기준 상담건수가 2020년보다 28% 증가했으며 그중 정신건강 관련 고민상담이 가장 많았고, 대인관계, 가족, 학업·진로 고민 순이었다고 한다.

과거에 비해 현대의 청소년들은 상대적으로 더 불안한 상태에 있으며 단순히 학업이나 일탈행동이 아닌 정서적이고 대인관계적인 문제로 고통을 받고 있어 점차 심각한 사회문제로 대두될 가능성이 있다. 불안과 우울 등 정신건강문제와 가족관계로 인한 고민은 자살과 불특정 다수에 대한 공격 등 극단적인 결과를 가져올 수 있다.

이전과 다른 청소년문제를 직면하게 된 코로나의 장기화는 가정 내 청소년과 가장 많이 마주하는 부모역할의 중요성이 높아졌다는 의미이기도 하다. 그런 의미에서 청소년의 우울, 불안과 같은 부정적인 감정과 스트레스를 어떻게 관리해 줄 수 있는 세 가지 방안을 제시해 보면 다음과 같다(전남매일, 2021. 02.24 기사 참조).

첫 번째는 '소속감'으로 친구가 아닌 가족 간의 소속감을 강화시키는 것이다. 집이라는 같은 장소에만 있는 것이 아니라 같은 활동을 통해 청소년기에 필요한 대인관계 욕구를 가정 내에서라도 일정 부분 채울 수 있도록 도와주어 관계가 끊어졌다는 두려움, 공포감을 줄여 주는 것이 필요하다. 자녀들이 밖에서 마음껏 뛰어놀지 못한 욕구를 집 안에서 해결해야 하는데 이를 위해서는 가족구성원들끼리 상호작용을 할 수 있는 신체활동이나 보드게임 등을 활용하면 좋다.

두 번째는 청소년 스스로 지킬 수 있는 '규칙'을 세워 주는 것이다. 외출 후 손 씻기, 마스크 착용 등과 같은 새로운 규칙들을 청소년에게 통제적인 의미로 전달되어 새로운 스트레스를 심어 주어서는 안 된다. 이는 스마트폰 사용시간도 마찬가지이다. 자신이 하고 싶은 것을 못하게 방해하고 통제하는 것이 아닌 부모님의 걱정과 염려에 대해서 충분히 청소년에게 인식시켜 주어야 지켜질 수 있는 규칙을 만들 수 있다.

세 번째로 무기력한 일상에 익숙해지지 않도록 '계획'을 만들어 주는 것이다. 일반적으로 청소년 자신의 의사가 반영되지 않은 계획은 반복되는 실패경험으로 더 무기력해지는 경우가 많다. 여기서 말하는 계획을 만드는 것은 청소년 스스로가 작은 계획부터 세울 수 있도록 부모가 함께 도와주는 것까지 의미하며, 이를 통해 자신이 세운 계획대로 실천했다는 성공경험을 느끼는 것이 중요하다. 청소년의 특성에 따라 촘촘한 계획보다는 시간적인 여유가 있는 계획이 필요하다. 이러한 연습을 반복하여 좀 더 구체화된 계획을 행동으로 옮길 수 있다면, 코로나 이후 새로운 환경에서의 적응력을 높이고 주체적으로 일상을 살아갈 수 있을 것이다.

표 3-8 청소년기의 발달 특징

신체발달	인지발달	사회정서발달
• 신체상태가 최상이다. • 사춘기의 변화과정은 유전, 영양상태, 호르몬 요소들의 상호작용의 영향을 받는다. • 생활방식이 건강에 영향을 미친다.	• 인지능력과 도덕판단이 좀 더 복잡해진다. • 가설적 상황과 추상적 개념도 효율적으로 다룰 수 있는 형식적 조작기이다. • 진로와 직업이 결정된다.	• 성정체감을 포함한 자아정체감 탐색이 중심과제가 된다. • 부모와의 관계는 일부를 제외하고 대부분 좋다. • 또래집단이 자아개념의 발달과 테스트를 돕기도 하지만 반사회적 영향력을 갖기도 한다.

출처: 박성연 외(2011). 인간발달, Papalia et al(2001). Human Development.

함께 생각해 보기

이 장에서는 자녀의 발달단계에 따른 특징과 부모의 역할에 관하여 알아보았습니다. 이에 따라 유아교육현장에서 가정으로의 양육을 지원할 수 있는 방향을 발달단계에 맞춰 모색해 봅시다.

발달단계	발달의 특성	부모와의 놀이 및 양육 지원
태내기		
영아기		
걸음마기		
유아기		
아동기		
청소년기		

Chapter

04

부모양육이론과 양육모형

부모는 자녀의 최초의 교사로서, 자녀는 부모를 통해 삶의 양식과 태도를 익히면서 성장한다. 이와 함께, 부모 또한 자녀의 발달단계마다 주어진 과제를 해결해나가면서 같이 성장하거나 변화하게 된다.

이 장에서는 부모들이 자녀들의 성장과 함께 어떠한 변화를 하게 되는지에 대한 이론을 살펴보고, 여러 학자들이 제시한 다양한 부모 양육태도 모형을 알아봄으로써 시사점을 찾고자 한다.

1 부모양육이론

인간이 태어나서 처음으로 속하는 가장 중요한 환경은 가정이며, 가정 내에서 자녀에게 가장 큰 영향력을 미치는 존재는 부모이다. 부모는 자녀의 최초의 교사로서, 자녀는 부모를 통해 삶의 양식과 태도를 익히면서 성장한다. 그러나 자녀의 인생에 지대한 영향을 미치는 부모역할의 중요성은 강조되지만, 대다수의 부모들은 충분한 교육 없이 부모가 되어 자녀를 양육하고 있다. 이에 많은 부모들은 자신이 제대로 된 역할을 수행하고 있는지 그리고 자녀를 제대로 양육하고 있는지에 대해 늘 불안감과 의문을 제기하면서 자녀를 키우고 있다.

실제 자녀의 출생과 양육은 부부의 삶에 있어 가장 큰 사건이며, 자녀가 신생아기를 거쳐 영유아기, 아동기, 청소년기, 청년기로 접어들어 독립해서 부모 곁을 떠나기까지, 부모 또한 역동적인 변화를 경험하면서 같이 성장하게 된다.

부모도 성장하는가? 부모들도 단계를 거치는가? 부모 성장의 원천은 무엇인가? 거기에는 단계와 국면이 있는가? 만일 있다면 무엇이 사람들을 한 단계에서 다음 단계로 이끄는가? 자녀의 성장발달에 따라 변화하는 부모의 역할 및 과제에 대해 갈린스키(Ellen Galinsky, 1980; 김세희 · 김정준 · 송미선 · 장화선 · 전선옥 편역, 1992)는 성장하는 부모기의 6단계 이론(The six stages of parenthood)을 제시하였다.

1) 갈린스키의 부모기 6단계

갈린스키는 지역, 인종, 종교, 가족형태, 사회·경제적 지위 등 다양한 가족구성원들과 면담하면서 부모들이 자신들이 생각하기 좋아하는 대로 자신을 드러내고 이야기하고자 하는 마음속에 어떤 심상(picture), 즉 '이미지'를 가진다는 것을 발견하였다. 부모기의 단계는 자녀의 성장과 연령에 따라 구분되며, 여러 연령단계의 자녀들을 가진 부모는 동시에 여러 단계의 부모기를 거치면서 변화하게 된다.

(1) 첫 번째 단계: 이미지 형성 단계(the image-making stage)

이 단계는 임신기간 중에 일어나며 예비 부모들은 출산과 부모기에 대한 자신의 이미지를 형성하고 수정하기 시작한다. 이들은 자신의 변화에 대해 준비하고 또 다른 중요한 성인 관계의 변화를 준비한다.

이 단계의 주요 과제는 출산과 부모기에 대한 이미지를 형성하는 것이다. 예비 부모들은 아직 태어나지도 않은 아기의 존재를 인식하면서 태아에게 애착을 갖기 시작한다. 임신한 것에 대한 성취감과 태아를 하나의 독립된 개체로 이해하기 시작하고, 실제 탄생을 위해 스스로 준비해야 함을 깨닫기 시작한다.

더불어 자신들의 부모와의 과거나 현재의 관계를 분석하고 배우자의 역할에 대해 어떤 이미지를 가지게 된다. 즉, 부모됨의 기초를 형성하기 위한 부모상을 정립하는 시기라고 할 수 있다.

(2) 두 번째 단계: 양육 단계(nurturing stage)

자녀가 출생에서 16개월경부터 2세까지의 단계로 자녀의 출생으로 부모로서의 자신의 이미지를 실제 경험과 비교하게 된다.

이 단계의 주요 과제는 아기와 애착을 형성하는 일이다. 즉, 상상했던 아기와 태어난 아기를 일치시키는 과제가 중요하다. 자신의 새로운 역할을 받아들임으로써 서로 간에 인간관계를 확대해야 한다. 자녀와의 상호작용을 통해 자녀와 부모 자신에 대해 알아가게 되며, 부부관계 및 친족관계도 재정립된다.

이 시기에 성공적인 부모됨의 비결은 부모의 이미지를 실현해 가는 방법과 기술을 알아가는 것이다. 성장과 변화에는 차이가 있다. 부모는 여러 단계를 통해 변화할 수 있고, 변화되지만 반드시 성장하는 것은 아니다. 성장은 부모가 어려운 문제를 만나서 해결하면서 비현실적인 이미지들을 제거할 때 이루어진다.

(3) 세 번째 단계: 권위 단계(authority stage)

자녀가 2세에서 4~5세 때까지의 단계로, 자녀와 애착을 형성해 왔던 지금까지 부모기의 주요 과업은 권위라는 문제에 당면하게 된다. 권위 단계에서 많은 부모들은 '완벽한' 부모가 되고 '완벽한' 아이들을 가지고 '완벽한' 살 곳을 만드는 것에 대한 이미지가 파괴됨을 발견한다. 이 과정에서 부모는 과거 아동에 대해서 가지고 있던 착각의 이미지, 즉 '나는 내 부모와는 달리 훌륭한 훈육가가 될 것이다', '화를 내서는 안 된다', '내 아이는 항상 그대로일 것이다' 등의 이미지를 수정하게 된다.

권위 단계의 주된 과업은 부모 권위의 범위를 결정하는 것이다. 어느 한도까지 자녀에게 권위를 행사할지와 이렇게 결정된 것을 수행하는 것이 포함된다. 이것은 부모들이 자신들이 책임져야 할 부분과 자녀들이 책임져야 할 부분을 결정하는 것을 의미한다. 권위 단계의 또 다른 과업은 의사소통방법 익히기이다. 부모는 자녀를 이해하면서 고집을 버리고 자녀의 변화에 따라 변화할 줄 아는 기술을 익혀야 한다. 권위자가 되는 일은 실수를 하고 그것을 인정하여 수정하는 과정이다.

부모들은 자신의 행동에 대해 새로운 시각을 갖게 되면서 성장을 하게 된다. 이러한 부모 성장의 가장 중요한 요소는 주변의 지지이며 이 지지대상은 남편, 아내, 친족, 친구 혹은 사회체제일 수 있다.

(4) 네 번째 단계: 해석 단계(interpretive stage)

자녀가 유아교육기관에 들어가면서부터 소년·소녀기에 접어드는 때의 단계로 자녀가 교육기관에 입학하게 되어 부모로서의 이미지를 다시 생각하고, 현실이 어떻게 전개될 것인가를 스스로 질문하는 시기이다.

이 단계의 주된 과제는 해석하는 일이다. 부모는 부모로서의 자신을 자녀에게 설명하고, 자녀의 자아개념을 발달시키는 것뿐만 아니라, 자녀의 질문에 대답하면서 그들에게 필요한 기술과 정보를 제공하여 더 나은 가치를 형성하도록 돕는다.

또한 자녀들은 이전 단계보다 독립적으로 분리되어 나가며, 부모는 동시에 이전과 달리 자녀와 함께 할 수 있는 활동이 많아졌음을 발견하면서 새로운 결속이 생긴다. 부모는 해석단계를 통하여 자녀와 새로운 관계를 형성한다. 즉 5, 6세 자녀와의 불평등한 권위관계로부터 12세 자녀와는 비교적 평등한 관계로 변화하게 된다.

(5) 다섯 번째 단계: 상호의존관계(interdependent stage)

자녀들이 십대가 되는 시기로 권위 단계에 주가 되었던 문제가 다시 거론되며, 가끔 새로운 해결방법이 요구된다. 부모의 역할에 대한 해결책을 찾는 과정에서 부모들은 거의 성인으로 자란 자녀와 새로운 관계를 형성해야 하는 중요한 과업을 맡는다. 부모들은 이 단계에서 물음을 던져야 한다. 나는 어떤 권위를 요구할 수 있는가? 누가 그 한계를 결정할 것인가? 그 한계는 무엇인가? 부모들은 자녀와의 관계, 의사소통능력, 거리감과 친밀감의 정도에 대해 심사숙고한다.

10대들에게 '나는 누구인가'를 발견하는 과정은 대개 부모와의 결별, 가족과는 다른 자신만의 길을 찾고 추구하는 것이 포함된다. 이러한 십대의 과업은 곧 부모의 과업이기도 하다. 이 단계의 가장 중요한 과제는 부모-자녀 관계를 재정의하고 자녀의 독립된 정체성을 받아들이는 것이다.

(6) 여섯 번째 단계: 새로운 출발 단계(departure stage)

자녀들이 부모를 떠나 독립하기 위해 집을 떠나는 시기이며 부모 자신에 대한 평가단계이다. 부모는 자녀가 떠나는 시기와 방법, 부모 인생 전반의 성공과 실패 그리고 성장한 자녀와의 인간관계를 그들이 원하는 방향으로 성취했는지 여부를 평가하게 된다.

부모는 자녀를 떠나보낼 준비를 해야 하며, 부부에게는 자녀의 독립 이후 새롭게 부부관계를 재정립하는 시기이기도 하다. 새로운 출발단계에 있는 부모에게서 중요한 과업은 부모역할을 했던 세월 동안에 쌓여왔던 이미지들에 따라 어떻게 살아왔는지 평가하는 일이다.

갈린스키의 부모기 6단계 이론은 부모역할은 자녀의 성장과 함께 역동적으로 변화한다는 것이다. 이러한 변화는 부모-자녀 간의 양방향적인 상호작용을 통한 변화이며, 효과적인 부모역할 수행을 위해서는 자녀의 성장에 따라 부모가 된다는 것에 대한 이미지와 그에 따른 수행역할도 같이 변화해야 한다는 것을 의미한다.

2) 가족생활주기에 따른 부모기

인간은 출생한 이후 신체적·심리적으로 다양한 발달단계를 거치게 되며, 가족생활의 측면에서는 미혼 시기를 거쳐 결혼, 출산, 육아 등 여러 단계들을 경험하게 된다. 결혼을 통해 가정을 형성한 이후에는 가정생활은 가족구성원들이 나이가 들어감에 따라 가족 역할의 변화를 경험하는 생활주기(life cycle)를 가지고 있다. 가정의 구성원의 수가 늘어 가족의 구조가 변하게 되고, 이에 따라 자녀와 부모와의 관계가 발달하면서 변화를 경험하게 되는 것이다. 이 절에서는 부모기의 변화를 앨벌린 듀발(Evelyn Duvall)의 가족생활 주기 8단계를 중심으로 살펴보고자 한다(설은주, 2006).

(1) 신혼기

이 단계는 결혼과 함께 가정을 이루어 아직 자녀가 없으며 부부 두 사람만의 생활로 이루어진다. 이 단계의 과제는 부부 서로 간의 조화로운 결혼 생활을 만드는 것이며, 자녀출산에 대한 의견조정과 협의를 하는 것이다. 그리고 새로 시작된 양가의 유대관계를 조화롭게 유지하는 것이다.

(2) 자녀 출산기

이 단계는 첫 아이의 탄생과 생후 30개월 될 때까지의 기간으로 의존적인 영아의 요구를 만족시키기 위하여 부부의 생활방식이 변화된다. 이 단계의 발달과업은 자녀양육으로 인한 신체적·정신적 스트레스를 극복하기 위해 가사 및 육아일을 나누어 도와주고 격려하는 것이다.

(3) 취학 전 단계

이 단계는 첫 아이의 연령이 생후 30개월에서 6세까지의 시기이며 보통 둘째가 생겨나는 시점이기도 한다. 이 시기의 부모의 발달과제는 아동의 흥미와 욕구, 발달적 관심에 따른 다양한 교육적 경험과 자극을 제공해 주어야 한다. 한편 육아로 인한 스트레스와 피곤으로 인해 소원해진 부부간의 애정적 관계 약화를 극복하기 위해 노력을 해야 한다.

(4) 아동의 취학 시기

이 단계는 첫 아이의 연령이 6세에서 13세까지의 시기로 교육기관에 다니는 자녀의 적응과 교육을 돕는 시기이다. 부부는 취학 시기 아동이 있는 가정들과 모임을 갖고 자녀들의 교육적 성취를 격려하면서 자녀를 중심으로 인간관계가 넓어지는 시기이다.

(5) 청소년 시기

첫 아이의 연령이 13세에서 20세 까지의 시기로 학교, 성인으로 성장해가는 청소년들의 교육에 전념해야 하는 단계이다. 부모는 자녀들을 독립적 존재로 인정하고, 성숙하고, 해방된 10대로서 책임과 자유의 조화를 이루어 가도록 도와주어야 한다.

(6) 자녀들이 독립하는 시기

이 단계는 자녀들이 대학진학, 취업, 결혼 등의 이유로 성장하여 부모 곁을 떠나 독립하는 시기이다. 이 시기 부모의 발달과제는 자녀가 내리는 선택이나 다양한 사회활동에 대한 참여를 도와주고 그들만의 삶의 형태를 만들고 잘 정착하도록 지원하는 것이다.

(7) 중년의 가족

부모역할의 후기에 접어드는 단계로서 자녀들이 집을 떠난 후 부부관계를 재확립하고 제2의 삶을 시작하는 시기이다. 부부는 자녀 없이 그들만의 결혼관계의 재정립을 해야 하며, 나이 많은 세대와 젊은 세대와의 관계를 조화롭게 관계를 유지해야 한다.

(8) 노년의 가족

마지막 단계로서 직장 은퇴부터 배우자 사망까지의 시기이다. 쇠약해져 가는 신체적·인지적·정서적·사회적·언어적 발달과 함께 감소하는 수입에 적응해야 하는 시기이다. 사별로 인한 혼자가 되는 삶에 적응해야 하며, 가정이 끝나감과 나이 들어감에 적응하고 수용하는 자세가 요구된다.

2 부모양육태도 모형

1) 부모양육태도

인간이 태어나서 처음으로 속하는 가장 중요한 환경은 가정이며, 가정 내에서 가장 큰 영향력을 미치는 존재는 부모이다. 자녀들은 부모와의 상호작용과 자극을 통해서 가치관과 생활양식을 익히게 되고 점차 사회화된다. 따라서 자녀가 태어나서 최초로 관계를 맺게 되는 부모의 양육태도는 자녀의 인생을 결정짓는 중요한 요인이라고 할 수 있다.

부모양육태도란 부모의 인격, 가정의 유형, 분위기, 집단적 성격에 따른 애정표현방식, 교육 태도, 훈련 양상에서 나타나는 부모의 태도 또는 자녀에 대한 부모의 양육방식으로 부모나 부모를 대신하는 주 양육자가 아동을 양육함에 있어 일반적이고 보편적으로 나타내는 외현적이고 내현적인 행동과 태도라고 할 수 있다(오성심 · 이종승, 1982; Becker, 1964). 또는 부모나 부모를 대신한 다른 보호자가 어린이를 양육함에 있어서 일반적으로 나타나는 외현적·내면적 행동으로 이는 전통적으로 고정화되어서 내려오는 경향이 있다. 바움린드(Baumrind, 1978)는 양육방식(parenting style)은 자녀와 의사소통하며 자신의 행동을 표현하는 정서적 풍토를 창출하는 부모 태도의 결정체로 보았다.

부모의 양육태도를 두 가지 측면으로 보면, 하나는 부모가 스스로 지각하는 양육태도이고, 또 다른 하나는 자녀가 지각하는 부모의 양육태도이다. 양육행동을 받아들이는 지각에는 각각 차이가 있으며, 자녀가 자신의 부모의 양육태도에 대해 어떤 지각을 갖느냐에 따라 자녀의 발달에 영향력을 미치므로, 부모양육태도 측정 시 자녀가 지각하는 부모의 양육태도는 매우 중요한 의미를 갖는다.

부모양육태도는 가족구성이나 가정의 분위기, 가정의 사회·경제적 지위와 문화적 배경 그리고 개인적 요소와도 관계가 있으며, 환경적 요소들이 복합적으로 작용하여 양육태도를 구성하기 때문에 양육태도의 유형은 매우 다양하게 나타나며 학자에 따라서 유형화하는 방법이 다양하다.

부모의 자녀양육에 대한 인식과 태도는 시대와 문화적 상황에 따라 계속 변화해 오고 있다. 자녀를 책임지는 부모의 양육태도가 이론적으로 연구된 것은 근세기 들어 시작되었다. 과거 17세기 전까지만 하더라도 부모의 엄격한 훈육 및 체벌이 가장 효율적인 양육태도로 여겨졌으나, 18세기에 들어와 소아의학 및 심리학의 발달로 양육태도에 대한 부모의 인식과 양육태도는 변화되었다.

앞에서 살펴본 것처럼, 부모의 양육태도는 학자들마다 다양하게 정의하고 있지만 일반적으로 부모의 양육태도는 부모가 자녀를 양육함에 있어서 보편적으로 나타내는 태도 및 행동양식으로 부모의 가치와 신념까지 포함하는 전체적인 태도라고 볼 수 있다.

2) 바움린드 양육태도 모형

바움린드(Baumrind, 1978)는 부모의 자녀양육태도를 애정(responsive)과 통제(demanding)의 두 요인으로 구분하여 설명하였다. 즉, 부모가 자녀에게 표현하는 애정의 정도와 자녀에게 제시한 규칙의 분명함과 적용에서의 일관성으로 설명되는 통제의 정도에 따라 부모양육태도를 다음 세 유형으로 구분하였다.

애정과 통제수준이 모두 높은 가장 바람직한 양육태도는 권위 있는 양육, 애정은 낮으나 통제수준이 높은 독재적인 양육, 애정은 높으나 통제수준이 낮은 허용적인 양육으로 구분된다.

(1) 권위 있는 양육(authoritative parenting)

부모는 자녀에게 애정적이고 수용적이며, 어느 정도 제한된 범위 내에서 자녀가 자율성을 갖고 행동하도록 격려한다. 논리와 설득을 통해 자녀와 이야기를 나누며, 자녀의 의견을 존중한다. 또한 자녀의 요구에 민감하게 반응하고, 자녀 행동의 한계를 설정할 때 융통성 있고 일관성 있는 훈육을 함으로써 자녀들은 부모에게 순종한다. 또한 자녀의 독립적 사고를 권장하며 상반된 견해에 대해서도 수용적이다. 가족활동을 계획하고 실행에 옮길 때, 부모는 자녀와 함께 상의하여 참여시킨다.

이러한 권위 있는 부모의 자녀는 자존감이 높으며 자신을 잘 통제한다. 활동 시 열정적이고 즐거우며 성취지향적이다. 주변 타인들과도 원만하게 지내며 새로운 상황에 호기심이 많으며 스트레스 상황에도 잘 대처한다.

(2) 독재적인 양육(authoritarian parenting)

독재적인 양육 유형의 부모는 합리적인 통제 방법을 사용하기보다는 자녀의 행동을 통제하는 데 체벌이나 협박 등의 강압적인 방법을 사용한다. 그들은 자녀에게 여러 가지 규칙을 요구함으로써 자녀의 자유를 제한한다. 자녀가 부모가 내린 결정이나 규칙을 절대적으로 따르기를 강요하며, 자녀에게 매우 성숙된 행동을 요구한다. 부모는 자녀에 대한 애정과 동정심이 부족하여 비타협적이고, 융통성보다는 질서와 전통 유지를 중요시하며 자녀와 원활한 의사소통을 하지 못한다.

이런 권위적인 부모 밑에서 자란 자녀는 자존감이 낮아 자기 스스로를 존중하지 못하고, 불안정된 정서상태를 지니고 있으며, 사회성이 부족하여 친구나 교사 등 타인과 원활한 대인관계를 하지 못하며, 복종적이며 반항적인 성격을 지닌다.

(3) 허용적인 양육(permessive parenting)

허용적인 양육 유형은 방임적인 양육(indulgent parenting)과 무관심한 양육(neglectful parenting) 두 가지로 나뉜다.

첫째, 방임적인 양육(indulgent parenting)은 허용적이고 비지시적이며, 자유분방한 양육방식이다. 방임적인 부모는 자녀에게 바른 행동을 요구하지도 않으며, 적절한 행동에 대한 제안과 규제도 하지 않는다. 이 유형의 부모는 애정수준은 높으나 양육에 대한 책임감이나 통제력 부족으로, 자녀들이 원하는 모든 것을 무조건적으로 허용하면서 그러한 행동이 자녀를 한 인격체로서 대하는 것이라고 믿는다. 이런 부모 밑에서 자란 아동들은 정서적으로 미성숙하고 자기중심적이며, 의존적이고, 사회성이 결여된 성격을 가지게 된다.

둘째, 무관심한 양육(neglectful parenting)의 부모는 낮은 애정과 낮은 통제가 결합된 유형으로, '나는 양육을 포기한다, 자녀가 무엇을 하든 상관하지 않는다'를 표방하며 훈육을 포기한다. 양육유형 가운데 가장 부정적인 유형으로, 부모가 자녀의 양육에 관심을 두지 않아 자녀와 애착수준은 상당히 분리되어 있으며 정서적 유대관계를 발달시키지 못한다. 자녀의 의견이나 감정에 부정적이며, 자녀를 보살피고 사회화하는 데에 최소한의 노력을 기울이며 자녀의 발달에는 거의 관심이 없는 듯하다. 즉, 자녀에게 음식이나 잘 곳을 제공하는 것 등과 같은 최소한의 기본 욕구만을 만족시키며 자녀의 사회적·정서적 요구는 간과한다. 이런 부모 밑에서 자라난 아동들은 정서적으로 고립된 특성을 보이고, 의존적이거나 화를 잘 내며, 충동적인 성향을 보인다.

3) 쉐퍼의 양육태도 모형

쉐퍼(Schaefer, 1959)는 정상적인 부모의 자녀양육태도에 대한 30년 동안 종단적인 연구를 토대로, 부모의 자녀양육태도를 두 가지의 양극적 차원으로 구분된 자녀양육태도 모형을 제시하였다.

첫째, 애정－거부(love-hostility) 차원에서 애정은 아동의 요구에 민감하게 반응하며 칭찬이나 애정표현을 하는 것이다. 그리고 거부차원은 비난하거나 애정표현을 하지 않는 애정차원과는 다른 행동을 하는 것이다.

둘째, 자율－통제(autonomy-control) 차원은 부모의 통제를 측정하는 데 연구자 간에 차이를 보이므로 애정－거부 차원이 자녀의 발달에 미치는 영향력만큼 명백한 영향력을 제시하지는 못했다.

쉐퍼는 '애정－거부'와 '자율－통제' 차원을 기준으로 '애정적－자율적', '애정적－통제적', '거부적－자율적', '거부적－통제적' 총 4가지 양육태도 유형으로 분류하였다. 그는 이 중 가장 이상적인 부모양육태도는 '애정적－자율적' 태도로 보았다. 그리고 이러한 태도로 부모가 자녀를 양육하면 자녀들은 외향적이고 독립적이며 사회적응을 잘할 뿐만 아니라 사교적이며 창의적이고 자신이나 타인에 대한 적대감이 없다고 한다(이원영, 1983).

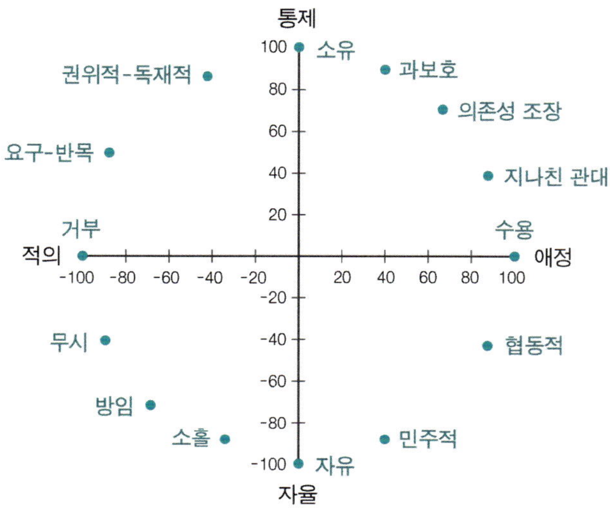

출처: Schaefer, 1959; 이원영, 1983, p.15, 재인용.

그림 4-1 쉐퍼의 부모양육태도 모형

(1) 애정적-자율적 양육태도

자녀를 한 개인으로 보아 자녀의 권리와 개성을 존중해 주며 스스로 생각하고 처리하며 책임지는 습관을 권장하는 태도이다. 즉, 자녀를 가족의 의사결정에 참여시키고 자녀의 의견을 민주적으로 존중해 주는 태도이다. 이러한 양육태도에서 자란 자녀는 자아정체성을 가지고 독립적이며 자신의 행동이나 미래에 대해 기꺼이 책임진다.

(2) 애정적-통제적 양육태도

이 유형의 부모는 자녀에게 애정적인 태도를 보이면서도 자녀행동에 제약을 많이 한다. 이 유형의 부모는 자녀에 대해 과보호적이고 소유적인 태도를 보여 자녀의 행동에 일일이 간섭을 하며 자녀의 독립적 행동을 지지하지 않는다. 자녀가 새로운 것을 하는 것을 싫어하며 부모 자신의 경험과 기준에 따라 자녀의 학습경험을 구성하여 따를 것을 강요한다.

애정적-통제적 태도를 지닌 부모의 자녀는 애정적-자율적 태도인 부모의 자녀보다 더 의존적이며 사교성과 창의성이 부족하여 가끔 불안정한 정서를 지닌 내성적인 성격을 보이고, 상상적 적대감을 품는 경향을 보인다.

(3) 거부적-자율적 양육태도

거부적-자율적 태도의 부모는 자녀를 수용하고 받아들이지 못하는 동시에 자녀를 마음대로 하도록 두는 형태이다. 이 유형의 부모는 자녀에 대해 무관심하며 자녀와 거리감을 느끼기도 하고 자녀와 함께하는 시간이 거의 없으며 자녀양육에 태만하고 냉담한 태도를 보인다.

이러한 거부적-자율적 태도를 지닌 부모의 자녀는 정서적으로 불안하고 자신을 잘 통제하지 못하며, 공격적이고 위축된 행동을 보이거나 미성숙한 행동을 보인다.

(4) 거부적-통제적 양육태도

거부적-통제적 태도의 부모는 자녀를 따뜻하게 받아들이지 못할 뿐 아니라 자녀에게 체벌을 하거나, 심리적으로 통제하는 특성을 보인다. 즉, 권위적이고 독재적인 양육태도를 나타내게 된다. 부모 자신이 정서적으로 미성숙하고 불안정하여 일관성 없는 태도로 자녀를 심하게 훈육하며, 자신만의 기준에 따라 자녀를 평가하는 특성을 보인다.

거부적-통제적 태도를 지닌 부모의 자녀는 자아에 대한 분노가 발생하여 내면적인 갈등과 고통을 지닐 수 있으며, 정서가 불안정하며, 적대감과 부정적인 자아정체감을 갖게 된다. 또한 공격적이고 반항적인 태도를 보이며 자학적·퇴행적인 행동을 보이기도 한다.

4) 시몬드의 양육태도 모형

시몬드(Symonds, 1949)는 최초로 Freud의 정신분석학 이론에 기반하여 부모양육태도를 체계화하였다. 그는 양육태도를 그림 4-2에서와 같이 거부-수용(rejection - acceptance)과 지배-복종(dominance-submission) 2개 차원으로 분류하고, 각 유형 사이에 익애·방임·무시·잔인을 직교좌표로 제시하였다.

그는 부모의 양육태도를 긍정적인 측면이 배제된 부정적인 측면을 너무 강조했다는 비판을 받고 있다. 그가 분류한 부모의 양육태도는 다음과 같다.

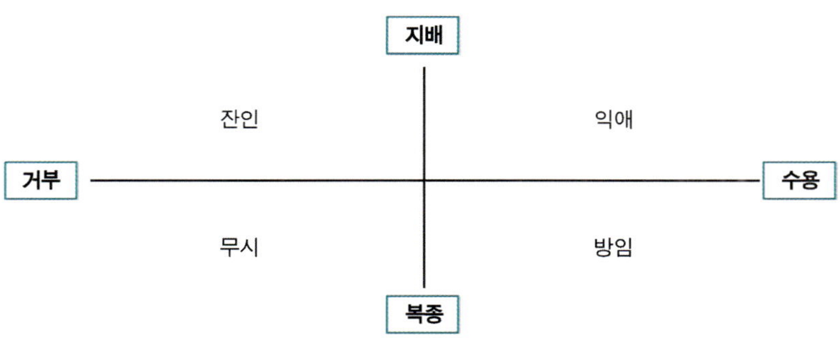

그림 4-2 시몬드(Symonds)의 양육태도 모형

(1) 지배형

지배형의 부모는 자녀의 행동에 높은 기준을 설정하고 자녀가 이 기준에 도달할 것을 요구한다. 자녀들은 대체로 순종적이고 의존적이며 예의가 바른 반면 불안과 반항적이고 자학적인 행동이 많고 자립심, 창의성이 결여되어 있다.

(2) 과보호형

이 유형의 부모들은 필요 이상으로 자녀를 보호하는 경향이 있으며 자녀들은 사회적 성숙이 늦으며 의존성이 강해서 또래간에 고립되기 쉽다. 또한 책임감이 약하여 주어진 과제를 마무리하지 못하며 분열적 성격이 형성되기도 한다.

(3) 복종형

자녀에게 맹목적이고 익애적이며 거의 모든 시간을 자녀를 위해 소비하고 거기에서 부모의 즐거움을 얻으려 한다. 따라서 자녀들은 정상적인 사회정서적 발달에 제한을 받아 의존적이며 자기중심적, 지배적, 반항적, 비사교적이며 책임감이 없다.

(4) 거부형

거부형의 부모는 자녀에게 필요한 애정을 거부하고 무관심, 적대감정의 표출, 벌주기 혹은 조건부 애정을 주는 등의 행동을 보인다. 따라서 자녀들은 애정적 요구, 주의를 끌려는 행동, 반항, 공격, 거짓말, 발달지체, 신경증적 경향과 같은 문제행동을 보인다.

5) 가트맨의 감정코칭 양육태도 모형

가트맨(Gottman, 2007)은 기노트(Ginott)의 인본주의 부모교육이론을 기초로 하여 감정코칭 양육태도 모형을 제시하였다. 나이가 어릴수록 부모의 정서적 반응은 아이에게 절대적 영향을 미친다. 아이는 본능적으로 혼자서 살 수 없다는 것을 느끼며, 자신을 보살펴 주는 부모는 아이에겐 생명줄을 주관하는 것과 다름없는 절대적인 존재이다. 그러한 부모가 아이의 감정을 읽고 반응해 주면 아이는 그만큼 큰 위안과 심리적인 안도감을 느낄 수 있어 쉽게 안정을 찾으며 자기조절을 할 수 있게 된다. 감정코칭 양육태도 모형은 부모와 자녀, 그리고 모든 인간관계에서 다양하게 적용될 수 있는 효과적인 대화법이라 할 수 있다.

가트맨은 자녀에게 감정코칭을 하는 방법을 5단계로 나누어서 설명하고 있다.

1단계는 '아이의 감정을 정확히 인식하는 것'이다. 감정을 인식한다는 것은 자녀가 어떠한 감정을 보일 때 잘 감지하는 것을 의미한다. 자녀의 행동 속에 숨겨진 감정을 알기 위해 주의 깊게 관찰해 보아야 할 것이며 감정의 상태를 질문을 통해 알아보는 것도 좋은 방법이다.

2단계는 '감정적 순간을 좋은 기회로 삼기'이다. 특히 부정적인 감정이 보일 때 그 감정을 대처하는 방법을 교육하는 데 있어서 적기라는 의미이다. 자녀가 부정적인 감정을 특히 격하게 보일 때는 자신이 누군가의 도움을 간절하게 원한다는 의미이며 부모는 빨리 자녀의 감정을 수용하고 공감해 줌으로써 부모와 강한 애착관계를 형성한다.

또한 부모에 대한 신뢰감도 향상하게 되며 아이는 자신이 겪은 감정의 대처법을 스스로 알아가게 된다.

3단계는 '자녀의 감정을 공감하고 경청하기'이다. 이 단계에서는 감정코칭을 위한 본격적인 대화를 하게 되는 단계이다. 이 3단계가 감정코칭 과정의 대부분을 차지하고 있으며, 어떻게 상호작용하느냐에 따라 성패를 좌우하므로 매우 중요하다. 이때 부모는 아이의 감정을 공감해 주는 태도와 기술이 필요하다. 이는 아이의 긍정적인 감정이나 부정적인 감정 모두 읽어주고 공감해 주어야 하는 태도와 아이가 자신의 감정을 스스로 들여다 볼 수 있도록 하는 기술이다.

4단계는 '아이가 감정을 표현하도록 도와주기'이다. 감정에는 수많은 종류가 있다. 부모는 아이가 혼란스러워하는 감정이 어떠한 감정인지 명료하게 알려줄 필요가 있다. 감정의 명명화로써 감정에 이름을 붙여주는 것이다. 우뇌가 감지한 감정을 언어적 처리를 하는 좌뇌와 연결시켜준다고 볼 수 있는데, 감정에 이름을 붙이고 나면 이 감정은 어떻게 해야 할지 판단과 생각이 더 명료해진다.

5단계는 '자녀 스스로 문제를 해결할 수 있도록 하기'이다. 자녀의 감정을 읽어주고 공감하고 감정에 이름을 붙였다면 자녀가 가장 좋은 해결책을 찾을 수 있도록 도와주는 것이다. 부모는 자녀가 문제를 해결하기 위해 스스로 고민하여 해결책을 찾도록 도와주어야 한다. 자녀가 제시한 해결책이 바람직하지 않을 경우, 부모가 직접 해결책을 제시해 주는 것은 바람직하지 않으며 "더 좋은 방법은 없을까?", "다른 방법은 없을까?" 등의 질문을 통해 생각을 정리하고, 실천해 보는 것이다.

가트맨은 부모가 자녀의 감정에 어떻게 반응하는지를 기준으로 4가지의 부모 유형을 구분하였다.

(1) 축소 전환형 부모

축소 전환형 부모는 자녀의 감정을 무시하고 대수롭지 않게 여기거나 때로는 자녀가 느끼는 감정을 무시하는 유형으로, 나쁜 감정은 인정하지 않으며 나쁜 감정을 느낄 때에는 재빨리 아이의 관심을 다른 데로 돌려야 한다고 여긴다. 이러한 감정지도를 받은 아이는 자신의 느끼는 감정이 어떠한 것인지 잘 알지 못하게 되므로 감정을 어떻게 조절해야 하는지도 배우지 못한다.

(2) 억압형 부모

억압형 부모는 아이의 감정은 무시하면서 엄하게 질책하는 유형이다. 이 유형의 부모는 부정적인 감정은 나쁘며 부정적인 감정을 허용하면 아이가 버릇이 없어진다고 생각한다. 따라서 부정적 감정을 빨리 없애고 올바른 행동을 가르쳐주어야 한다고 믿는다. 이렇게 감정을 보였다는 이유로 질책과 야단을 맞은 자녀는 자아존중감이 낮아지며 청소년 시기에 청소년 비행에 가담하는 등의 엇나가는 경우도 많이 있다.

(3) 방임형 부모

방임형 부모는 아이의 감정을 인정하고 공감해 준다. 하지만 아이가 그 감정을 어떻게 대처해야 하는지 '행동'을 좋은 방향으로 이끌어 준다거나 한계를 제시하지 못한다. 이러한 방임형 부모의 자녀는 자기 감정밖에 몰라 배려심이나 사회성이 부족하며 친구들로부터 소외당하는 경우도 많다. 그래서 열등감이 많고 자아존중감도 낮다.

(4) 감정코칭형 부모

감정코칭형 부모는 자녀의 감정을 받아주고 공감해 주며 자녀의 행동에 대해서는 한계를 설정한 범위 내에서 스스로 해결책을 모색해 보도록 지원한다. 감정코칭을 받은 자녀는 이러한 과정을 통해 자신이 느끼는 감정은 나쁘거나 이상한 것이 아니라 삶의 자연스러운 일부라고 여기게 되며 이로 인해 자신감이 생기고 자아존중감이 높아진다. 또한 부모와는 신뢰감과 유대감이 생긴다.

모든 부모들의 양육태도에는 이와 같은 4가지의 모습이 섞여 있다. 다만 가장 급할 때 보이는 모습이나 기본이 되는 모습을 가지고 부모 유형을 나눌 수 있다. 모든 부모가 감정코칭을 잘할 수 있는 자질을 타고나지 않았지만 가트맨은 자녀에게 감정코칭형 양육태도를 적용하고자 하는 '마음'이 감정코칭형 부모가 될 수 있음을 주장하고 있다.

함께 생각해 보기

1. 갈린스키의 부모기 6단계 이론에 의하면, 자녀의 성장발달에 따라 부모도 성장발달하거나 단순히 변화될 수 있다고 한다. 그렇다면 부모성장의 원천은 무엇인지에 대해서 이야기해 봅시다.

2. 자신의 부모님의 양육방식을 바움린드 또는 쉐퍼의 이론에 의해 분류한 후, 그러한 양육방식이 자신에게 미친 영향에 대하여 이야기해 봅시다.

Chapter

05

부모교육의 이론

20세기 후반부터 정신분석이론, 개인심리학, 인본주의, 행동주의 등 다양한 심리적 접근을 바탕으로 하여 자녀를 양육하는 데 도움을 주기 위한 여러 이론 및 프로그램들이 개발되었다. 이 장에서는 민주적 부모교육, 인본주의, 부모효율성, 상호교류분석, 행동수정이론 등을 살펴보고자 한다.

1 민주적 부모교육이론

1) 이론적 배경

드라이커스(Dreikus, 1897~1972)는 아들러(Adler, 1870~1937)의 개인심리학을 부모교육에 적용하여 민주적 양육원칙을 제안하였다. 드라이커스는 사람들이 함께 모여 사는 곳에서 갈등은 피할 수 없는 것이며, 민주적인 방식에 의해 해결되어야 한다고 설명하였다. 드라이커스는 가정을 사회의 중요한 한 단위로 보았던 아들러의 관점을 이어받아 가정에서 일어나는 갈등은 사회에서 일어나는 갈등처럼 민주적으로 해결하는 것이 가장 이상적이라고 여겼다. 가정에서 부모와 자녀는 서로 평등한 지위에 놓여 있어야 하며 권위적인 태도를 보여서는 건강한 가정을 이룰 수 없다고 주장하였으며, 이러한 민주적인 가정은 많은 부모교육 프로그램의 기본바탕이 되었다.

과거 미국의 전통적 자녀양육방법은 권위적이며 엄격한 경향이 있었다. 이는 빅토리아 시대의 유럽으로부터 영향을 받았기 때문이다.

이 시대에는 자신의 지위나 신분에 따라 행동해야 했는데, 자신보다 높은 사람을 존중하며 이에 따라 처신을 하는 것이 중요했다. 따라서 부모는 권위적인 지위를 지니고, 자녀에게 해야 할 것과 하지 말아야 할 것을 설명하고 가르쳤으며, 자녀는 부모의 말을 잘 듣고 복종해야 했다(이원영, 이태영, 전우경, 강정원, 2017). 드라이커스는 이러한 권위적인 양육에 부정적인 의견을 피력했다. 어린이들은 아직 발달단계에 있어 어른에 비해 미숙하지만, 인간으로서 지니는 기본적 존엄과 가치는 동등하기 때문에 어른과 동등하게 존중받아야 한다고 생각했다. 그러므로 부모와 자녀 간에는 상호존중하는 태도를 지녀야 한다고 여겼다.

2) 목표

민주적 양육태도는 자녀를 이해하고, 격려하며 스스로 행동할 수 있도록 믿는다. 따라서 부모의 지도나 감독 없이도, 자녀가 스스로 자신의 행동을 조절하는 내적 통제력과 자율성을 발달시키는 것을 목적으로 한다. 부모는 자녀의 자기통제와 자율성 발달을 돕기 위해서 자녀가 잘못된 목표를 형성하지 않도록 지도하는 것이 중요하다.

3) 자녀양육원리

(1) 민주적 양육원리의 전제조건

드라이커스의 민주적 부모역할에 대한 지침은 아들러의 개인심리학의 개념을 부모-자녀 관계에 적용시킨 것이다. 아래의 표는 이를 비교하여 설명하고 있다. 부모는 자녀와의 상호작용을 잘 이끌어나가기 위해서 이러한 가정을 이해해야 한다.

상호존중(mutual respect)은 인간 사이에 존재하는 평등(equality)에 기반한다. 평등은 모든 인간이 지니는 권리로써 타인에 양도가 불가능하며, 모두에게 동등하게 주어진 것이다. 부모자녀 간에도 이러한 평등함을 바탕으로 한 상호존중태도가 필요하다.

표 5-1 아들러의 개인심리학을 바탕으로 한 드라이커스의 민주적 양육원리의 전제

아들러의 개인심리학에서 바라본 인간에 대한 기본전제 (정옥분, 정순화, 2019)	드라이커스의 부모-자녀 관계에의 적용점
인간은 목적지향적 존재. 모든 행동은 특정한 목적을 성취하기 위해 이루어지는 것임.	아동의 행동은 우연히 일어나는 것이 아니라, 반드시 원인과 목적이 있음. 이에 부모는 아동의 잘못된 행동이 왜 일어났는지 이해할 수 있어야 함.
인간의 행동은 본능의 추동, 경험, 환경에 의해 이루어지는 것이 아님. 인간은 자신의 목표를 이루기 위해 스스로 행동을 선택, 통제하는 것임.	부모는 자녀가 스스로 자신의 일을 결정, 책임질 수 있도록 도와야 함. 이러한 경험은 자녀가 책임감을 가지고 독립적·민주적인 사회구성원으로 성장하는 데 필수적임.
인간은 사회적인 존재임. 인간은 태어날 때부터 다른 사람에게 관심을 나타내며 집단이나 사회의 한 구성원으로 소속되어 자신의 존재를 인정받고자 하는 욕구를 지님.	아동의 소속에 대한 욕구는 언제나 존중받아야 하며, 이것이 무시되었을 때 부정적 행동으로 나타날 수 있음. 따라서, 아동의 부정적인 행동은 소속감의 욕구를 충족시키기 위해 나타난 행동임을 이해해야 함.

(2) 잘못된 행동목표

아동은 소속의 욕구가 충족되지 못할 때 잘못된 목표를 세우고 어긋난 행동을 하게 된다.

> "삶의 형태는 일련의 행동으로 구성되는데 이 행동은 어린이들이 안정성을 유지하기 위해 가공의 목표를 세운 후 장래에 일어날 굴욕을 피하고자 할 때 구사된다. 목표들은 특정한 상황에서만 소용가치가 있을 수 있기 때문에 실제적이지 못하고 가상적이다. 실패했던지 성공했던지 있는 그대로의 자신이 가치 있는 인간으로 인정받고 싶다던지 소속되고 싶다는 느낌이 누구에게나 있다는 것을 부인하는 우리의 문화는 신경증적 문화이다. 이러한 불안정성은 사람으로 하여금 가상적 안정성을 추구하기 위해 가상적인 목표를 세우게끔 한다." (Dreikers, 1964: 이원영, 1985, 161쪽 재인용)

부모는 아동이 잘못된 목표를 세우지 않도록 주의를 기울여야 한다. 아동은 자신의 욕구를 만족시키기 위해 끊임없이 가상의 목적을 세운다. 아동의 욕구는 자신의 존재와 위치를 확인하고자 하는 것으로, 욕구를 만족시키기 위한 목표를 설정하는데, 이는 직접적 목표, 중간적 목표, 장기적 목표로 구분된다. 직접적 목표(immediate goal)는 상황이 일어날 때마다 즉각적으로 설정되는 것으로, 유아나 아동에게서 많이 발견된다. 중간적 목표(intermediate goals)는 심리적·신체적 편안함, 다른 사람을 기쁘게 하고 조정하기, 다른 사람보다 우세하게 느끼기 등이다. 장기적 목표(long range goals)는 모든 상황에서 주의집중을 받아 중심이 될 수 있도록 목표를 설정하는 것으로, 항상 좋은 사람이 되려고 하거나, 현재에는 맞지 않더라도 장기적으로 사회적 인정을 받을 수 있도록 노력할 뿐만 아니라 타인으로부터 굴욕을 받지 않으려고 강구하는 목표가 이에 속한다(김영옥, 2016; 이원영 외 2017).

직접적 목표, 중간적 목표, 장기적 목표는 서로 영향을 주고받는다.

직접적, 중간적 목표를 설정하고 수행하면서 얻은 경험은 장기적 목표를 설정하는 데 바탕이 된다. 장기적 목표 역시 직접적 목표에 영향을 준다. 유아나 아동은 발달특성상 단기적인 안목으로 즉각적 상황에 반응하는 성향이 짙기 때문에 많은 경우 직접적 목표를 적용하며 연령이 증가하면서 점차 중간적 목표와 장기적 목표를 구사한다.

유아는 소속감과 인정을 받기 위하여 직접적 목표를 세우고 그에 따라 행동하는데, 만약 인정받지 못하거나 소속감을 느끼지 못하게 되면 잘못된 행동을 한다. 잘못된 행동은 크게 관심끌기, 힘 행사하기, 앙갚음하기, 무능과 부적절성 보이기 등 4가지로 구분된다. 부모는 자녀들이 잘못된 행동을 보일 경우, 행동 이면에 있는 자녀의 행동목표를 파악해야 한다.

① 직접적 목표: 긍정적인 목표와 잘못된 행동목표가 있다

직접적 목표는 실제로 존재할 것이라고 생각하기보다는 심리적으로 현재 유아의 행동에 영향을 주는 이상(ideal)을 의미한다. 따라서 가상적 목표라고도 부른다. 직접적 목표는 자녀들이 행동을 하는 원인과 동기를 설명해 주는 단서이므로 이것을 이해하면, 자녀들이 행동을 통해서 얻고자 하는 것이 무엇인지 알 수 있다. 직접적 목표에는 긍정적인 목표와 잘못된 행동목표가 있으며, 다음은 드라이커스가 제안한 잘못된 행동목표에 속하는 행동이다.

㉮ 다른 사람 관심끌기(Attention getting and service)

대부분의 유아들에서 나타난다. 잘못된 행동으로 인해 부모로부터 부정적인 피드백을 받더라도 관심끌기라는 목적을 이루었기 때문에 계속 잘못된 행동을 한다. 예를 들면, 엄마가 자신에게 관심이 없다고 생각하면 동생을 꼬집어서 울린다. 부모는 화가 나서 아동을 꾸짖거나 달래게 되는데, 이렇게 될 경우 유아는 부모의 관심을 끌었으므로 앞으로도 이러한 행동을 하게 될 경향이 증가할 수 있다.

- 대처방안: 잘못된 방식으로 관심을 끌 수 없다는 것을 확실하게 알려줘야 한다. 적합하게 행동한 경우 칭찬하거나 장점을 격려하고, 잘못된 방식으로 행동할 경우 반응하지 않거나 무시한다.

㉯ 힘 행사하기(Power)

관심끌기가 통하지 않을 때 두 번째 행동목표인 힘 행사하기를 보인다. 자신이 하고 싶은 대로만 행동하여, 자신의 힘을 최대한 보여주거나, 반항하는 것이다. 이렇게 해야만 자신의 지위와 위치를 확인받는다고 잘못 판단하기 때문에, 하지 말아야 한다고 이야기하면 반대로 하는 행동을 한다. “나는 절대 안해”, “싫어”라는 말을 입에 달고 살며, 어른과 힘 대결을 하려고 한다.

- 대처방안: 부모는 자녀의 힘 행사하기를 자연적 현상으로 받아들이는 동시에, 이들에게 관심과 배려를 보여주어야 한다. 아동의 힘을 부모의 힘으로 억누르려 하면 아동은 힘의 가치를 실감

하여 더욱 힘을 과시하려고 한다. 부모는 자녀가 힘 행사하기라는 행동목표를 통해서 무엇을 얻고자 하는지 살펴봐야 하며, 건전하게 갈등에 대처하는 방안을 함께 이야기해야 한다.

㉰ 보복, 앙갚음(Revenge)

관심끌기, 힘 행사하기 방법이 통하지 않게 되면, 보복을 목표로 삼게 된다. 자신이 상처받은 만큼 다른 사람들에게 상처를 주어야만 자신의 집단에 속하게 되고 중요한 존재가 된다고 생각하는 것이다. 예를 들면, 부모가 자신이 원하는 장난감을 사주지 않을 경우 집에 와서 부모가 아끼는 물건을 일부러 망가뜨리거나 심술궂은 행동을 한다. 부모를 속상하게 함으로써 자신이 속상했던 만큼 되돌려주려고 하는 것으로, 아동은 증오심을 가지고 의도적으로 부모에게 상처를 주려고 한다. 이에 부모는 아동의 행동에 다시 화를 내게 되며 아이에게 잘못을 가르쳐주기 위한 명목으로 똑같이 자녀를 벌하게 되기도 한다.

- 대처방안: 아동의 심한 보복행동에는 자신들이 느낀 수치심이나 실망감이 내재되어 있다. 이러한 아동에게는 부모의 체벌이 효과가 없으며, 자연적 귀결을 내릴 수 있는 기회를 제공해 주고 스스로 잘못된 행동을 인식할 수 있게 해야 한다.

㉱ 부적절성 또는 무능력 보이기 (Display of inadequacy)

관심끌기, 힘 행사하기, 보복과 같은 행동목표가 성취되지 못할 경우 아동은 무능력을 보인다. 어떠한 행동을 해도 자신의 위치를 확인할 수 없었기에, 자신에 대해 실망한다. 아동은 “나는 아무것도 몰라”, “나는 아무것도 못해”라는 말을 하며 부모에게 반응을 보이지 않거나 수동적으로 행동한다.

- 대처방안: 아동의 행동을 비난하지 말고, 아동이 더 나아지려는 노력을 하면 격려해야 한다. 의욕이 상실되어 있는 만큼 아동이 잘하는 일에 대해서는 칭찬과 격려를 하도록 한다. 부모가 자신을 사랑하고 도와주려는 의지가 있음을 알게 되면, 아동은 자신감을 찾게 된다. 자신감을 통해 긍정적인 방향으로 행동을 시도하고 이를 통해 부적절한 행동이 감소될 수 있다.

이러한 잘못된 행동목표는 10세 이하일 때 쉽게 관찰된다. 연령이 증가함에 따라 직접적 목표가 중간적·장기적 목표로 바뀌기 때문이다. 어려서부터 부모로부터 존중받고 자란 아동은 자신이 가치 있는 사람이고 가족 내에 중요한 구성원이라는 믿음이 있기 때문에 이러한 잘못된 행동목표를 설정하지 않는다. 따라서 부모는 자녀를 골치 아프고 말 안 듣는 문제아로 낙인하기보다는 자녀가 왜 그러한 행동을 한 것인지, 행동을 통해 무엇을 얻고자 한 것인지 그 목적이 무엇이었는지 파악하고 도와주어야 한다.

(3) 문제행동 지도방법

드라이커스는 자녀의 문제행동에 대하여 다양한 훈련을 제시하고 있다. 대표적으로 자연적 귀결과 논리적 귀결, 가족회의 등의 방법이 있다.

① 자연적 귀결(Natural consequences)

아동 자신의 행동으로 인해 자연적으로 발생되는 결과를 의미한다. 자연적 귀결은 아동 자신에게 보상 혹은 벌을 받는다고 느끼게 되는 방법으로 자신이 한 행동의 결과를 보고 해서는 안 되는 행동과 해야 할 행동을 배우게 된다(김영옥, 2016). 자연적 귀결은 사건의 자연스러운 흐름을 활용하므로, 부모와 자녀의 쓸데없는 힘겨루기를 막는다. 예를 들어 자녀가 떼를 쓰며 밥을 먹지 않겠다고 하면, 설득하거나 혼내는 대신 그냥 놔두는 것이다. 자녀는 자연히 배가 고파지는 결과를 경험하게 된다.

드라이커스에 따르면, 자녀가 자연적 귀결을 경험하도록 부모들이 내버려두지 않아 자녀의 의존성을 조장하고 잘못된 행동을 격려하는 경우가 많다. 식사시간에 늦는 경우 보통의 부모들은 여러 번 부르거나, 부탁하고, 다른 가족들이 먹고 난 후 다시 식사를 차려서 먹이기도 한다. 자연적 결과를 사용하게 되면, 자녀 스스로 식사하지 않은 행동에 책임을 지게 된다. 부모는 식사시간이 정해져 있다고 알려주고 부모가 불렀을 때 올지 오지 않을지 결정하는 것은 자녀에게 달려 있다. 만약 자녀가 집 밖에서 놀 예정이라면 식사시간에 맞춰서 오라고 알려주고, 식사 중에 왔으면 먹게 한다. 대신 식은 음식을 먹게 될 것이다. 자녀를 여러 번 부르거나 찾는 것은 부모가 지나치게 시중을 드는 것이며, 설교하는 것은 관계를 해칠 수 있다. 자녀가 의도적으로 시간을 지키지 않을 경우에도 음식을 데워주거나, 시중을 들면, 자기 스스로 행동에 대한 책임지는 학습을 하지 못하게 된다.

다만 자연적 귀결은 사용하여도 안전하고, 위험하지 않은 범위 내에서 활용할 필요가 있다. 또한, 부모의 화난 감정이 들어가지 않도록 이성적으로 사용해야 한다.

② 논리적 귀결(Logical consequences)

논리적 귀결은 잘못된 행동과 논리적으로 연관이 있는 결과를 경험하게 하는 것이다. 아동은 자신의 행동이 일으킨 결과에 대해 책임을 지는 것으로써 공동체의 질서나 규칙을 준수해야 한다는 책임감을 기르게 된다. 자신의 행동이 야기한 결과를 인지하고, 이를 바로잡거나 책임지는 행동을 경험하게 된다.

자연적 귀결이 아동에게 아무런 불편함이 없을 때 사용한다. 벽에 낙서를 하였지만 아동은 전혀 불편함을 느끼지 않는 반면 다른 가족들은 불편해한다. 이럴 경우에는 자연적 귀결이 아닌 논리적 귀결을 사용하여 자녀가 낙서를 깨끗이 지우도록 한다.

또한 논리적 귀결을 사용할 때는 도덕적 판단을 하지 않는다. 자녀의 행동이 나쁜 행동이라기보다는 적절하지 않은 행동이라 생각하여야 하며 정서적으로 흥분하지 않고, 행동의 결과에 책임을 지는 것에 초점을 두도록 한다(Gilbert 1986).

③ 가족회의

모든 구성원이 한 문제에 대해 끈기를 가지고, 꾸준히 노력할 때 가족회의가 해결에 도달할 수 있다. 유아가 부모의 말에 반응을 하고 자신의 생각을 말할 수 있을 정도가 되면, 유아와 함께 모임을 갖는다(김영옥, 2016). 어떠한 문제든지 이야기할 수 있으며 다양한 해결방법을 제시하고 이에 대해 투표도 할 수 있다. 가족회의를 통해 유아는 다른 사람의 말을 듣는 방법을 배우게 되며, 부모들도 가족 내에서 유아의 욕구를 알게 되고, 유아도 가정에서 동등한 구성원임을 인식하게 된다. 회의를 한다고 해서 모든 문제가 명쾌한 해결책을 제공해 주는 것은 아니지만, 가족구성원들이 평등하게 서로의 입장을 이야기하고 소통하는 것은 서로를 이해하고 원만한 관계를 유지하는 데 밑바탕이 된다(김영옥, 2016).

2 인본주의 부모교육이론

1) 이론적 배경

인본주의는 인간으로서 당연히 갖추어야 할 자세를 중시하며, 인간을 인간답게 만드는 본성을 실현하고자 한다. 이상적인 인간은 충분히 기능하는 사람, 즉 자기실현을 이룬 사람으로서 자기가 아닌 어떤 것을 가장하지 않고 자기의 일부를 숨기지 않는 사람이다. 이러한 인본주의 사상을 부모교육에 적용시켜 자녀를 있는 그대로 하나의 인격체로 인정하면서, 인간답게 성장할 수 있도록 하는 이론을 인본주의 부모교육이론이라고 할 수 있다. 인본주의 부모교육이론은 로저스(Rogers)의 내담자중심 상담이론에 기반하고 있으며, 액슬린(Axlin)은 로저스의 이론을 놀이치료에 접목시켜 아동중심 놀이치료로 발전시켰다. 기노트(Ginotte)는 컬럼비아 대학에서 임상심리학을 전공하고 액슬린의 놀이치료를 배우면서, 어린이에게는 애정과 연민을 가지고 반응해 주는 어른이 필요하다는 점을 깨달았다. 또한 그는 슬라브슨(Slavson)으로부터는 부모-자녀 관계의 발달에 대한 이론을 배웠다. 기노트는 액슬린과 슬라브슨의 이론을 발전시켜, 부모교육에 적용하였다. 액슬린의 놀이치료이론이 인본주의 심리학이지만, 기노트는 자신의 부모교육에 이름을 붙이지는 않았다(이원영 외, 2017).

2) 목표

기노트에 따르면 부모는 자녀를 있는 그대로 받아들여야 하며 자녀의 능력, 지능, 외모 등과 상관없이, 자녀를 존중해야 한다. 부모는 자녀를 대할 때 자녀의 입장에서 생각해야 자녀의 문제를 더 잘 이해할 수 있게 된다. 기노트의 부모교육은 자녀에게 효과적으로 반응할 수 있는 기술을 갖추어, 자녀와의 관계를 증진시키는 것이다.

3) 자녀양육의 원리

자녀가 문제행동을 보이는 것은 부모에게 문제가 있어서가 아니라, 자녀양육에 대한 경험, 지식, 기술의 부족으로 인한 것이다. 그러므로 부모가 긍정적 상호작용과 대화법을 익히면 자녀와의 관계가 개선될 수 있을 것이라 생각하였다. 다음은 기노트의 저서 'Between parents and child'(Ginott, Ginott, & Goddard, 2003a, 2003b)에 실린 내용 중 부모들이 습득해야 할 사항을 정리한 것이다.

(1) 대화 나누기

기노트 이론의 핵심은 부모-자녀 간의 상호작용과 대화다. 부모가 해야 할 가장 중요한 일은 적극적 대화를 통해 자녀를 이해하고 사랑하는 것인데, 대화를 위해서는 다음과 같은 방법이 필요하다.

① 자녀의 감정존중

기노트는 "Fish swim, birds fly, and people feel"이라고 하며(Ginott et al. 2003a) 인간은 본질적으로 감정의 존재라는 것을 강조하였다. 따라서 자녀가 잘못된 행동을 했을 경우, 행동 수정을 요구하기 전에 자녀의 감정을 먼저 다루어야 한다. 자녀의 행동보다는 마음, 정서에 반응하여 자녀의 감정상태를 들여다보아야 한다.

자녀 역시 자신이 왜(why) 이러한 감정을 느끼는지보다는 자신이 느끼고 있는 감정이 무엇인지(what) 깨닫는 것이 더 중요하다. 부모는 자녀의 감정을 이해하고 반영해 주어 부정적 감정을 스스로 다룰 수 있도록 도와주어야 한다.

예를 들어 비가 와서 유치원 소풍이 취소되자 아이가 집에 와서 짜증을 낸다. 아버지는 짜증을 내는 자녀의 모습을 보고 화가 나기 시작한다.

유아: 오늘 소풍 못 가잖아! 아이 짜증 나!
아버지: 왜 아빠한테 화를 내니, 화내면 나쁜 아이야. 아빠 때문에 소풍을 못 간 것도 아닌데.
유아는 미간을 찌푸리며 더 씩씩거린다.

아버지는 유아의 마음을 읽기보다는 논리적인 상황에만 초점을 맞추고 있다. 자녀가 자신의 감정을 들여다보는 데 도움이 되지 못한다. 아버지가 만약 '비 때문에 소풍을 못 가게 돼서 ○○가 엄청 속상하구나.'라고 이야기했다면 유아가 '맞아요. 진짜 속상하단 말이에요. 엄청 가고 싶었는데'라고 대답하여 자신의 감정을 들여다볼 기회가 생겼을 것이다(Ginott et al., 2003b).

따라서, 부모는 자녀가 화내고 불평하는 상황이 발생하게 되면 그 상황에 대한 정당한 이유나 설명을 요구하기보다는 그들의 감정을 먼저 들여다보아야 한다.

② 칭찬과 격려

아동에게 긍정적인 피드백과 격려를 해주는 것은 중요하다. 자녀의 노력과 표현을 인정해 주어야 하며(예: "엄마를 도와주어서 고마워", "정말 열심히 했구나") 단순히 "예쁘다", "잘했네"와 같은 추상적인 말은 피해야 한다. 자신의 행위에 대한 구체적 피드백을 받은 자녀는 긍정적인 자아개념이 누적될 수 있다. 또한 칭찬은 반드시 아동의 구체적 노력과 성취에 기반(예: "방 청소를 깨끗이 했네")해야 하며 그들의 성격(예: "참 착하기도 하지")에 기반해서는 안 된다.

(2) 책임감 기르기

사회적 규범이나 가치를 몸에 익히고 내면화하는 일은 책임감을 필요로 한다. 이는 스스로 판단해서 선택하고 행동하며, 그 행위의 결과를 경험함으로써 자신의 선택과 판단이 옳았는지 되돌아보는 과정을 통해 기를 수 있다.

하지만, 자신의 감정과 마음을 들여다볼 수 없는 아이, 자신의 행동에 대해 비난만 받은 아이는 어떠한 것이 자신에게 올바르고 적절한 결정인지 선택할 수 없고 따라서 책임감 있게 행동하는 것도 어렵다.

① 좋은 관계 맺기

자녀의 감정에 관심을 갖고 좋은 관계를 맺을 때, 비로소 가치 있는 행동이 무엇인지 알려줄 수 있다. 좋은 관계를 맺는 기본 조건은 위에서 언급된 대로 자녀의 감정을 수용해 주는 것이다. 자녀의 책임감은 부모의 반응과 태도에 영향을 받는다. 자녀가 강렬한 감정을 드러냈을 때 부모가 어떻게 대처해야 할지 몰라, 그것을 외면하거나 부인하고(예: "진짜 그렇게 생각하는 것은 아니지? 넌 착한 아이잖아") 억압하게 되면(예: "한 번만 더 그러면 혼날 줄 알어. 착한 아이는 그런 일 안해!") 자녀는 자신이 이해받지 못하고 있다는 생각에 반항적이 될 수 있다.

② 올바른 행동을 알려주기

자녀의 행동이 적절치 못한 것이었을 때 비난하거나 꾸짖기보다는(예: "하여간 넌 너만 생각하니. 다른 식구들도 같이 먹어야지"), 적절한 행동이나 규칙을 직접적으로 알려주는 것이 좋다(예: "후식은 다 같이 먹을 거야. 좀 기다려"). 마지막으로 그 행동을 할 수 있도록 기다려주어야 한다.

③ 선택의 기회 제공하기

책임감을 기르기 위해서는 평소 자녀가 하는 일에 대해 스스로 뿌듯함을 느낄 수 있도록 분위기를 조성해 주는 것이 좋다. 양자택일의 기회를 제공하여 자녀가 선택할 수 있는 범위를 제공해 주도록 한다. "무슨 옷 입을래?"보다는 "초록색이 좋니?", "분홍색이 나을까?"를, "무슨 일을 할래?"보다는 "신발정리를 할래?", "재활용품을 분리수거할래?" 등과 같이, 선택의 범위를 지정해서 구체적인 질문을 해야 한다.

(3) 감정은 수용하되 행동은 엄격하게 다스리기

자녀의 감정을 수용한다고 해서, 잘못된 행동도 수용하는 것을 의미하지는 않는다. 용납할 수 없는 행동은 수용할 수 있는 행동으로 바꾸어야 한다. 하지만 행동을 바꾸라고 강요하다 보면 효과도 없을 뿐 아니라 자녀는 마음의 문을 닫아버리게 된다.

자녀가 스스로 자신을 되돌아보아 문제해결을 시작할 수 있도록 유도해야 하는데, 이를 위해서는 가장 먼저 자녀의 말을 경청해야 한다.

자녀가 "나 자전거 사주세요. 나 정말 타고 싶은데 사주세요"라고 했을 때,

"집에 자전거 있는데 또 사달라는 거니"와 같이 대답하기보다는, "응, 새로운 자전거가 타고 싶은 모양이구나, 하지만 지금은 그 자전거를 살 돈이 안 돼."라고 대답하는 것이 효과적이다.

3 부모효율성이론

1) 이론적 배경

토마스 고든(Thomas Gordon)은 미국 시카고 대학교에서 임상심리학 박사학위를 취득한 후 같은 대학에서 교수로 재직하였다. 고든은 정서적 어려움을 지닌 아동을 치료하는 동안 어린이보다는 부모들에게 문제가 있음을 발견하였다. 고든이 어린이에게 "자, 너의 문제가 무엇인지 이야기해 줄 수 있니?"라고 물으면 어린이들은 "전 문제가 없어요", "이야기할 게 없어요"라고 대답했다고 한다. 이에 고든은 어린이들의 문제는 어린이의 정신의학적 차원보다는 부모-자녀 간의 관계에서 비롯된 것으로 보아야 하며, 이 관계를 개선시킬 수 있는 방법을 부모들에게 알려주어야 한다고 생각했다(이원영 외, 2017). 이후 고든은 부모들이 자녀를 현명하게 양육할 수 있는 효율적인 기술을 지닐 수 있도록 부모효율성 훈련협회(Parent Effectiveness Training Associates)를 창설하였고, 이 기구를 통해 교사, 행정가, 부모들을 대상으로 하는 전문 훈련프로그램을 실시하게 되었다. P.E.T. 프로그램은 완전히 새로운 것이라기보다는 인본주의 심리학자(로저스, 액슬린, 기노트 등)와 홀트, 니일

등과 같이 아동중심 교육을 주장하는 교육철학자뿐만 아니라 드라이커스의 민주적 양육이론들을 종합한 것으로도 볼 수 있다(이원영 외, 2017).

2) 목표

부모와 자녀의 관계는 애정과 존경, 이해와 협력이 이루어지는 관계여야 한다. 고든은 이를 위하여 부모들에게 보다 효과적으로 자녀를 양육하는 기술을 교육하는 데 목적을 둔다.

3) 자녀양육원리

(1) 현실적인 부모의 모습 수용

사람들이 자녀를 갖게 되면 이상적이고 올바르며 인격적으로 완벽해져야 한다는 강박관념을 갖게 된다. 하지만 부모는 자녀를 낳기 전과 동일한 성격을 지닌 사람이기에 아이를 낳았다고 수십 년간 살아온 자신의 성격이 하루아침에 성숙해지는 것은 현실적으로 불가능하다. 인간적인 결함과 한계성을 지닌 채 부모가 되는 게 현실임에도, 많은 부모들이 좋은 부모가 되어야 한다는 강박관념을 갖는다(Gordon, 2002).

그로 인해 부모는 있는 그대로의 감정을 표현하지 못하고 자기 자신을 수용하지 못하게 된다. 자신을 수용하지 못한 부모는 자녀도 수용하지 못한 채 자녀와의 건강한 관계를 형성하지 못한다. 건강한 부모–자녀 관계를 위해서 부모가 자신과 자녀를 수용하는 것이 전제되

되어야 한다.

(2) 수용성 수준 파악하기

부모는 자녀의 행동을 어느 정도까지 수용할 수 있는지 살펴볼 필요가 있다. 부모는 일관된 양육방식을 보이고자 하지만, 현실상 부모도 인간이기에 늘 동일한 수준으로 기준을 적용하는 것은 불가능하다. 특히 부모의 기분, 자녀의 기질, 특정 상황이나 환경의 영향을 받아 자녀에 대한 자신의 행동의 불일치성을 끊임없이 경험하게 된다(Gordon & Gordon, 2005).

부모가 기분이 편안할 때에는 자녀가 큰 목소리로 이야기하거나 소리를 지르는 것이 크게 거슬리지 않지만 부모가 피곤할 때에는 짜증이 날 수 있다. 또한 자녀의 기질에 따라 온순한 성격의 자녀에게는 허용되는 행동이 (예: '큰 애가 저렇게까지 한 데는 이유가 있지') 다른 자녀에게는 허용되지 않을 수 있다.

또한 같은 행동(예: 음식을 깨작거리며 늦게 먹는 행위)도 어떤 부모에게는 문제가 되며(예: "그렇게 먹을 거면 먹지 마") 다른 부모에게는 문제가 되지 않는다(예: "천천히 먹어도 된다"). 이것은 부모의 수용성 수준이 다르기 때문이며, 부모는 자신의 수용성 수준이 어느 정도인지 파악해야 한다. 그림 5-1에는 부모에 따른 자녀행동의 수용수준이 나타나 있다.

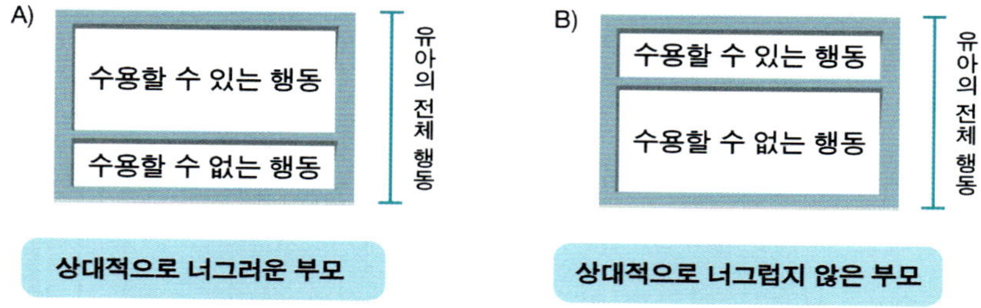

출처: Gordon, 2002. 부모역할훈련(이훈구 옮김). 서울: 학지사, pp.32-33.

그림 5-1 자녀 행동의 수용성 수준

수용 불가능 행동수준이 높은 부모는 수용 불가능 행동수준이 낮은 부모보다 자녀를 문제아로 파악하는 경향이 높다. 그림 5-1에서 A)는 B)보다 상대적으로 너그러운 부모의 수용수준을 보여준다. A)는 자녀의 전체행동 중 수용할 수 있는 행동영역이 그렇지 않은 영역보다 많다. B)에 나타난 부모는 A)의 부모보다 상대적으로 너그럽지 않으며 자녀를 문제아로 보는 경향이 더 짙을 것이다. 부모는 자녀를 수용하는 자신의 인식수준이 어느 정도인지 파악해야 한다. 수용수준이 지나치게 낮을 경우, 부모는 자신의 태도와 가치관을 바꾸어야 한다. 평소 부모의 수용 가능 행동의 범위가 넓어야 바람직하며, 이것은 자녀에 대한 믿음과 관련된다(이원영 외, 2017).

(3) 문제소유자 파악하기

PET 모델의 핵심은 문제소유자 원칙(the principle of problem ownership)이다. 문제를 소유한 사람은 특정 행동으로 인해 괴로움을 느끼는 사람, 즉 문제를 겪는 사람이다. 자녀의 행동으로 부모가 스트레스를 받는다면 부모가 문제의 소유자다. 아래의 내용은 고든의 저서를 바탕으로 하여 핵심 내용을 정리한 것이다(Gordon, 2002; Gordon & Gordon, 2005).

① 문제소유자가 부모 자신인 경우: '나 메시지' (I-meesage) 사용

부모의 권리나 행동을 침해하는 자녀의 행동이 해당한다. 예를 들면 부모는 쉬고 싶은데 옆에서 자녀가 몹시 떠들거나, 자녀의 늦은 귀가시간에 대해 부모가 스트레스를 받는 경우다.

이런 경우 '나-메시지'를 사용할 수 있다. '나 메시지' 전달법은 자녀의 행동으로 인한 부모의 감정과 생각을 효율적으로 전달하는 법이다. 부모의 감정을 자녀에게 전달하기 위해서는 '너'가 아닌 '나'를 중심으로 메시지를 구성해야 한다.

자녀의 행동을 수정하려고 하는 부모들은 대개 '너' 메시지(You-message)를 사용하기 때문에 자녀와의 관계에 문제를 일으키게 된다. '너 때문에 못살아', '너는 도대체 왜 그러니?', '너 그렇게 하지 말라고 했지?' 등과 같이 상대의 잘못이나 행동에 초점을 둔 '너 메시지'는 상대를 탓하고 원망하는 내용이 중심이 된다. 반면 '나 메시지'는 자녀의 행동으로 인해 부모가 어려움을 겪고 있다는 내용에 초점을 두게 된다. '네가 늦게 오면 엄마는 걱정이 돼', '방이 어질러져 있으니 엄마는 속상하구나'와 같은 것이다.

표 5-2 '나 메시지'와 '너 메시지'의 비교

사 례	나 메시지	너 메시지
장난감을 어지럽게 늘어놓고 정리하지 않는다.	장난감을 치우면 좋겠구나 장난감이 흩어져 있어서 청소하기가 어렵단다.	좀 치워라. 너는 왜 맨날 이 모양이니.
손님이 오셨는데 인사를 하지 않는다.	인사를 바르게 하면 엄마는 네가 대견할 텐데.	인사 좀 해. 손님한테 인사도 안 하니?
동생을 때린다.	동생을 때리니 엄마 마음이 아프다. 왜냐하면 엄마는 네가 동생을 잘 돌볼 것이라고 생각했었어.	동생을 잘 돌봐야지. 형이 그러면 되겠어?

출처: 이경우 · 이은화 · 김영옥 · 조부경(1994). 유아의 도덕성 함양을 위한 부모교육 프로그램. 서울: 교육부, p.252.

② 문제의 소유자가 내가 아닌 자녀인 경우: 반영적 경청 사용

부모에게는 문제가 아닌데 자녀가 문제라고 생각하여 좌절감을 느끼는 경우다. 친구들에게 놀림을 받는다던가, 살이 쪄서 고민한다던가, 숙제가 너무 어렵다고 느끼는 것 등이다.

자녀가 문제의 소유자인 경우 부모는 반영적 경청을 통해 자녀의 의사를 이해하고, 감정을 반영해 줄 수 있다. 부모는 자녀의 이야기를 경청 시 평가, 의견, 충고, 분석, 질문 등은 되도록 하지 않아야 한다.

반영적 경청 시 주의점은 다음과 같다.

- 말과 태도가 다른 것: 모든 것을 다 수용해 줄 것처럼 이야기를 해놓고 정작 자녀가 이야기를 시작하면 "어떻게 그럴 수 있니, 니가 잘 못했네"와 같이 판단해 버리는 행동은 자녀가 앞으로는 부모에게 마음을 털어놓으면 안 된다는 불신감을 준다.

- 앵무새 같은 반영: 감정이입 없이 자녀의 대답을 단순히 반복하는 것은 자녀에게 부모의 태도가 성의 없게 느껴지게끔 한다.

③ 부모와 자녀 모두 문제의 소유자인 경우: 무패법(No-lose Method) 사용

자녀와 부모가 모두 스트레스를 받고 있는 경우 둘 다 문제를 소유한 것으로 볼 수 있다. 자녀의 늦은 귀가로 부모가 화를 내고 이로 인해 자녀가 부모에 반감을 가지게 되어 점점 반항적으로 행동하는 경우다.

이 경우 무패법을 사용할 수 있다. 무패법은 민주적 방법, 제 3의 방법으로도 불리며 부모-자녀 간에 객관적인 태도로 문제를 토의하면서 해결해 나가는 방법이다(이원영 외, 2017). 어떤 일에 패자가 존재하지 않으며, 서로 간 합의를 통해 해결점을 도출한다. 부모와 자녀 사이에 존재하는 힘의 차이를 줄이고 두 사람이 함께 수용하는 해결방안을 제시한다.

고든은 변해야 할 사람은 자녀가 아니라 부모라고 하였다. 고든의 부모교육은 '왜 아이에게 그렇게 하셨나요'라고 부모를 비난하기 위한 것이 아니라, 자녀와의 관계향상에 도움을 주고자 하는 훈련의 차원임을 강조한다.

4 교류분석이론

1) 이론적 배경

교류분석(Transactional Analysis: TA)은 1950년대 초에 에릭 번(Eric Berne) 박사에 의해 창안된 하나의 성격이론이다. 정신과 의사였던 번은 프로이트(Freud) 학파의 영향을 받았다. 처음에는 정통 프로이트 이론을 따랐으나, <사람들이 구사하는 게임(Games people play)>이라는 책을 쓰고 교류분석이론을 시작하게 되었다. 정통 프로이트 학파는 사회적 인간관계를 간과하였지만 번은 사회적인 상호교류관계에 의해 한 개인의 인성이 형성되며 나아가 삶의 유형이 결정된다는 점을 강조하였다. 교류분석은 원래 인간관계를 개선하기 위한 의사소통에 활용하기 위한 것이었으나 오늘날은 의사소통이 중요시되는 다양한 상황에 적용되고 있으며, 부모-자녀 관계를 개선하는 데에도 활용되고 있다.

2) 목표

교류분석에 기반한 부모교육은 부모와 자녀의 성격구조를 분석하여 서로 간의 의사소통을 효율적으로 이루어냄으로써 부모-자녀 관계를 원만하게 만드는 데 목표를 둔다. 부모와 자녀가 자기긍정-타인긍정의 생활자세를 지닐 수 있도록 한다(이현옥, 김향자, 허선자, 박희숙, 김연진, 2016).

3) 주요이론 및 개념

(1) 스트로크(Stroke)

스트로크는 사람들 간의 사회적 행위의 기본 단위(the fundamental unit of social action)를 의미한다. 스트로크의 교환이 바로 교류(transaction)가 되며, 교류는 사회적 상호작용의 기본 단위가 된다. 예를 들어, 어머니가 아기에게 "우리 아기, 까꿍" 했을 때 아기가 어머니를 쳐다보며 까르르 웃었다면, 스트로크를 주고받은 것이다. 따라서 교류분석은 부모, 성인, 아동자아 상태 간의 스트로크를 어떻게 주고받는지 살펴보고, 이를 통해 서로 간의 의사소통이 어떻게 이루어졌는지 분석하는 것을 말한다.

스트로크 교환은 언어적, 비언어적(몸짓, 표정, 신체적 접촉 등)으로 일어날 수 있다. 스트로크는 긍정적일 수도, 부정적일 수도 있는데 긍정적인 스트로크는 상대방을 유쾌하게 해주거나 자신에 대해 괜찮다(I am OK)고 느끼게 하는 것이며, 부정적 스트로크는 상대방 기분을 나쁘게 하거나 자신에 대해 괜찮지 않다(I am not OK)고 느끼게끔 한다.

(2) 각본(Script)

모든 인간은 자기 삶의 각본(life script)을 쓰며 그에 따라 살아간다. 번은 각본에 대해 "어린 시절에 작성되어, 부모에 의해 강화되고, 이어지는 사건들에 의해 정당화되어 결국 삶의 한 방도로 선택된 인생 계획"이라고 개념화하였다(Stewart & Joines, 2010, 150쪽). 번에 따르면 각본은 유아기의 경험에 의해 만들어지며, 부모는 어린 자녀들의 각본형성에 지대한 영향을 미치는 존재다. 어린 시절 부모로부터 받은 메시지는 유아들의 삶의 각본을 형성하고, 그 각본대로 아이들이 살아가게 되는 것이다. 따라서 유아기 부모의 긍정적인 메시지는 자녀가 자신과 타인을 긍정하며 '괜찮다'(OK)라고 여기는 각본을 형성하게 하는데 매우 중요하다.

(3) 생활자세(Life position)

인간은 어린 시절 삶의 각본을 형성할 때 자신과 사람들에 대한 어떠한 확신이나 믿음을 가지고 있는데(Stewart & Joines, 2010), 그 확신은 자신과 타인을 긍정, 부정하는지에 따라 크게 네 가지로 나눌 수 있다. 번은 이를 '생활자세'라고 지칭했다.

① 나는 괜찮다 - 너도 괜찮다(I'm OK - You're OK)

자신을 비롯한 타인의 가치를 인식하고 모든 사람을 소중히 여기는 태도다. 자신에 대한 긍정적인 느낌은 타인에 대한 긍정적인 감정과 태도로 옮겨간다(Stewart, 2009).

이러한 태도는 어릴 때 부모와 주고받은 스트로크를 기초로 형성된다. 즉, 사회적 자극을 받고자 하는 욕구가 어떻게 채워졌는지에 따라 다르게 형성된다. 인간은 쓰다듬기(스트로크)에 대한 기본적인 선천적 욕구를 지니고 있으며 또한 자신과 타인에 대한 초기의 신념을 바탕으로 아동기부터 인생 각본을 만들어 나가므로 부모는 아동에게 사랑과 관심을 제공하고 칭찬과 격려를 함으로써 아동이 자신을 소중한 사람으로 생각할 수 있도록 도와야 한다.

② 나는 괜찮지 않다 - 너는 괜찮다(I'm not OK - You're OK)

자신은 타인보다 못하다는 열등감과 자신에 대한 부정적 인식을 지니고 있는 삶의 태도다. 자신을 결정하는 것은 다른 사람(또는 부모)의 손에 달려 있다고 생각한다. 영아는 타인의 도움을 받아야만 생존할 수 있기 때문에 생의 초기에는 이러한 태도를 나타낼 수 있다(정옥분, 정순화, 2019). 영아기에 부모의 격려를 받으면 자신에 대한 부정적 입장을 극복하지만, 그렇지 못하면 열등감을 지니게 된다. 학대를 받게 되는 경우에도 형성될 수 있다. 권위적인 사람에게 의존하는 경향이 있으며 자신을 중요치 않은 존재로 생각한다. 부모는 아동이 자신을 긍정적으로 인식할 수 있게끔 자녀에게 지시적, 명령적 태도를 삼가고 자녀의 행동을 지지해 주는 것이 필요하다(정옥분, 정순화, 2019).

③ 나는 괜찮다 - 너는 괜찮지 않다(I'm OK - You're not OK)

자신의 가치는 인정하지만 다른 사람은 부족하고 가치 없다고 생각하는 태도다. 다른 사람에 대해 불안해하며 불신함과 동시에, 다른 사람 위에 서고자 하며 오만한 태도를 보인다. 부모의 사랑을 받지 못하여 애정결핍을 겪거나, 심한 학대를 받은 경우 자신을 보호하려는 목적에서 이러한 태도를 지닐 수 있다.

④ 나는 괜찮지 않다 - 너도 괜찮지 않다(I'm not OK - You're not OK)

자신과 다른 사람 모두를 믿지 못하며 인생을 무가치한 것으로 생각한다. 생후 1년을 전후로 걸음마기, 배변 훈련의 지나친 통제나 지시를 하면 아이는 자신에 대해 수치심과 무능력함을 느끼게 되고 자신에 대한 부정적 감정을 지닐 수 있다. 부모가 이에 대해 야단을 치거나 애정을 철회하는 행동을 보이면 세상에 대한 신뢰감이 형성되지 않아 자신과 타인을 모두 부정하게 된다. 이러한 태도에는 주변 사람들의 격려와 관심이 필요한데, 그렇지 못하면 아동은 무가치함, 절망, 자포자기, 반사회적 행동을 나타내게 된다.

(4) 자아상태(Ego state)

번은 자아상태라는 용어를 직접 만들지는 않았다. 다만 자아심리학자인 Paul Federn(1952)이 제시한 자아상태의 개념을 토대로 하여 이를 세분화하였다. Federn은 자아상태를 '한 사람이 살아온 시간을 토대로 하며 그 사람의 정신적, 신체적 자아가 실제로 경험하는 현실'(Stewart, 2009, 75쪽)로 정의하였다. 자아상태는 언어, 몸짓, 태도 등 관찰 가능한 형태로 나타나기에 특정 순간에 한 개인이 지닌 성격의 측면을 드러내준다(Stewart &Joines, 2010). 번에 따르면 한 개인은 세 가지 자아상태(부모자아, 성인자아, 아동자아)를 모두 지닌다.

① 부모자아상태(P: Parent ego state)

부모자아상태는 부모에 대한 형상, 이미지로부터 파생된 생각, 느낌, 행동을 총칭하는 상태다. 부모자아상태에 근거하여 사람들은 전통, 관습, 예의범절 등 해야 할 일과 하지 말아야 할 일을 구분하게 된다. 그러므로 부모자아상태는 개인이 사회구성원으로 적응하는 데 도와주는 기능을 한다. 부모의 자아상태는 기능적으로 다시 '통제적 부모자아상태(Controlling Parent ego state: CP)'와 '양육(보호)적 부모자아상태(Nurturing Parent ego state: NP)'로 나뉜다.

- 양육적 부모자아상태는 자녀를 통제하기보다는 자녀가 필요로 하는 돌봄, 사랑, 이해와 같은 심리적·신체적 지원을 제공해 준다. 양육적 부모자아상태가 많은 부분을 차지하는 사람은 스트로크(쓰다듬기)를 돌려달라고 요구하지 않으면서 타인을 위해 쓰다듬기 행동을 할 줄 알게 된다. 하지만 부정적으로 작용할 경우 지나치게 하거나 과잉 지원으로 상대를 숨막히게 할 수도 있다.
- 통제적 부모자아는 말과 행동에 대해 판단을 내리며 안내를 한다. 통제적 부모자아는 긍정적일 때는 지시적이고 유용한 기술, 지식을 알려줄 수 있으나 강하게 작용할 경우 타인에 대해 지나치게 지배적이고 간섭을 하여, 상대의 어린이 자아상태가 개작되게 한다. 부모가 통제적 부모자아에 집중된 경우 자녀의 천성적인 아동자아상태를 형성하지 못하게 하고 부모의 기대와 요구로 양육하기 때문에 자녀는 정체감을 찾지 못하고 부모에게 이끌려 다니게 된다. 번은 이러한 자아상태를 '부모가 쓰는 삶의 원고'라고 하였다. 부모는 아동 자신이 자율적으로 생을 이끌어 가도록 돕는 부모가 되어야 하며, 자녀를 양육할 때 부모가 계획한 원고대로 자라게 해서는 안 된다고 하였다.

② 아동자아상태(C: Child ego state)

아동자아는 태어나면서부터 지니게 되는 기본적인 자아상태로서 욕구불만을 표출하는 기제가 된다. 아동자아는 인성을 매력 있고 유쾌하게 하며 창의적이 되게 한다고 설명하였다. 아동자아는 태어나면서부터 성장해 가는 과정에서 경험하는 환경과의 상호작용과 보고 듣고 느끼고 이해하면서 얻게 되는 자극과 반응에 대한 경험과 느낌이다. 아동자아상태의 언어적 단서는 '하기 싫어', '좋아', '내 꺼야!' 등이며, 울기, 던지기, 소리치기, 징징거리기 등의 행동들이 아동자아상태를 나타낸다. 아동자아상태는 천성적인 아동자아상태(Natural Child ego state: NC)와 개작된 아동자아상태(Adapted Child ego state: AC)로 나뉜다.

- 천성적 아동자아상태는 긍정적 감정이든 부정적 감정이든 자신의 감정을 자율적으로 표현한다. 생각을 곧바로 행동으로 옮기며 창조적인 아이디어를 제공하기도 한다. 호기심이 많고 활기차며 자발적이다. 이것이 부정적으로 작용할 때에는 자기중심적이며, 무모하고, 미성숙할 수 있다(Cornell, Graaf, Newton, & Thunnissen, 2016).
- 개작된 아동자아상태는 자신이 느끼는 대로 표현하지 못하고, 자신의 판단하는 대로 행동하지 못한다. 개작된 자아가 긍정적으로 기능할 경우 협동적, 순응적인 태도로 나타날 수 있다. 하지만 부정적으로 기능할 경우 부모가 원하는 것에 맞추어 표현하고 행동하려고 하기 때문에 복종적이고, 불평을 하며 반항적으로 보이며 부자연스럽다. 번은 이러한 자아를 지닌 아동을 부모가 쓴 원고에 따라 움직이는 인형이라고 하였다. 아동자아상태의 개작된 정도가 일정 수위를 넘어서면 정서장애를 일으키게 되며, 치료를 통해 천성적 자아상태로 돌아가게 해야 한다.

③ 성인자아상태(A: Adult ego state)

성인자아상태는 현재 처한 상황을 객관적으로 파악하게 하여 외부 세상에 효과적 대응을 하게 한다. 성인자아는 프로이트의 '자아'(ego) 개념과 매우 흡사하다. 성인자아는 부모자아, 아동자아로부터 자유롭다. 논리적, 합리적이며 객관적인 사실과 정보에 기초하여 독립적인 판단과 결정을 내린다(Stewart, 2009). 감정보다는 이성적·합리성·생산성·적응성을 가지며 냉정한 계산에 입각한 행동으로 나타나게 되며, 생존에 필수적이라 할 수 있다. 성인자아는 부모자아와 아동자아를 조절하고 중재하는 역할을 한다. 성인자아의 기본적인 어휘는 '왜', '무엇이', '언제', '어디서'와 같은 객관적 정보와 관련된 것이며, 성인자아의 언어적 단서로는 '비교적', '내가 알기로는' 등과 같다. 골똘히 생각하는 표정은 성인자아를 나타내는 대표적 제스처이다.

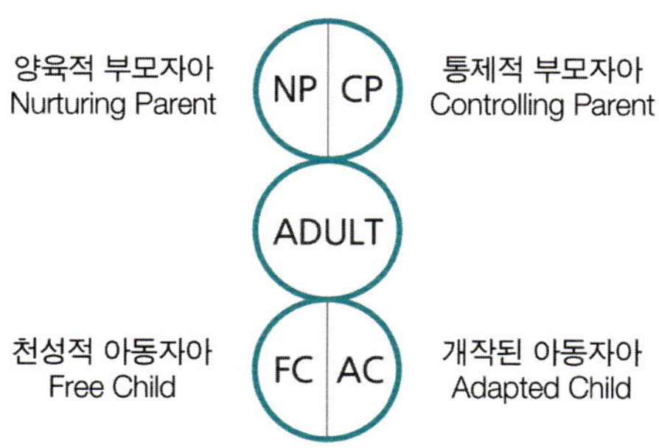

출처: Hough, M.(2006). *Counselling skills and theory*(4th ed.). London: Hodder education. p.211.

그림 5-2 성격의 구조

인격의 세 가지 측면은 모두 인간의 생존에 중요하며 어느 한 가지도 무시될 수 없다. 세 가지 자아가 서로 간 균형을 이룰 때 인간은 건강한 삶을 지속할 수 있다(Berne, 2009).

(5) 자아상태 간 혼합 및 고립

자아상태 간의 경계가 모호해지거나, 한 자아가 다른 자아의 영역을 침범하게 되면 인격에 문제가 생길 수 있다. 부모자아상태 혹은 아동자아상태가 성인 자아의 경계를 침범하게 되었을 때 '혼합' 또는 '오염'(contamination)되었다고 한다. 그림 5-3은 자아상태 간의 혼합을 보여준다.

성인자아가 부모자아가 혼합되었을 때에는 '편견'이 발생한다. 권위 있는 사람들의 결정에 따라 행동하려고 하며 자신을 과도하게 통제하려 한다. 성인자아가 아동자아상태와 혼합되었을 때에는 '망상'(delusion)으로 불리며 일을 처리하는 데 부정적이거나 충동적·이기적으로 행동하기도 한다. 성인자아가 부모자아, 아동자아 모두 혼합되었을 때에는 권위 있는 사람들이 시키는 대로 일을 처리하려는 경향과 충동적으로 하려는 경향이 함께 존재하게 된다.

반면, 자아상태의 일부만을 사용하고 나머지의 자아상태를 닫아버리게 된 경우 '고립'(exclusion)이라고 한다. 자아 간의 고립은 그림 5-4에 나타나 있다. 아동자아상태가 고립된 경우에는 충동적 자기애를 보이며 성인자아의 합리적 현실감각과 부모자아의 규칙에 순응하는 태도는 상실된다. 부모자아가 고립된 경우 부모로부터 물려받거나 지시받은 방식대로 사고하고 행동하게 되어 상투적인 말과 행동을 보인다(Stewart, 2009).

부모자아상태, 아동자아상태의 양쪽으로부터 차단되어 성인자아상태가 고립된 경우 자신의 생활에 기쁨을 느끼지 못하는 직장인을 들 수 있다. 현실에 따라 적절히 행동하며 직장생활을 유지해 나가지만 자신의 기본적 욕구는 채우지 못하여 삶의 즐거움을 느끼지 못하는 경우다.

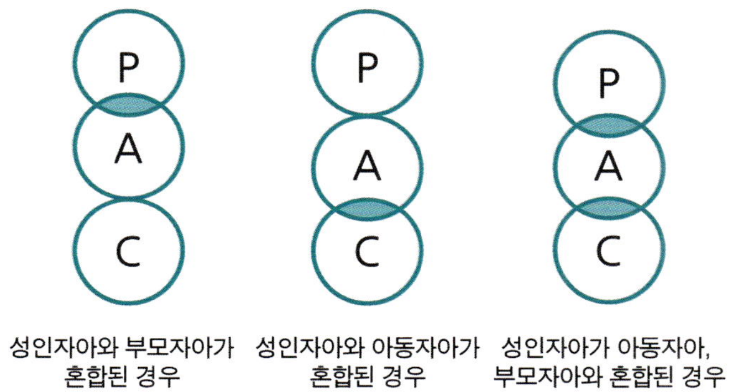

출처: Stewart, I. (2009). 교류분석의 창시자 에릭 번. (박현주 옮김). 서울: 학지사, p.151.

그림 5-3 자아 간의 혼합

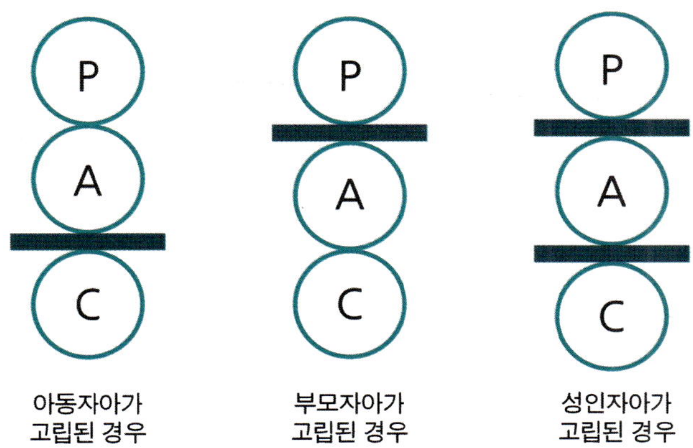

그림 5-4 자아 간의 고립

(6) 교류의 유형

송신자의 어떤 특정한 자아상태에서 보내진 메시지가 수신자로부터 인간의 사회적 교재를 이루는 기본 단위를 교류(transaction)라고 부른다. 한 명이 말이나 행동, 눈빛, 어떠한 제스처든 무엇인가를 시작하는 것을 교류자극, 상대가 그것을 알아채주면 교류반응이라고 한다(Berne, 2009). 교류의 유형에는 부모자아, 아동자아, 성인자아의 상호작용 패턴에 따라 크게 세 가지로 분류된다.

① 보완적 교류(Complementary transaction)

송신자의 어떤 특정한 자아상태에서 보내진 메시지가 수신자로부터 기대하였던 반응을 얻을 때 이루어지는 교류를 말한다. 수신자가 적절한 자아상태에서 송신자를 수용하면서 동시에 기대하는 반응을 되돌려 보낼 때 이루어지는 교류다. 교류자극과 교류반응이 평행을 이루며 서로 간의 정신적 갈등 없이 원만한 의사소통이 이루어지는 형태다.

예를 들어, 무서운 영화를 본 후, 자녀가 "엄마, 오늘 밤엔 엄마랑 동생이랑 다 같이 자도 돼요?"(아동→부모)라고 말했을 때 엄마가 "무서운 영화를 보더니 혼자 자기 싫은 모양이구나"(부모→아동)라고 말했을 경우가 이에 속한다.

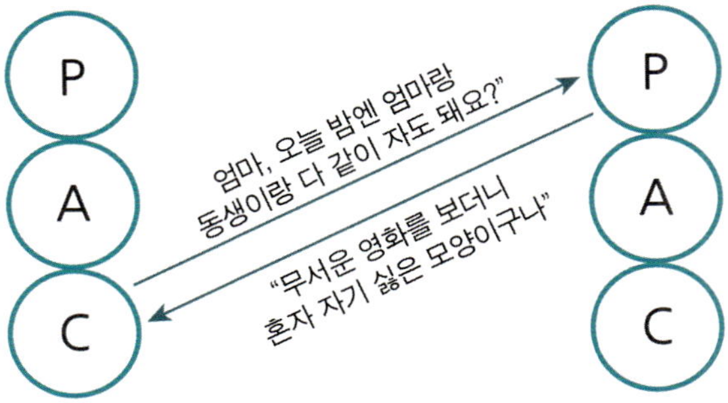

그림 5-5 보완적 상호교류

② 교차적 교류(Crossed transaction)

메시지 송신자가 수신자로부터 기대했던 반응을 얻지 못할 때 일어나는 교류이다. 대인관계에서 거의 모든 사회적 갈등을 일으키는 교류로서 의사소통이 깨지며, 쌍방 간에 긴장을 유발한다. 예를 들어, 자녀가 "엄마, 내 가방 어디 있어요?"(성인→성인)라고 사실적 정보를 얻기 위해 말했을 때, "칠칠맞긴, 너는 도대체 매번 잃어버리니"(부모→아동)라고 엄마가 야단치듯이 말하게 되는 경우다(그림 5-6).

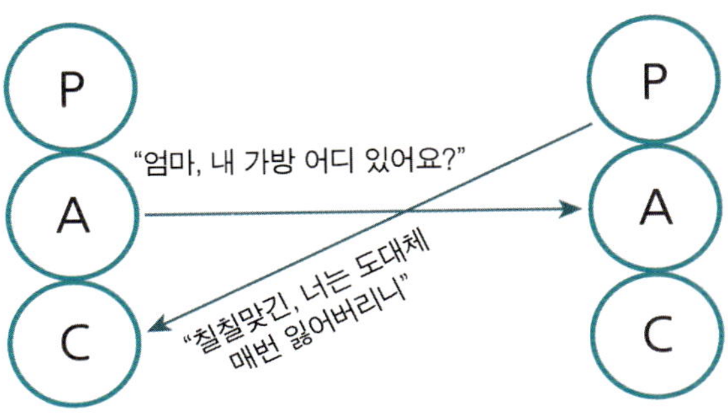

그림 5-6 교차적 상호교류

③ 잠재적 교류(Ulterior transaction)

보완적 교류, 교차적 교류는 대인관계에서 가장 흔히 일어난다. 이보다 복잡한 것이 잠재적 교류인데 잠재적 교류에는 한 사람에게서 두 가지 이상의 자아상태가 동시에 관련한다.

송신자가 보낸 메시지에 다른 의미가 내포되어 있을 때 일어나는 교류로서 사회적 수준과 심리적 수준이 다르게 일어나는 것을 뜻한다. 표면적으로 나타나는 메시지에는 실제 의도한 뜻이 숨겨져 있다. 번은 사람 간의 의사소통 과정에는 늘 숨겨진 함정이 있는데 잠재적 상호교류에 의해 일어난다고 하였다. 이 경우 수신자는 메시지의 표면적인 의미에 대해서 반응하는 것이 아니라 그것의 숨겨진 의미에 대해서 반응해야 하기 때문에 결과적으로 비생산적인 의사소통이 된다.

잠재적 상호교류에는 두 가지 유형이 있다. 이중적인 상호교류는 두 사람 사이에 네 가지의 자아상태가 관여한다. 표면적으로 작용하는 송신자와 수신자의 자아는 심리적으로 작용하는 자아와 다르다. 그림 5-7에서 아버지는 자녀에게 잠을 잘 것을 이야기하고 있다. 그러나 내면적 메시지는 혼자 있고 싶다는 뜻을 전하고 있고, 자녀도 겉으로는 아버지의 말에 대한 이유를 묻는 듯하지만, 내면에는 아버지가 자신과 같이 있기 싫은 것이라는 메시지를 표현하고 있다(유윤영, 2010).

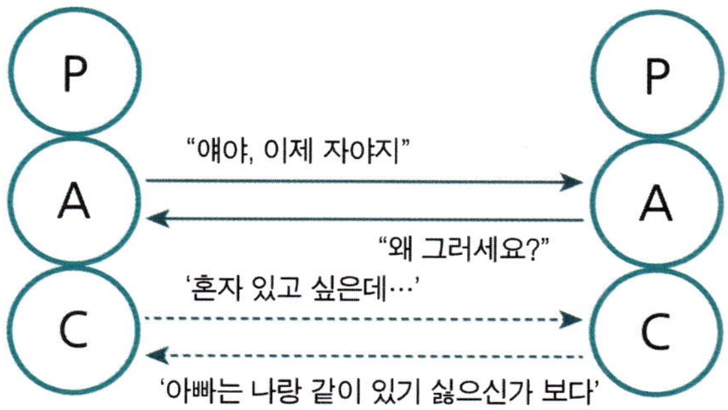

그림 5-7 이중의 상호교류

각이 진 상호교류는 두 사람 간의 세 가지의 다른 자아상태가 관여하는 것이다. 겉으로는 일반적인 정보를 제공하는 듯하지만 잠재적으로는 상대방의 다른 자아를 자극하고 있다. 예를 들어 판매원이 "이 물건이 더 좋지만 가격이 높아요, 좀 어려우시겠죠?"라고 묻고 있으나 이 말은, 주부의 아동자아가 지닌 충동적인 면이 자극되기를 기대하고 있다. 주부는 판매원의 말에 '나를 얕보고 있군. 내가 이걸 살 수 있는 능력이 충분하다는 것을 보여주겠어'라고 생각하고 있으며 이러한 생각은 "그걸로 할게요"라는 반응으로 나타나게 되어 결국 판매원이 보낸 심리적 메시지에 반응한 것이 된다(Berne, 2009) (그림 5-8). 번은 인간관계에서 일어나는 의사소통에는 감추어진 함정이 있는데 이것은 대개 잠재적 교류에서 나타나며 이러한 교류를 '게임(game)'이라고 불렀다.

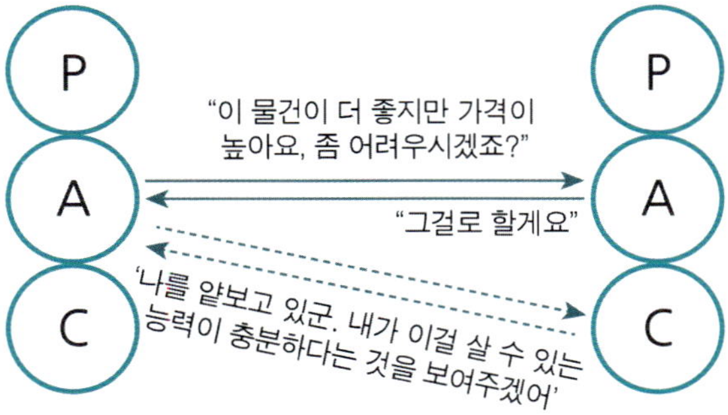

출처: Berne, E. (2009). 심리게임 교류분석으로 읽는 인간관계의 뒷면 (조혜정 역) 서울: 교양인, p.54.

그림 5-8 각이 진 상호교류

일반적으로 대인관계에서 사람들은 피상적인 대화 이상의 신뢰와 애정이 있는 교류를 원한다. 잠재적 교류는 이러한 상황에 친밀감을 제공해 줄 수 있다. 하지만, 교류방식이 너무 복잡한 경우 교류에 성공하기 어렵게 된다. 따라서 부모가 자녀와의 관계를 개선하기를 바란다면 자녀가 파악하기 힘든 잠재적 메시지를 보내지 말아야 서로 간에 원활한 의사소통이 수월해질 수 있다.

4) 부모교육에의 적용

교류분석에 기반한 부모교육은 부모자신의 감정이나 욕구, 자녀의 감정을 들여다보고, 자녀와의 상호작용방식을 되돌아보게 한다. 이를 통해 부모자신뿐 아니라 자녀에 대한 이해를 증진시켜 부모를 성장하게 하고 자녀와의 관계를 개선하는 데 도움을 준다. 하지만, 이론자체가 이해하기 힘들고 부모들이 실천할 만한 구체적인 실천방법이 부족한 측면이 있다.

5 행동수정이론

1) 이론적 배경

왓슨(Watson)은 1928년 행동주의 심리학을 바탕으로 <영아 및 아동의 심리학적 양육(Psychological care of infant and child)>을 출판하였다. 그의 행동주의적 양육방법은 미국에 많은 영향을 미치게 되었다. 1920년대의 미국은 스키너(Skinner)와 같은 행동주의 심리학자들이 활발한 활동을 하고 있는 시기였다. 행동주의 심리학은 인간의 행동을 후천적 학습의 결과로 본다. 인간의 내면보다는 외부로 나타나는 행동에 초점을 두기 때문에 자녀의 행동을 환경에 의해 형성된 것으로 본다. 행동수정 부모교육 이론은 행동주의 심리학에 기반을 두고 있으며 부모가 자녀의 바람직한 행동을 유발할 수 있는 환경을 제공해 주는 것을 강조한다(이원영 외, 2017).

2) 목표

행동주의 이론에서는 부모가 자녀의 감정을 읽어주거나 자녀와의 효율적 의사소통에는 별로 초점을 두지 않는다. 대신 바람직하다고 생각되는 자녀의 행동은 계속 유지시키고, 그렇지 않은 행동은 감소시켜서 부모들에게 도움을 주고자 하는 것이다(정옥분, 정순화, 2019).

부모는 유아의 행동을 긍정적으로 변화시키는 역할을 수행해야 하기에 부모교육을 통해 부모역할 기술을 습득하여야 한다. 이를 위해 부모는 자녀의 행동을 끊임없이 관찰하여 행동을 분석하고, 문제행동이 발견될 경우, 문제행동이 나타나는 시기, 빈도, 강도 등을 고려하여 행동을 변화시켜야 한다(김영옥, 2016).

3) 행동수정 원리

행동수정 원리에 기반한 부모교육은 부모의 모델링과 적절한 환경 제공을 중시한다. 부모가 바람직한 행동의 모델을 직접 보여주거나 제시해 줄 경우, 자녀는 모방을 통해 자신의 행동을 바람직한 방향으로 형성하게 된다. 부모는 적합한 훈련을 통해 자녀의 바람직한 행동을 형성시킬 수 있으며, 동시에 자녀에게 영향을 주는 환경적 요인을 분석해야 한다. 아동의 행동은 환경으로부터 자극을 받고, 이에 대한 반응을 보이면서 형성되는 것이기 때문이다.

행동수정 원리는 첫째, 고전적 조건이론에 기반한다. 부모가 자녀의 바람직한 행동에 대해 자극과 반응을 짝지어 제공하는 것이다. 이러한 조건형성을 반복적으로 제시하여 바람직한 행동을 할 수 있도록 조건을 형성하는 반면, 바람직하지 못한 행동은 소거시킨다. 둘째, 조작적 조건형성이론이다. 부모는 자극과 반응의 조건을 인위적으로 조정·형성한다. 자녀가 바람직한 행동을 했을 경우에는, 칭찬, 격려와 같은 긍정적 보상을 통해 그 행동을 강화하고, 부적합한 행동을 했을 경우에는 불쾌한 경험을 제공하여 그러한 행동을 하지 못하게 하는 것이다. 셋째, 모방이론이다. 자녀가 부모의 행동을 모방함으로써 새로운 행동을 가르치는 것이다.

4) 행동수정단계

(1) 목표행동 선정 및 관찰

부모가 자녀의 행동을 변화시키기 위해서는 잘못된 행동이 무엇인지 정확히 인지해야 한다. 많은 부모들이 양육과 관련한 문제를 이야기할 때 흔히 "우리 아이는 왜 그런지 모르겠어요", "우리 아이는 자기만 생각해요" 등과 같은 말로 표현하는데, 이러한 말은 구체적으로 어떠한 행동이 문제가 되는지 알 수가 없다(김영옥, 2016). 자녀의 문제를 명확하게 인식하기 위해서는 자녀의 행동을 일반화할 것이 아니라, 자녀의 구체적인 행동에 대하여 관찰하고, 어떠한 상황에서 그러한 행동이 나타나는지 파악한 후 어떠한 행동으로 고칠 것인지 설정해야 한다. 수정의 대상이 되는, 즉 문제행동을 목표행동(target behavior) 혹은 표적행동이라고 한다.

예를 들어 유치원에 가기 싫다고 아침마다 실랑이를 벌이거나 동생을 때리는 행동은 수정이 이루어져야 하는 목표행동이 된다.

(2) 행동기록

목표행동이 선정되면 목표행동을 기록한다. 기록은 동영상, 사진, 관찰 등을 통해 할 수 있으나 가정에서는 언제든 직접 관찰이 가능하므로 관찰기록이 가장 용이하며 적절하다(김영옥, 2016). 관찰기록은 행동수정을 하고자 하는 목표행동의 빈도, 지속성, 강도 등을 객관적으로 서술하는 것이다. 행동주의에서는 환경이 가장 큰 영향을 미치기 때문에, 유아의 문제행동이 일어나는 때, 장소 등을 살펴보아야 한다. 또한 문제행동을 촉진시키는 자극이 무엇인지, 감소시키는 자극이 무엇인지도 기록하도록 한다(김진경, 서주현, 2014).

(3) 행동의 분석

관찰된 행동을 평가하는 것으로, 일명 ABC 분석법이 흔히 활용된다. 행동을 유발하는 선행자극(A: antecedents)을 기록하고 행동 자체(B: behavior), 그리고 행동 뒤에 오며 행동의 결과(C: consequences)를 파악하는 것이다. 예를 들어, 마트에서 자녀가 장난감을 사달라고 떼를 쓰지만 부모가 사주지 않으면 이것은 아이의 떼쓰는 행동을 유발하는 선행자극이 된다. 자녀의 떼쓰기가 문제행동이 되며, 부모가 이 순간을 모면하기 위해 장난감을 사주면 이것이 결과가 된다. 그 결과, 아이는 '마트에서 장난감을 부모가 사주지 않을 때, 떼를 쓰면 사준다'라는 생각을 가지게 되며, 계속해서 떼를 써서 장난감을 얻고자 한다.

(4) 행동수정 원칙 적용: 강화와 벌

행동분석이 이루어진 후에는, 지속시키고 싶은 행동을 더 자주 일어나도록 강화하고, 없애고 싶은 행동은 벌을 사용한다.

① 강화(Reinforcement)

바람직한 행동을 증가시키기 위하여 대상물을 제공하거나 없애는 것을 강화라고 한다. 바람직한 행동을 했을 경우 좋아하는 대상을 주는 것은 정적강화(예: 떼쓰지 않았을 경우 좋아하는 간식을 제공), 바람직한 행동을 했을 경우 싫어하는 대상을 없애주는 것을 부적강화(예: 게임을 하지 않았을 경우 학습지를 안 해도 됨)라고 한다.

② 벌(Punishment)

강화가 행동을 증가시키는 것이라면, 벌은 행동을 감소시키는 것이다. 바람직하지 못한 행동을 했을 경우, 불쾌한 자극을 제공해서 그러한 행동을 하지 못하게 하는 것이다. 벌을 사용할 경우에는 몇 가지 문제점이 있다.

벌을 준다고 해서 반드시 새로운 좋은 행동이 습득되는 것은 아니며, 자녀와 부모에게 모두 부정적인 정서반응이 나타날 수 있다. 또한 벌이 정적 강화물로 작용하기도 한다(김영옥, 2016). 자기 전에 양치질을 하지 않은 유아가 엄마의 야단을 맞으면 양치질을 할 것이다. 그러나 엄마의 관심을 받기 위해 계속해서 양치질을 하지 않게 된다면, 엄마의 꾸지람은 정적강화가 된 것이다. 이처럼 벌의 부작용으로 인해 벌을 사용할 경우, 벌을 받아야 하는 이유를 분명히 알게 한 후 주의 깊게 적용하거나, 아예 삼가는 것이 좋다.

6 부모교육이론의 비교

민주적 부모교육이론, 인본주의 부모교육이론, 부모효율성이론, 상호교류분석, 행동수정이론 등 다양한 부모교육이론은 서로 비슷하거나 다른 특징을 보이기도 한다. 표 5-3은 다양한 부모교육이론을 비교하여 제시하고 있다.

표 5-3 부모교육이론의 비교

이 론	이론적 배경	핵심용어	주요내용	양육기술
민주적 부모교육	아들러의 개인심리학을 드라이커스가 부모교육에 적용	• 잘못된 행동목표 • 자연적 · 논리적 귀결	• 자녀를 동등한 인격체로 대해야 함 • 소속의 욕구 존중	자연적 · 논리적 귀결 사용
교류 분석	교류분석심리학을 부모-자녀 관계에 적용	• 부모, 성인, 아동자아 • 교차적 · 상보적 · 잠재적 상호교류	• 세 가지 자아의 균형 • 자기긍정, 타인긍정의 생활자세	송신자와 수용자의 자아상태를 파악하여 대응
인본주의	• 액슬린의 놀이치료이론에서 영향을 받음 • 무조건적 수용	• 대화와 칭찬 • 감정수용	• 스스로 선택하고 책임지게 하여 자율성 함양	• 부정적 감정의 수용과 표현 허용 • 있는 그대로 수용
부모 효율성	• 부모도 인간이기에 완벽하지 않음. 현실적인 부모의 모습을 수용	• 반영적 경청 • 나 메시지 • 무패법	• 부모의 효율적 의사소통 방법 • 수용성 수준 파악	문제의 소유자 파악 후 적극적 경청, 나 메시지, 무승패법 적용

이 론	이론적 배경	핵심용어	주요내용	양육기술
행동수정	• 행동주의 심리학 • 환경의 영향을 받아 바람직한/바람직하지 않은 행동이 형성됨	• 자극-반응 • 강화와 벌	• 부모는 자녀의 모델이 됨 • 자녀는 부모를 모방하거나, 자극-반응훈련을 통해 바람직한 행동 형성	바람직한 모델과 환경제시

지금까지 설명된 부모교육이론은 모두 미국에서 만들어졌으며, 부모를 자녀의 사회화 과정에 가장 중요한 요인으로 보았다는 공통점이 있다. 구체적 행동지도를 위한 기술은 이론마다 다소 차이가 있다. 그러나 이러한 이론들은 모두 자녀와 효율적인 의사소통기술을 향상시켜 부모-자녀 관계를 개선하고, 이를 통해 자녀가 자율적·독립적으로 행동하는 인격체가 되게 한다는 점에서 공통적이다. 부모교육 프로그램들은 이러한 문제의 원인을 부모의 인성에 문제가 있어서라기보다 부모로서의 경험 및 양육지식부족과 잘못된 양육모델에 노출되었기 때문이라고 보고 있다. 또한, 부모교육을 통해, 부모가 부족했던 부분을 보충함으로써 좋은 부모가 될 수 있다는 희망을 제시했다(유윤영, 2010). 이러한 다양한 부모교육이론들은 부모들이 자녀양육에 대한 정보와 지식을 쌓고 이에 적용하며 얻은 경험들이 자신감을 주고, 양육에 긍정적인 기여를 했다고 볼 수 있다.

함께 생각해 보기

1. 다양한 부모교육이론들이 공통적으로 추구하고자 한 것은 무엇이었을지 생각해 봅시다.

2. 현재 자신의 부모님과 갈등이 존재한다면, 어떠한 방법으로 해결해 보는 것이 좋을까 생각해 봅시다.

Chapter

06

부모교육 프로그램

최근 일어나는 여러 사회적 현상들이 주목하는 것은 부모역할에 대한 사회교육적 접근의 필요성이다. 이 장에서는 이러한 사회적 접근의 일환으로 부모역할을 잘 수행하기 위해 현장에서 실행되고 있는 대표적인 프로그램인 체계적 부모효율성훈련 프로그램(STEP)과 적극적 부모역할훈련(APT), 부모효율성훈련(PET), 자녀가 경청하도록 이야기하기 프로그램을 살펴보고자 한다. 마지막으로 우리나라 보건복지부에서 개발하고 육아종합지원센터에서 시행하고 있는 클로버 부모교육 프로그램에 대해 알아보고자 한다. 이러한 프로그램들의 전반적 이해를 바탕으로 학습자인 예비유아교사들이 향후 부모교육 프로그램을 운영할 경우 실행하는 역할뿐 아니라 예비부모 혹은 부모로서 프로그램에 참여하는 역할에 대해 고민해 볼 수 있을 것이다.

1 효율적인 부모역할 수행을 위한 체계적 부모효율성훈련(STEP)

딩크마이어(Dinkmeyer)와 맥케이(Mckay)에 의하여 개발된 효율적인 부모역할 수행을 위한 체계적 훈련 프로그램(STEP, Systematic Training for Effective Parenting)은 아들러(Adler)의 심리학이론을 부모교육에 적용하기 위하여 발전시킨 프로그램이다. 이 프로그램은 효율적인 부모역할 수행능력을 향상시키고, 자녀와 원만한 관계를 도모하기 위해 제작되었으며, 민주적인 자녀교육 이론과 실제를 다루고 있다. 또한 인간관계의 평등성을 강조하면서 부모와 자녀가 가치면에서 동등하기 때문에 상호 존중하는 태도를 가지고 자녀의 선택과 결정을 인정하며 그 결과에 대해 스스로 책임을 지게 하여 자기훈련이 되도록 하는 내용으로 전개되는 것이 특징이다. 부모와 자녀 간의 질적인 관계는 민주적인 의사소통의 자연적이고 논리적인 귀결에 의해 형성된다는 신념을 가지고 있으며, 사랑과 존중이 바탕이 되어 자녀를 격려하고 이끌어 주는데 필요한 지침을 제공해 주고 부모의 부정적 양육행동을 개선하는 방법을 교육한다(이경우, 1985).

1) STEP의 구성

STEP은 포스터와 부모용 안내서, 리더십 훈련용 안내서와 구조화된 강사 지침서로 구성되어 있다. 안내서는 총 9개 장으로 구성되었다. 전반부는 양육원리와 관련되어 있고, 후반부는 자녀의 긍정적 행동 목표를 중심으로 이루어져 있다. 이 프로그램은 부모에게는 양육원리와 기술을 습득하도록 도와주며, 자녀에게는 긍정적인 행동을 하도록 도와준다. STEP에서는 민주적인 학습이 이루어져야 함을 전제로 하면서 사회적으로 책임 있는 자녀양육을 강조하고 있다. 이러한 이념이 실현되기 위해 STEP의 기본 지침은 다음과 같다.

- 부모 자신에 대한 이해와 자녀의 잘못된 행동의 이해를 돕는다.
- 자녀의 노력을 격려하여 자신감을 갖게 한다.
- 한 인간으로서 자녀를 존중하는 의사소통 방법을 장려한다.
- 자신의 행동결과에 대한 책임감과 판단력을 길러주기 위하여 보상과 처벌 대신 자연적 귀결을 사용하도록 한다.

- 부모-자녀 간의 민주적 관계형성을 통해 자녀가 자신의 문제를 스스로 해결할 수 있는 능력을 기른다.

표 6-1 STEP의 9가지 구성 내용

1장	자녀 행동의 이해
2장	자녀 이해와 부모 자신의 이해
3장	격려를 통한 자신감과 자아존중감 길러주기
4장	의사소통 : 반영적 경청
5장	의사소통 : 대안 찾기, 나-전달법
6장	책임감 훈육방법
7장	자연적·논리적 귀결 활용
8장	가족모임
9장	자신감 개발 및 잠재력 발휘

(1) 자녀행동 이해

자녀의 잘못된 행동은 타인으로부터 인정받고자 하는 욕구로 기인한다고 볼 수 있으며, 이러한 욕구가 충족되지 못할 경우 자녀들은 관심끌기, 힘 행사하기, 보복하기, 부적절성 나타내기의 4가지 행동목표를 설정하게 되고 행동으로 나타내는데, 이들은 주의 깊은 관찰을 통해 발견가능하다. 이러한 잘못된 행동을 변화시키고 부모-자녀 간의 긍정적 관계형성을 위해 STEP에서는 부모들이 상호 존중하기, 시간을 내어 자녀와 재미있게 보내기, 용기 주기와 사랑으로 의사소통하기를 활용하도록 하고 있다.

(2) 자녀 이해와 부모 자신의 이해

부모는 자신을 이해하는 것은 중요하다. 부모는 자녀가 잘못된 행동목표를 달성하기 위해 정서를 사용한다는 것을 인식하고 있어야 한다. 부모는 화를 내거나 야단을 쳐서 자녀를 통제할 필요가 없다. 자녀에게 일정한 양육의 한계를 설정하여 자녀 스스로의 결정을 통해 행동하고 그 행동의 결과로부터 배우도록 하면 된다. 완벽한 부모가 되려고 하기보다는 책임 있는 부모가 되도록 노력하는 것이 중요하다 (이경우, 1985).

표 6-2 완벽한 부모의 특징

부모의 신념	부모의 행동	자녀에게 일어나는 결과
• 자녀를 통제해야만 한다.	• 복종을 요구한다. • 보상과 벌을 준다. • 이기려고 한다. • 부모가 옳고 자녀는 틀리다고 주장한다.	• 반항하고나 분노를 느낀다. • 앙갚음을 한다. • 이기거나 울음을 고집한다. • 진정한 감정을 속인다. • 인생이 불공평하다고 느낀다. • 포기하고 회피한다. • 거짓말과 도벽을 한다. • 자율성이 결여된다.
• 나는 우월하다.	• 자녀를 동정한다. • 책임을 진다. • 과잉보호를 한다. • 독선적이다. • 자녀에게 창피를 준다.	• 자신을 연민하고 다른 사람을 비난하는 것을 배운다. • 무능력함과 인생이 불공평하다고 느낀다. • 다른 사람이 베풀어주기를 원한다. • 우월할 필요가 있다고 느낀다.
• 나는 받을 자격이 있다. • 너는 내게 빚을 지고 있다.	• 공평에 지나치게 민감하다. • 조건을 붙인다.	• 다른 사람을 믿지 않는다. • 인생은 불공평하다고 느낀다. • 이용당한다고 느낀다. • 다른 사람을 이용하려 한다.
• 나는 완전해야 한다.	• 모든 것에서 완전을 구하고 결점을 찾는다. • 다른 사람의 생각에 지나친 관심을 가진다.	• 자신이 결코 훌륭하지 않다고 생각한다. • 완벽주의자가 된다. • 좌절을 느낀다. • 다른 사람의 의견에 대해 걱정한다.

부모의 신념	부모의 행동	자녀에게 일어나는 결과
• 나는 계산하지 않는다. • 다른 사람이 나보다 더 중요하다.	• 지나치게 자녀에게 몰두한다. • 자녀의 요구를 들어주고 양보한다. • 안 된다고 하는 것에 죄의식을 느낀다.	• 받기를 기대한다. • 사회적 관계를 잘 형성하지 못한다. • 다른 사람의 권리를 존중하지 않는다. • 이기적이다.

출처: 김애란, 유경숙, 유혜자, 이병래(2017), p.201 재인용.

표 6-3 책임 있는 부모의 특징

부모의 신념	부모의 행동	자녀에게 일어나는 결과
• 자녀 스스로 결정할 수 있다고 믿는다.	• 선택하게 한다. • 격려한다.	• 자신감을 느끼고 무엇이든 하려고 한다. • 문제를 해결한다. • 유능하다.
• 다른 사람과 동등한 인격이다.	• 자녀를 믿고 존중한다. • 독립성을 격려한다. • 선택과 책임감을 갖게 한다. • 자녀가 공헌하기를 기대한다.	• 자립심과 책임감을 발달시킨다. • 결정하는 것을 배운다. • 자신과 타인을 존중한다. • 평등을 믿는다.
• 상호존중을 믿는다.	• 평등성을 증진한다. • 상호존중을 격려한다. • 유아가 죄의식을 갖지 않게 한다.	• 자신과 타인을 존중한다. • 친사회적인 감정이 증가한다. • 다른 사람을 신뢰한다.
• 부모도 인간이므로 불완전한 것이 당연하다.	• 현실적인 기준을 정한다. • 힘을 강조하지 않는다. • 격려하고 인내심이 있다. • 자신의 이미지에만 관심을 두지 않는다.	• 자기 평가보다 닥친 일에 집중한다. • 시도하다가 실수하면 다시 도전한다. • 새로운 경험을 하려는 용기가 있다. • 다른 사람에 대해서도 인내한다.
• 자신을 포함한 모든 사람이 중요하다고 믿는다.	• 상호존중과 공헌하도록 격려한다. • 시중 들지 않는다. • 안 된다고 할 때를 안다.	• 훌륭한 사회적 관계를 가진다. • 다른 사람의 권리를 존중한다. • 신사적이다.

출처: 김애란, 유경숙, 유혜자, 이병래(2017), p.202 재인용.

(3) 격려: 자신감과 자아존중감 길러주기

격려는 부모-자녀 관계 발전을 위한 중요한 기술이다. 자녀에게 외적 동기를 제공하기보다는 자녀 스스로 긍정적인 행동을 유발할 수 있도록 내적동기를 갖게 해야 한다. 이러한 격려는 자녀의 장점에 초점을 맞추므로 자녀에게 자신감과 자아존중감을 갖게 도와준다.

(4) 의사소통: 반영적 경청

반영적 경청이란 아동의 감정과 생각을 반영하는 개방적인 반응형태이다. 부모는 자녀가 하는 말을 들으며 자녀가 감정적으로 전하는 메시지를 파악하여 그것을 말로 표현해 주어야 한다. 부모들은 자녀가 하는 말을 들으며 “응”, “음”, “그렇구나” 등의 언어적인 반응뿐 아니라 침묵, 인정하는 반응 등의 비언어적 반응도 중요하다.

(5) 의사소통: 대안 찾기, 나-전달법

자녀와의 의사소통이 원활하게 이루어지기 위해서는 반영적 경청뿐 아니라 대안 찾기나 부모의 생각과 느낌을 표현하는 나-전달법을 사용하는 것이 필요하다. 자녀가 말썽을 부리고 부모를 화나게 할 때 부모는 불쾌하게 되는데, 이때 부모가 이성을 잃으면 자녀에게 소리지르거나 모욕을 주고 때로는 매를 들기도 한다. 그러나 표현하지 않고 참으려고 애쓰는 것도 힘들다. 이러한 경우 부모는 고조된 감정을 처리하기 위해 대안 찾기나 나-전달법을 사용할 수 있다. 대안 찾기는 문제 소유자가 자녀일 경우 도움이 되며 단계는 다음과 같다(김애란 외, 2017).

① 자녀의 느낌을 이해하기 위한 반영적 경청 단계

② 브레인스토밍을 통한 대안탐색

③ 여러 가지 대안 중 자녀가 해결책을 찾도록 도움

④ 해결책을 결정할 때 예상되는 결과 논의

⑤ 해결책 결정

⑥ 평가시간을 계획하기 위해 언제 얼마동안 실천할 것인지 결정

문제 소유자가 부모일 경우 부모의 느낌이나 의도가 이해되도록 나-전달법을 사용할 수 있다.

(6) 책임감 훈육방법

자녀를 양육할 때 상과 벌을 통한 방법은 자율성과 책임감을 저해할 수 있다. 이러한 책임감을 기를 수 있는 방법이 자연적 귀결(natural consequence)과 논리적 귀결(logical consequence)이다. 자연적 귀결은 타인의 개입 없이 자연적인 사건을 통해 행동목표를 터득하게 하는 방법이다. 예를 들어, 밥을 먹지 않으면 배가 고프다는 것은 자연적 결과의 경험을 통해 배운다. 자연적 귀결을 사용할 수 없을 때 논리적 귀결을 사용할 수 있는데, 논리적 귀결의 사용은 아동이 사회적 질서로부터 행동목표를 터득하게 되는 것이다. 예를 들어, 아동이 '파란불에 길을 건너는 것이 안전하다'는 것을 논리적 귀결의 경험을 통해 배운다.

(7) 자연적 · 논리적 귀결 활용

자녀에게 어떤 행동을 할 수 있는지 선택권을 주어 그 행동의 대가

를 경험하게 하는 것은 중요하다. 부모가 의사결정과정에 자녀를 참여시킴으로써 선택권을 주고 결과는 논리적 타당성이 있어야 한다. 자녀에게 자신이 선택한 행동의 결과를 경험하게 하는 것이다.

(8) 가족모임

민주적인 관계는 가족구성원이 의사결정 과정에 참여하였을 때 발달할 수 있다. 가족모임은 가족 모두가 동등한 자격으로 의사결정에 참여하는 과정으로 STEP에서는 정규적인 모임을 갖도록 한다. 모임을 통해 가족구성원이 가진 생각과 계획 등을 나눌 수 있다.

(9) 자신감 개발 및 잠재력 발휘

부모는 자녀를 양육하는 동안 자신감을 위축시키고 잠재력을 약화시키는 것을 경계해야 한다. 자녀가 불완전하며 부모 자신도 불완전하다는 것을 수용할 수 있어야 한다. 자신과 자녀가 불완전하다는 사실을 인정하고 수용할 때 자녀의 실수와 자신의 실수를 쉽게 받아들일 수 있다.

2 적극적 부모역할훈련(APT)

적극적인 부모역할훈련(Active Parenting Training: APT)은 팝킨(Popkin)이 1983년에 아들러(Adler)와 드라이커스(Dreikurs), 로저스(Rogers) 이론에 근거

하여 개발한 부모교육 프로그램이다. 이 프로그램은 부모교육을 통해 자녀들에게 민주사회에서 필요한 자질을 키우기 위하여 부모에게 기술과 지식을 제공하고, 자녀와 가족이 있는 잠재력을 개발시키는 방법을 제시하고 있다(홍경자, 1995). 이 프로그램은 부모가 권위를 가지고 자녀를 지도해야 함을 강조하고 있다. 즉, 부모가 자녀를 인격적으로 존중해 주되, 가정의 리더로 부모가 주도권과 권위를 가지고 양육한다는 면에서 한국인의 정서와도 잘 부합된다고 할 수 있다. 부모가 자녀를 반응적으로 대하기보다는 가정에서 적극적인 지도자 역할을 담당하게 되고, 이로써 부모의 권위가 존중되고 자녀를 인격적으로 존중해 주면서 현대사회에 필요한 품성과 용기와 책임감을 길러 주고 문제해결을 위한 대화 기술을 가르쳐 준다.

적극적 부모역할훈련 프로그램의 목표는 자녀들이 급변하는 현대사회에서 잘 적응하도록 필요한 자질을 키우기 위한 기술과 지식을 부모에게 제공함으로써 가족구조를 통하여 인간의 무궁한 잠재력을 개발시키고자 하는 데 있다.

1) APT 프로그램의 구성

APT 프로그램은 개념과 양육기술에 관련된 40가지 상황으로 나누어 2시간씩 6회의 모임을 통해 실시한다. 영상자료, 지도교사를 위한 지침, 안내서와 행동지도서, 소책자, 공고 포스터 등으로 구성되어 있으며, 이 프로그램에서는 다양한 양육 상황을 묘사하고 있는 영상자료가 특징이라 할 수 있다. 영상 자료를 부모들과 함께 시청한 후 부모-자녀 간의 동적인 상호작용의 토론에 부모를 참여하게 한다. APT

는 교육내용보다 이러한 과정에 중점을 둔다. APT에서 다루는 6가지 주제와 소주제는 다음과 같다.

(1) 제1주: 적극적인 부모

제1주차에는 적극적 부모역할을 탐색하고, 지도자 유형으로서 부모 유형, 자녀 선택권 등에 관한 이해에 관한 것으로 이루어진다. APT에서는 가정 내에서 부모가 지도자 역할을 해야 하며, 이때 부모의 역할은 자녀 스스로 앞길을 헤쳐 나갈 수 있는 독립적인 인간이 되도록 준비해 주는 것이다. 부모역할로부터 분류되는 부모 유형은 다음과 같다(고인숙 외, 2010; 연미희 · 김진숙, 2009).

표 6-4 적극적 부모역할훈련 주제

적극적인 부모	• 자녀양육방식 • 우리가 키우고자 하는 아이들은? • 한계 내에서의 자유 • 가족을 강화시키기 위한 활동
자녀 이해하기	• 행동의 기본원칙 • 네 가지 잘못된 행동목표 • 부모역할과 분노 • 자아존중감 발전시키기
용기 북돋우기	• 용기를 잃게 하는 행동피하기 • 격려의 네 가지 방법 • 격려의 원 활용활동
책임감 개발하기	• 문제가 되는 사람이 누구인가? • 나-전달법 • 자연적 · 논리적 귀결 • 상호존중

협력을 구하기	• 의사소통 장애 피하기 • 적극적인 의사소통 • 감정 경청하기 • 애정 표현하기
민주적인 가정	• 가족회의 • 집단에서의 부모역할 논의하기 • 가족단위 강조하기 • '우리'의식 함양하기

출처: 정옥분 · 정순화(2019). 부모교육. 서울: 학지사.

① 군주형(autocratic style)

군주형 부모는 흔히 독재자로 표현되는데 자녀들이 무엇을 어떻게 언제 해야 할지를 명령함으로써 자녀를 항상 조정하고자 하는 부모유형이다. 이러한 유형의 부모는 자녀에게 주로 명령하는 역할을 하고 자녀가 이에 복종하면 보상을 그렇지 못하면 벌을 주는 유형이다.

② 허용형(permissive style)

허용형 부모는 자녀의 '심부름꾼' 역할을 하는 유형이다. 이 유형의 부모는 자녀가 하고 싶은 일을 마음껏 할 수 있게 허용하며, 자녀에게 무제한적인 자유를 제공하고, 부모 자신은 자녀의 심부름꾼처럼 행동한다. 이러한 방임적인 부모 밑에 자라는 아동은 안정감이 적고, 소속감이 없으며, 협동하는 법을 모르기 때문에 사회에 적응하기 힘들 수 있다.

③ 민주형(democratic style)

민주형 부모는 APT에서 가장 이상적으로 생각하는 적극적 부모

유형이다. 군주형 부모유형과 허용형 부모유형의 중간 입장을 취하는 유형으로 자녀에게 한계 내에서의 자유를 허용하며 선택의 자유를 제공한다. 가정 내 질서를 존중하지만 자녀에 대한 세심한 관심을 기울여 주는 바람직한 부모 유형이다. 이 유형의 부모는 가족구성원 개개인을 모두 중요한 구성원으로 인정한다.

(2) 제2주: 자녀 이해하기

어떤 상황에 접했을 때 자녀의 잘못된 행동에는 몇 가지 심리적 욕구가 있으며 이는 부정적 접근방법으로 연결되어 행동으로 나타난다고 보고 있다. 부모가 자녀의 그릇된 행동 이면에 욕구나 목표를 충족하기 위한 동기가 숨어 있다는 것을 알지 못하기 때문에, 오히려 문제를 악화시키는 행동을 할 수 있다. 자녀의 목표를 파악한 후에는 자녀가 긍정적인 접근방식을 사용하여 목적을 달성할 수 있도록 도와주어야 한다. 자녀가 부정적인 접근방식을 취했을 때 부모가 느끼는 감정과 부모의 지도에 대한 자녀의 반응을 단서로 자녀의 행동목적을 이해할 수 있다.

(3) 제3주: 용기 북 돋우기

적극적 부모는 효과적인 훈육을 위해 자녀의 행동동기를 이해하여야 한다. 자녀의 행동동기는 4가지 측면과 관련되는데, 이는 사건(자녀의 삶에서 발생한 것), 사고(신념, 태도, 가치관 등), 감정과 행동이다. APT에서는 이를 '생각하기-느끼기-행동하기'라 한다. 어떤 사건에 대해 생각을 바꾸면 감정도 바꿀 수 있고 행동도 변화할 수 있다는 것이다.

(4) 제4주: 책임감 개발하기

책임감이란 행동을 선택하고 그 선택 결과를 수용하는 과정이다. APT에서는 자녀의 책임감을 기르기 위해 부모에게 세 가지 양육기술을 사용하도록 한다. 즉, 부모의 의도를 알리기 위해 자녀에게 정중히 요청하기, 나-전달법을 사용하여 의사소통하기, 자녀가 선택한 행동 결과에 대한 대가를 치르게 하기 위해 논리적 귀결 경험하게 하기가 그것이다. 이러한 양육기술은 부모가 자녀들에게 책임감을 개발하게 하는 데 효과적이다.

(5) 제5주: 협력 구하기

협력이란 두 사람 이상이 공동의 목표를 가지고 함께 일하는 것으로, APT에서는 의사소통을 위한 협력을 강조한다. 부모와 자녀가 협력하여 문제를 해결할 때 더 좋은 해결책을 찾을 수 있으며, 이러한 경험을 통해 자녀는 협력을 더욱 중요하게 생각하게 되며, 부모-자녀 관계는 더욱 돈독해 지고, 가족 전체의 만족이 높아지면 행복을 느끼게 된다.

협력을 기르는 의사소통 기법은 두 단계로 나뉘는데, 먼저 의사소통의 장애요인을 제거하고, 적극적 경청을 통하여 부모-자녀 간의 사랑과 신뢰는 쌓는 것이다.

(6) 제6주: 민주적인 가정

가족에게 문제가 생겼을 때 가족회의를 열어 자녀가 의사결정 과정에 참여할 수 있도록 하여야 한다. 또한 가족 내에서 '우리(we)'라는 의식을 함양하도록 하여 민주적인 가정을 이루도록 노력하여야 한다.

2) 방법 및 전략

APT는 상황이 담긴 비디오 영상을 전문가와 함께 시청하면서 토의한다. 6개의 영상으로 새로운 내용을 소개하면서 양육기술을 관찰할 수 있으며, 부모용 지침서의 과제활동을 실행하면서 새로운 기술을 가정에서 실습한다. 또한 10~12명이 모여 6주간 약 2시간 30분 정도의 시간 동안 다음과 같은 방법으로 진행한다(이원영 외, 2011).

- 부모용 소책자의 내용을 읽는다.
- 부모용 행동지침서의 연습문제를 푼다.
- 지도교사가 토론을 통해 교육내용을 제시해 준다.
- 전문가는 토론이나 비디오 상영을 통하여 내용을 소개한다.
- 비디오는 출연한 가족들이 보여 주는 부모역할의 기술을 관찰한다.
- 비디오와 다른 집단활동을 통해 배운 내용을 실습해 본다.
- 가정으로 돌아가 부모용 지침서에 있는 과제를 기록한다.
- 모임에서, 가정에서 적용한 사례를 '함께 이야기 나누기'하며 피드백과 격려를 받는다.
- 배운 기술을 꾸준히 반복하고 연습하며, 유지·향상시킨다.

3 부모효율성훈련(PET)

부모효율성훈련(Parent Effectiveness Training)은 고든(Gordon)이 부모-자녀 간의 문제를 개선시키기 위해 효과적인 방법과 기술을 부모에게 교육시킴으로써 문제해결에 도움을 주고자 개발한 부모교육 프로그램이다. 우리나라에서 가장 많이 사용되고 있는 대표적인 부모교육 프로그램 중 하나이다. 전문 상담가로 아이들을 상담하던 중 아이들이 가진 대부분의 문제가 그들의 부모 혹은 교사의 태도로부터 시작된다는 것을 발견하였다. 따라서 그는 아이들의 문제를 미연에 방지하기 위한 방법으로 부모역할훈련 프로그램인 PET(Parent Effectiveness Training)와 교사역할훈련 프로그램인 TET(Teacher Effectiveness Training)를 개발하였다.

PET의 목표는 다음과 같다.

- 올바른 대인관계(부모-자녀 관계, 교사-학생관계)에 대한 인식의 형성
- 대인관계의 상태를 파악하고, 그 상태에 적합한 대인관계기술을 습득하도록 함

1) PET의 구성

PET에서는 부모가 배워야 할 의사소통기술을 여러 가지 제시하였지만, 여기에서는 문제의소유자 가려내기와 문제의 소유자에 따른 대처기술(I-message, 반영적 경청, 무승패법)을 중심으로 살펴보고자 한다.

(1) 문제의 소유자 가려내기

PET에서는 문제를 소유한 사람이 누구인가에 따라 부모가 사용하는 의사소통방법이 달라지기 때문에, 먼저 문제의 소유자를 가려내는 것은 무척 중요하다. 첫째, 자녀에게 문제가 있는 경우인데, 부모는 수용할 수 있어 문제가 없지만 자녀가 어려움을 겪으며 괴로워하는 경우이다. 둘째, 자녀의 말이나 행동에 의해 부모가 화가 나고 갈등을 느낀다면, 그것은 부모가 문제를 소유한 것이다. 그리고 부모와 자녀 간에 서로 갈등이 생긴다면 그것은 부모와 자녀 모두가 문제를 소유한 것이다.

표 6-5 문제의 소유자 파악하기

문제의 소유자	예 시
부모	• 자녀가 밥을 잘 먹지 않음 • 자녀가 아침밥을 먹을 때 딴 청을 부려 유치원/어린이집 셔틀버스 시간에 늦음
부모/자녀	• 유치반 연령의 자녀가 저녁에 잘 때 우유를 젖병에 담아달라며 떼를 써서 자녀를 꾸중함
자녀	• 학교에서 선생님께 꾸중 들어 아이가 속상함

(2) 반영적 경청: 자녀가 문제를 소유했을 때의 대처기술

반영적 경청은 문제의 소유자가 자녀일 때 사용하는 의사소통기술이다. 부모는 반영적 경청을 통해 자녀의 문제를 부모가 해결하려는 것이 아니라, 자녀 스스로 해결해 갈 수 있도록 돕는다. 자녀들은 살아가면서 크고 작은 많은 문제들을 만나게 되는데, 모든 문제를 부모가 해결하려는 것은 좋은 방법이 아니며 그럴 수도 없을 것이다. 부모는 자녀 스스로 부딪히고 나아가도록 옆에서 도와줄 뿐이다. 또한 부모가 말을 많이 하는 것 역시 적절한 방법이 아니다. 자녀가 자기의 이야기를 할 수 있도록 해야 한다.

자녀의 말을 경청하는 가장 좋은 방법은 자녀가 말한 내용을 그대로 반응해 주거나, 자녀의 말을 확인하는 종류의 언어적 반응이라 할 수 있다. 이러한 반응은 자녀가 보낸 메시지를 듣고 있다는 소극적 경청과는 차이가 있으며 부모는 이때 자녀가 더 많은 말을 할 수 있도록 반응을 보여야 하며, 말을 끊거나 발언 중간에 끼어들지 않아야 한다. 자녀와의 의사소통에 장애가 되는 표현은 표 6-6과 같다.

표 6-6 의사소통에 장애가 되는 열두 가지 언어 표현

		장애요인이 되는 언어 표현	예
1	명령, 지시, 요구	자녀에게 명령·지시하는 표현법	"말대꾸하면 안 돼", "네 방으로 가거라." "그만 좀 시끄럽게 해라."
2	주의, 위험, 경고	결과를 말함으로써 자녀에게 특정 행동을 중지시키는 표현법	"성적만 나빠봐라. 용돈 없다." "너 그만하지 않으면 맞는다."
3	훈계, 설교	자녀에게 해야 할 일과 하면 안 되는 일을 일일이 알려줌	"여자답게 행동해라", "사람이 이야기하고 있을 때 방해해선 안 돼."
4	강의, 교수, 논리적 논쟁의 전개	사실, 정보, 논리 또는 부모 자신의 의견 등으로 자녀의 판단에 영향을 주려는 표현법	"어렸을 때 열심히 해야만 훌륭한 사람이 될 수 있다", "책은 집어던지라고 있는 게 아니라 읽으라고 있는 거다."
5	충고 해결책 제안	자녀에게 어떤 문제해결을 위한 조언과 제안을 하는 표현법	"숙제를 혼자 할 수 있도록 계획표를 짜지 못하니?"
6	비판, 비난, 판단	자녀에 대한 부정적 판단, 평가를 내리는 표현법	"너는 어려서 모른다." "너는 항상 그 모양이야."
7	해석, 진단, 심리분석	자녀의 행동에 대해서 나름대로 진단하여 분석하고 잘못을 지적하여 전달하는 표현법	"네 노력이 헛될까 봐 두려워하고 있구나."

		장애요인이 되는 언어 표현	예
8	욕설, 조소, 수치감	자녀에게 수치감을 주거나 욕설을 하는 표현법	"말썽꾸러기야." "네가 그런 짓을 하다니 창피한 줄 알아라."
9	칭찬, 부추기기	긍정적인 평가나 판단을 무조건 내리고 동의하는 표현법	"너는 아주 영리하니까 무엇이든지 다 할 수 있어."
10	퇴행 주의돌리기, 화제바꾸기	부모가 문제에서 도피하거나 농담을 하며 문제를 회피하려는 표현, 자녀가 문제를 회피하고 신경 쓰지 않도록 하는 표현법	"그건 있을 수 있는 일이다.", "잊어버리자", "이렇게 말 잘 듣고 조용한 아이들을 가지게 되어 정말 기쁘구나."
11	질문, 탐문, 심문	부모가 자신의 문제를 해결하기 위해 필요한 정보를 자녀에게서 얻으려 하거나 원인, 동기, 이유를 알고자 하는 표현법	"네가 왜 엄마를 싫어하는지 말해 봐." "누가 너에게 그런 짓을 가르쳐 주었니?"
12	격려, 동정, 위로, 지원, 안심시키기	자녀의 기분을 맞추려 애쓰거나, 불쾌한 기분을 풀려고 하거나, 자녀의 감정을 부정하려는 표현법	"염려 마, 잘 될 거야", "별 것 아니야. 누구나 다 그런 경우가 있어."

출처: 김영옥(2007). 부모교육. 경기: 공동체.

(3) 나-전달법: 부모가 문제를 소유했을 때의 대처기술

나-전달법(I-message)은 부모가 자녀와 의사소통하는 기술로서 자녀의 행동에 대해 부모가 솔직하게 자신의 감정을 표현하는 기법이다. 즉, 문제의 소유자는 바로 부모 자신이다. 앞서 살펴보았듯이 문제의 소유자가 자녀일 경우에는 반영적 경청의 방법을 사용하지만, 부모에게 문제가 있을 때는 부모 자신의 생각과 감정을 자녀에게 효과적으로 전달하기 위해 나-전달법을 사용한다.

자녀와 이야기하다 보면 "너는 도대체 왜 그러니?", "너는 왜 이렇게 조심성이 없니?", "집에서 쿵쿵 뛰지 말라고 했잖아"라는 식으로 자기 생각을 표현한다. 이 문장의 주체는 '너'로서 자녀를 지칭한다. 부정적인 문장의 주체가 된 자녀는 부모의 말 한마디에 상처받고 죄책감을 가지게 된다. 너-전달법(you-message)은 문제의 주체를 다른 사람으로 넘기기 때문에 말할 때 상처를 주기 쉽다.

① 1단계: 문장 주어를 바꾸어 표현한다

"나는 이해가 잘 안 가", "아얏! 엄마랑 부딪쳤어", "엄마는 아래층 사람에게 피해 주는 게 미안해"하는 식으로 바꿀 수 있다. 앞문장의 주어가 자녀였다면 주어를 말하는 엄마로 바뀌었다. 나-전달법(I-message)은 자신을 주어로 삼아서 이야기하는 것이다.

너-전달법에는 부정적인 지시어나 의미가 많이 포함되지만 나 전달법은 부모를 대화 주체로 두어 자녀에게 '엄마 마음은 이래'라는 식으로 의사를 전달하게 된다. 이렇게 하면 의미가 덜 포함되어 자녀가 편하게 부모 말을 경청하게 되고, 도움을 주고 싶은 생각이 저절로 들어 문제행동을 수정하는 데 저항이나 반발을 덜 수 있다.

② 2단계: 행동보다 행동 결과에 느낌을 표현한다

나-전달법은 세 단계로 이루어진다. 먼저 일어난 사건을 객관적으로 표현하고, 그 다음 부모 느낌을 말하며, 마지막으로 자기 느낌이 왜 생겼는지 결과를 이야기하는 식이다. ① 네가 ~하면(행동) → ② 나는 ~라고 느낀다(행동의 결과 때문에 생긴 부모의 느낌 서술) → ③ 왜냐하면 ~이기 때문이다(결과서술) 방식으로 메시지를 전달하면 자녀도 방어적으로 되지 않고 자기 행동에 책임을 느끼며 변하기 위해 노력한다.

(4) 무승패법

부모-자녀가 문제를 소유했을 때는 반영적 경청방법으로, 부모 자신이 문제를 소유했을 경우에는 나-전달법을 통해 문제를 해결할 수 있지만, 어떤 때는 어느 방법으로도 해결이 어려울 때가 있다. 일반적으로 부모와 자녀 사이에 갈등이 발생하면 대부분의 부모들은 다음의 두 가지 방법을 사용한다.

첫 번째는 부모가 이기고 자녀는 패하는 방법이다(제1의 방법), 부모는 고집피우는 아이를 혼내거나 너-전달법을 사용하여 아이를 부모의 힘으로 누른다. 두 번째, 갈등해결 방법은 부모가 지고 아이가 이기는 방법이다(제2의 방법), 아이의 고집을 부모가 들어주는 것이다. 그러나 무승패법(No Lose Method, Win-Win Method)은 위의 두 방법과 달리 부모와 자녀 모두가 함께 이기는 방법이라 할 수 있다. 따라서 무승패법은 부모-자녀 간에 객관적인 태도로 문제를 토의하면서 해결해 나가는 방법이기 때문에 민주적 방법 또는 제3의 방법이라고도 한다.

무승패법을 사용하기 위해서는 다음과 같은 내용에 주의한다. 첫째, 무승패법은 반영적 경청이나 나-전달법의 기술을 습득한 후에 사용해야 한다. 둘째, 무승패법은 누가 이기고 지는 것이 아니라 두 사람이 서로 조금씩 양보하여 모두가 이기는 방법이다. 따라서 두 사람 모두 감정적인 상처를 받아서는 안 된다. 셋째, 무승패법을 사용하기 위해서는 하나 이상의 해결책을 제시한다. 또한 자녀가 결정된 해결책을 지키지 않았어도 벌보다는 부모의 감정을 그대로 전달하는 나-

전달법을 사용하거나, 부모와 자녀가 다시 합의하여 결정하는 융통성을 가지도록 한다.

지금까지 살펴본 것과 같이 PET는 모호하고 추상적인 가르침이 아니라, 실생활에서 부모들에게 자녀를 대하는 기술과 효율적인 방법을 구체적으로 제공한 부모교육 프로그램이다. 이러한 실용성으로 인해 PET는 전 세계적으로 눈부신 성공을 거두어 세계 40여 개국에서 PET를 실시하고 있다. 아울러 부모교육으로서의 PET에 대한 성공은 교사를 훈련하는 교사효율성훈련(TET)과 청소년을 미래의 멋진 부모, 교사로 훈련하기 위한 청소년효율성훈련(YET) 그리고 기관의 지도자들을 위한 지도자효율성훈련(LET)으로까지 확대·발전하였다.

표 6-7 문제의 소유자에 따른 해결방법

문제의 소유자	해결방법
부모가 문제를 소유	나-전달법 사용
부모/자녀 모두가 문제를 소유	무승패법(Win-Win)
자녀가 문제를 소유	반영적 경청

4 자녀가 경청하도록 이야기하기 프로그램

기노트(Ginott, 1965)는 자녀의 이야기를 잘 경청하고 자녀를 있는 그대로 받아들여 부모-자녀 간의 갈등을 피하고 자녀와의 대화 속에 '감추어진 뜻'을 찾도록 함으로써, 부모들이 치료적인 상담자의 역할을 하도록 하는 것이 부모교육의 목적으로 보았다. 이러한 의미에서 자녀가 경청하는 이야기하기(How to talk so kids will Listen) 프로그램은 기노트(Ginott)의 주도 하에 운영된 부모상담집단에서의 10년간의 경험을 바탕으로 하여, 1980년에 파버와 마즈리쉬(Faber & Mazlish)가 개발한 인본주의 관점의 부모교육 프로그램이라 할 수 있다. 기노트(Ginott)이론에 근거한 이 프로그램은 비교적 실시 비용이 적게 들면서 자료를 잘 활용하고 자녀에 대해 많은 것을 알고자 하는 동기가 강한 중산층 부모에게 적절한 프로그램으로 자세한 내용은 다음과 같다.

1) 자녀가 경청하도록 이야기하는 프로그램 구성

이 프로그램은 부모가 스스로 실시할 수 있도록 개발된 프로그램이다. 자신이 부모로서 참여도 가능하고 원한다면 교육자의 역할도 가능하다. 이 프로그램은 6~12명의 부모들을 한 팀으로 하여 7회기에 걸쳐 가족에서 일어나는 문제들에 대해 이야기하는 것으로 구성된다. 팀의 리더는 존재하나 특별한 훈련을 요구하지는 않는다. 팀의 리더는 지시문을 읽고 녹음을 틀기만 하면 된다. 이 프로그램에 참가하는 사람들은 '자녀가 경청하는 대화하기(1980)'와 '자유로운 부모: 자유로운 아동(Liberated Parents: Liberated children)'(1974)을 기본 서적으로 하여 토론과 역할극에 참여한다.

자녀가 경청하도록 이야기하는 프로그램에서는 부모-자녀 간의 상호작용 촉진을 위해 자녀가 자신의 감정을 표현하도록 도와주기, 협력을 유도하기, 벌에 대한 대안, 자립심 키워주기, 칭찬, 수행하는 역할로부터 자녀를 자유롭게 해주기의 6가지 영역에 대해 다음과 같은 지침을 제시하고 있다.

(1) 자녀의 감정 이해하기

부모-자녀 대화에서 상호존중과 기술은 가장 중요한 부분이다. 그러나 부모들은 자녀의 감정을 이해하는 데 익숙하지 못하다. 부모들은 거부나 동정, 타인의 입장을 옹호하기 등과 같은 방법을 사용함으로써 자녀의 감정을 부정하고 있으며, 이러한 부모의 반응은 자녀로 하여금 자신의 감정을 해결하도록 하지 못한다. 부모는 자녀의 감정을 있는 그대로 수용해 줌으로써 자녀가 자신의 감정을 해결해 나갈 수 있도록 도와줄 수 있다. 자녀가 한 모든 행동을 수용하는 것은 현실적으로 불가능하지만 감정을 수용하는 것은 가능하다. 부모가 자녀의 감정을 수용하는 방식으로 페이버와 메즐리쉬(Faber & Mazlish)는 다음과 같은 지침을 제시하고 있다(정옥분, 정순화, 2019).

첫째, 자녀의 말에 귀를 기울인다.

둘째, 자녀의 감정을 "응", "그래" 등과 같은 하나의 단어로 수긍해 준다.

셋째, "마음이 안 좋은 것 같구나"와 같이 자녀가 느끼는 감정을 언어로 명명해 준다.

넷째, 자녀가 원하는 것을 상상을 통해 만족시켜 줄 수 있다.

(2) 자녀들과 협력하기

부모가 원하는 바와 자녀가 원하는 바가 다르면 갈등이 발생하게 된다. 이러한 갈등상황에서 부모들은 비난이나 저주, 단정해서 말하기 등의 방법으로 협력을 저해하는 부적절한 방법을 사용하게 된다.

이러한 방법은 갈등상황이라는 문제를 해결할 수 없기 때문에 다음과 같은 방법을 통해 자녀들과 협력할 수 있다.

첫째, 자신이 본 것이나 문제점을 표현해 본다.

둘째, 정보를 제공해 준다.

셋째, 한 마디로 말한다.

넷째, 자녀에게 하지 말라는 표현보다 부모가 느끼는 자신의 감정을 말로 표현한다.

다섯째, 쪽지를 사용한다.

(3) 벌에 대한 대안

자녀가 부모를 무시하거나 부모에게 반항할 때 많은 부모들은 벌을 사용한다. 그러나 벌은 부모의 의도와는 달리 증오, 복수심, 죄의식, 무가치함 등의 감정을 유발하며, 아동으로부터 자신의 행동을 직시할 수 있는 능력을 박탈하게 된다. 그러므로 단순히 벌을 주는 것은 비효율적인 방법이며 이에 대한 대안이 필요하다. 벌에 대한 대안으로 이 프로그램에서는 다음과 같은 방식으로 접근할 수 있다.

첫째, 자녀가 부모에게 도움을 줄 수 있는 방법을 말해 준다.

둘째, 인격을 손상시키지 않고 강한 거부의 표현을 한다.

셋째, 당신이 자녀에게 기대하는 바를 말해 준다.

넷째, 자녀가 자신의 행동을 수정할 수 있는 방법을 제시해 준다.

다섯째, 자녀에게 선택권을 부여한다.

여섯째, 행동으로 표현한다.

일곱째, 자녀가 자신의 잘못된 행동결과를 경험하도록 한다.

(4) 자율성 길러주기

자녀가 부모로부터 독립하여 자신의 몫을 다할 수 있도록 도와주는 것은 중요한 부모역할이다. 자녀가 자신의 일을 혼자서 해결하도록 하고 문제가 생겨도 실수를 경험하면서 자녀 스스로 해결책을 찾도록 하는 것이 필요하다.

부모의 지나친 관심은 의존성이 강한 자녀를 만들게 된다. 자녀에게 자립심을 길러주는 것은 상당히 어려운 일이다. 자녀에게 자율성을 길러주기 위한 지침은 다음과 같다.

첫째, 자녀 스스로 선택하게 한다. 자녀로 하여금 스스로 판단하여 결정하는 연습을 충분히 하지 않으면, 자녀는 성인이 되어서도 직업이나 자신의 생활방식, 심지어는 배우자를 선택하는 문제에서도 어려움을 겪게 된다.

둘째, 자녀가 혼자 노력하는 것을 존중해 준다. 자녀가 혼자 애써 노력하는 것을 존중해 주면 자녀는 용기를 내어 혼자 힘으로 일을 끝낼 수 있게 된다.

셋째, 자녀에게 너무 많이 묻지 않는다. 너무 많은 질문은 자녀를 부담스럽게 할 수 있다. 부모와 자녀가 '어디 가니?', '밖에요', '뭐했니?', '아무것도 안 했어요' 등의 대화를 나누는 것은 다 이유가 있다. 무슨 답을 해야 할지 모르거나 대답하기 싫은 질문을 받았을 때, 자녀들은 대답을 피하기 위해 짧게 대답한다.

넷째, 자녀의 질문에 서둘러 대답하지 않는다. 자녀가 질문을 할 때에는 서둘러 이에 대답하기보다는 '그거 참 재미있는 질문이구나. 네 생각은 어떠니?'와 같이 자녀 스스로 답을 찾을 기회를 주는 것이 필요하다.

다섯째, 자녀가 집 밖에서 도움을 구할 수 있도록 한다. 자녀가 전적으로 부모에게 의존할 수 없다는 사실을 알아야 한다. 집 밖에 더 넓은 세상이 있고 그곳에는 원하기만 하면 귀중한 정보와 더 많은 도움을 얻을 수 있다는 것을 알려주는 것이다.

여섯째, 자녀의 희망을 빼앗지 않는다. 살면서 느끼는 기쁨 가운데 하나는 꿈을 꾸고 공상하고 기다리고 계획을 세우는 것이다. 자녀를 실망시키는 것은 인생의 중요한 경험을 뺏는 것이다.

(5) 칭찬하기

칭찬이 효율적인 행동의 동기로 작용한다고 생각되지만 아동에게 생각한다. 그러나 좋은 의도로 한 칭찬도 예기치 않은 반응을 유발할 수 있다. 실제로 칭찬받을 일이 아니라고 생각하는 상황에서 칭찬을 받을 경우 아이들은 칭찬하는 사람을 의심하게 될 수도 있다. 그러므로 이 프로그램에서 효율적인 칭찬을 위해 다음과 같은 지침을 제시하고 있다.

첫째, 자녀의 행동을 평가하기보다 부모가 본 것을 묘사한다.

둘째, 느낀 것을 구체적으로 묘사한다.

셋째, 자녀의 칭찬받을 만한 행동을 한 마디로 표현해 준다.

(6) 자녀들과 역할 연습하기

부모가 자녀의 행동을 부정적으로 표현하게 되면 실제로 자녀는 점차 부모가 표현하는 그러한 역할을 수행하게 된다. 부모가 자녀의 행동을 제한하는 것은 말을 통해서만 이루어지는 것이 아니라 눈빛이나 목소리 등을 통해서도 가능하다. 자녀에게 어떤 아이라는 낙인을 찍거나 자녀의 역할을 고정시키는 것은 아주 단순한 일에서 시작된다. 이 프로그램에서는 다음과 같은 지침을 제시하고 있다.

첫째, 자녀가 자신의 대해 새롭게 생각해 볼 수 있는 기회를 제공한다.

둘째, 자녀가 자신을 다르게 볼 수 있는 상황을 마련한다.

셋째, 자녀로 하여금 자신에 대해 긍정적인 말을 하는 것을 일부러 듣게 한다.

넷째, 자녀가 했으면 하는 행동의 모델이 된다. 정돈을 못하는 아동에게 부모가 정리정돈하는 것을 보여 줌으로써 자녀의 행동을 변화시킬 수 있다.

다섯째, 자녀의 특별한 순간을 기억함으로써 자녀로 하여금 기존의 역할로부터 자녀를 자유롭게 해줄 수 있다.

여섯째, 자녀가 반복해서 과거와 같은 바람직하지 못한 일을 했을 때에는 부모의 느낌이나 기대를 솔직하게 이야기한다.

5 육아종합지원센터 부모교육 프로그램

우리나라 보건복지부에서는 2015년 부모교육 프로그램을 개발하였고 2016년부터 전국적으로 영유아 부모와 양육자를 대상으로 일괄적인 교육과정 콘텐츠를 개발하여 부모교육을 실시하고 있다. 이러한 부모교육에는 클로버 부모교육 프로그램을 포함하여 점차적으로 부모교육과 관련한 여러 연구들을 종합하여 학대 및 양육스트레스 관리로 나아가는 공통부모교육 교육과정을 실시하고 있다.

1) 공통부모교육 프로그램 구성

육아정보센터에서 운영하고 있는 공통부모교육 프로그램은 아이와 함께 성장하기, 아이 마음 헤아리기, 내 마음 토닥이기로 구성되어 시행하고 있으며 아이와 함께 성장하기는 입문, 기본, 심화로 나누어 운영하고 있다.

표 6-8 육아종합지원센터 공통부모교육 교육과정

구 분	내 용		대면(화상)	비대면
아이와 함께 성장하기	입문	클로버(부모 대상)	나, 아이, 가족, 이웃을 주제로 구성	집에서도 놀면서 자란다(온라인 교육 및 놀이지도)
		클로버(부모·자녀 체험)	긍정의 가족, 아름다운 이웃	놀이를 부탁해(놀이자료집과 놀이키트)
	기본	포괄적 양육 정보 안내	육아정책 및 지역서비스 지역 내 육아정보안내	
	심화	가정 내 놀이환경 점검	발달에 적합한 놀이 환경 안전관리 중요성 인식	집에서도 놀면서 자란다(온라인 교육 및 놀이키트)
		부모 양육 태도 점검	놀이참여 태도 점검 긍정적 놀이 행위	보모 자녀 놀이영상 전문가 의견 및 양육 관련 자료 보급

구 분	내 용		대면(화상)	비대면
아이마음 헤아리기	기본	자녀권리존중	자녀권리 인식 정도 자기 점검 다양한 사례중심 양육방법 소개	집에서도 놀면서 자란다(온라인 교육 및 놀이키트)
		아동학대예방	아동학대 사례별 이해 아동학대 예방을 위한 양육방법	
	심화	영유아 발달 이해	자녀의 개별특성 이해 놀이방법, 상호작용 기술	
내 마음 토닥이기	심화	양육 스트레스 관리	양육스트레스 요인 점검 적절한 관리를 통한 양육 지원	

출처: 중앙육아종합지원센터(2021). 2021 육아종합지원센터 공통부모교육 사업운영안내, p.29.

(1) 클로버 부모교육 프로그램

육아종합지원센터에서 실시하고 있는 공통부모교육의 입문단계에서 대표적으로 운영되는 것이 클로버 부모교육이다. 이 프로그램은 부모 및 아이의 강점과 가치를 발견하고 존중받는 아이로 양육할 수 있도록 안내하여 가족과 이웃이 함께 성장할 수 있도록 하는 것에 그 목표를 두고 있다. 클로버 부모교육은 부모를 대상으로 실시하는 교육과 부모와 자녀가 함께 대상으로 참여하여 실시하는 교육으로 나뉜다. 부모를 대상으로 하는 클로버 부모교육은 나, 아이, 가족, 이웃이라는 4가지 주제를 중심으로 이루어지며, 주제별 2회의 교육으로 제시된다. 또한 부모와 자녀가 함께 대상으로 참여하는 교육은 긍정의 가족과 아름다운 이웃을 주제로 이루어지는데 가족 행복제작소 프로그램과 이웃사랑 무대 프로그램으로 각각 시행되고 있으며 12개의 영아를 위한 활동과 20개의 유아를 위한 활동으로 구성되어 있다.

클로버 부모교육은 앞서 소개한 바와 같이 4개의 주제를 2회기로 실시하며 한 회기당 2시간이 소요되며 8회기로 실시되는 프로그램이나 반드시 모든 회기가 실시되는 것은 아니며 선택적으로 이루어 질 수 있다. 부모와 자녀를 대상으로 하는 체험프로그램은 회기당 1시간 30분이 소요된다. 이 교육은 어린이집에서 지역 육아종합지원센터로 신청하면 어린이집으로 전문교육 강사를 파견하여 부모 및 양육자를 대상으로 이루어지며 최근에는 이를 온라인 형태의 교육으로 진행되고 있다.

다음 표는 클로버 부모교육의 4가지 주제에 따른 회기별 활동내용을 제시한 것이다.

표 6-9 클로버 부모교육 주제와 내용

주 제		1회기	2회기
소중한 나		새삼 발견하는 소중한 나의 성격	새삼 발견하는 소중한 나의 가치
	내용특성	성격유형검사를 통해 자신의 성격적 약점과 강점을 알아보고 부모자신의 삶에 대해 생각하고 긍정적 가치 향상에 초점	
	주제개념 1	소중한 나의 성격	소중한 나의 가치
	주제개념 2	나쁜 성격? 좋은 성격?	성격 약점? 성격 강점?
	주제활동 1	내 성격이 싫어요 내 성격이 좋아요	나는 이런 사람이 아니에요 나는 이런 사람이에요
	주제활동 3	나의 간절한 위시트리!	나의 멋진 버킷리스트!
멋진 아이		멋진 아이 골든벨	멋진 아이 유래카
	내용특성	자아존중감 향상을 위한 대화법, 양육 효능감 향상에 초점	
	주제개념 1	아빠 응원이 최고!	엄마 응원이 최고!
	주제개념 2	대화 신호등	대화 CCTV
	주제활동 1	Oh! No 대화 Oh! Yes 대화	위험한 칭찬, 위대한 칭찬
	주제활동 3	경청 지팡이	마음 청진기

주 제		1회기	2회기
긍정의 가족		가족행복 충전소	가족행복 발전소
	내용특성	가족신뢰를 바탕으로 건강한 성장을 위한 교육에 초점, 희망과 격려 메시지	
	주제개념 1	노란 손수건의 사랑	메모지의 사랑
	주제개념 2	클로버 충전카드	클로버 희망카드
	주제활동 1	과자로 만든 우리가족	희망을 펼치는 우리 가족
	주제활동 3	새처럼 날아가리	오뚝이처럼 일어서리
아름다운 이웃		이웃사랑 초대	이웃사랑 등대
	내용특성	이웃과 함께하는 리더십에 초점	
	주제개념 1	10일 동안 학교 가는 얼음길	33톤 전동차를 밀어낸 이웃들
	주제개념 2	따뜻한 이사떡	안타까운 자판기
	주제활동 1	설레는 초대장	간절한 메모장
	주제활동 3	100배 즐거움	100배 고마움

클로버 부모교육 등 어린이집 등의 기관을 통하여 다양한 부모교육을 실시하고 있으나 부모들은 부모교육이 필요하다고 느끼고는 있으나 그 참여율이 낮아(김경미, 2019, 마미정, 박초아, 김동례, 정경진, 2015) 부모들의 적극적인 참여를 높일 수 있는 다양한 방안이 필요하다.

함께 생각해 보기

1. 다음의 상황을 보고 나-전달법으로 말해 보세요.

- 흰색 소파에 볼펜으로 그림을 그리고 있다.
- 친구 집에 놀러 가면서 엄마에게 말하지 않고 저녁시간이 넘어서야 귀가 하였다.

2. 자신이 경험한 자연적 귀결과 논리적 귀결의 예를 들어보시오.

3. APT에서 부모유형 3가지를 제시해 보고 자신의 부모는 어떤 유형인지 토론해 보시오.

4. 문제의 소유자를 연결해 보세요.

a. 부모 •	• 가. 자녀가 밥을 잘 먹지 않음
b. 부모/자녀 •	• 나. 유치반 연령의 자녀가 저녁에 잘 때 우유를 젖병에 담아달라며 떼를 써서 자녀를 꾸중함
c. 자녀 •	• 다. 학교에서 선생님께 꾸중 들어 아이가 속상함

Chapter

07

가족특성에 따른 부모역할

1 한부모가족의 부모역할

1) 한부모가족의 개념

한부모가족이란 일반적으로 18세 이하의 자녀가 부모 중 어느 한쪽의 사망, 이혼, 유기, 별거로 인하여 부모 중 한 사람과 사는 가정을 말한다. 우리나라의 「한부모가족지원법」에 의한 '한부모가족이란 모자가족, 부자가족을 말하는 것으로 이는 "모" 또는 "부" 중 배우자와 사별, 또는 이혼 및 유기된 자, 정신 또는 신체장애로 인하여 장기간 노동 능력을 상실한 배우자를 가진 자, 미혼자(사실혼관계는 제외)로 18세 미만의 자녀(취학 중인 경우에는 22세 미만의 자녀)를 두고 있는 부모가 세대주(세대주가 아니더라도 세대원을 사실상 부양하는 자)인 가족을 말한다. 세대주가 아니더라도 세대원을 실질적으로 부양하는 자를 포함한다는 규정을 볼 때, 현행 「한부모가족지원법」상 한부모가족의 정의는 가족의 구조적 측면과 기능적 측면이 모두 포함된 보다 포괄적인 규정이라고 볼 수 있다.

2) 한부모가족의 실태

통계청(2021)의 자료에 의하면 우리나라 한부모가족의 수는 전체 가구 2,149만 가구 중 153만 가구로 7.1%의 비율을 차지하고 있으며, 실질적으로 한국 사회에서 한부모가족이 더는 특수한 형태의 가족이 아닌 한국 사회의 대표적인 가족형태 중 하나로 자리잡고 있다는 것을 말해 주는 것이다.

표 7-1 한부모가구 비율 (단위: 천 가구, %)

구 분	2018년	2019년	2020년
전체가구	20,500	20,891	21,485
한부모가구	1,539	1,529	1.533
비율(%)	7.5	7.3	7.1

출처: 통계청(2021). e-나라지표.

이러한 변화 가운데 한부모가족을 지원하기 위한 법적 제도로 함께 발전하였다. 1989년 「모자복지법」이 제정된 이래, 2002년에는 「모부자복지법」으로 명칭이 변경되면서 부자가족에 대한 지원이 시작되었으며, 그 후, 2007년에는 「한부모가족지원법」으로 개정되어 모자가족과 부자가족을 한부모가족으로 통합하여 칭하게 되었다.

앞으로 한부모가족 자녀의 발생률은 지속적으로 증가하게 될 것으로 예측되는 가운데 표 7-2에서 제시된 통계청 자료(2021)에 따르면 한부모가족은 2047년 22,303천 가구에 이를 것으로 추정되고 있다. 따라서 한부모가족에 대한 폭넓은 사회적 관심과 정책적 지원은 지속적으로 이루어져야 할 것이다.

표 7-2 장래가구 추계에 의한 연도별 한부모가족 전망 (단위: 천 가구)

구 분	2027년	2037년	2047년
전체가구	21,647	22,599	22,303
한부모가구	2,197	2,212	2,108
비율(%)	10.1	9.78	9.45

출처: 통계청(2021). 장래가구추계: 2027~2047.

3) 한부모가족의 문제점

한부모가족은 한쪽 배우자의 부재로 이러한 가족의 기능을 제대로 수행하기가 힘들고 가족구조의 변화뿐만 아니라 다양하고 복합적인 변화를 가져온다. 따라서 양쪽 부모가 모두 존재하는 가정에 비해 한부모가족은 상대적으로 빈곤과 자녀양육문제, 가사일 처리 등으로 어려움을 겪을 확률이 높으며, 실제로 한부모가족이 경제적 문제와 자녀양육의 문제를 가장 힘들어 하는 문제로 여기고 있다.

(1) 경제적 문제

한부모가족이 겪고 있는 문제 중 가장 심각한 것이 경제적 문제이다. 부자 가구보다는 모자 가구에서 심각할 수 있다. 한부모가족이 겪는 경제적 문제는 한쪽 배우자의 상실로 인한 소득의 감소 문제뿐만 아니라 주택문제 그리고 취업문제 등을 포함한다. 대부분의 한부모가족은 한쪽 배우자의 상실과 함께 소득이 감소하거나 상실된다. 그리고 이러한 소득의 상실이나 감소는 한부모로 하여금 소득과 생계유지를 위해 직업 전선에 나서도록 만든다. 그러나 문제는 이들 저소득 한부모가족이 대부분 저기술, 저학력 등으로 인해 취업할 수 있는 직업이 주로 저소득 영역이라는 점이다.

한부모가족은 대개 양부모가족에 비해 경제적으로나 정서적으로 취약한 가능성이 내포하고 있다. 특히 모자가정을 중심으로 한 빈곤화는 최근 들어 커다란 사회적 문제가 되고 있으며, 고용구조 내 주변적 지위와 이에 따른 저임금이 구조화된 상황 속에서 이혼 시 재산분배상 불리, 육아와 가족구성원에 대한 불안, 사회정책의 미흡은 18

세 미만 자녀를 둔 모자가정의 빈곤을 가속화시키고 있다. 더욱이 전업주부로 재정적으로 남성에게 의존한 여성들은 이혼이나 배우자 사망으로 인하여 경제적 생활의 근거를 잃어버리게 되어 더욱 심각한 빈곤상태에 빠질 가능성이 높다(변화순 외, 2002).

부자가족은 배우자의 부재로 인한 생활상의 변화와 더불어 경제기반의 불안정화, 생활비의 팽창과 가계관리의 저하 등으로 인한 경제적인 문제에 봉착하게 된다. 부자가정의 부가 직장에 나가 있는 동안 어린이집 등에 자녀를 맡김에 따른 양육비의 증가와 그동안 아내가 맡아오던 가계관리를 갑자기 떠맡음으로써 미숙한 가계관리로 인한 생활비의 증가 등으로 인하여 경제적 어려움은 한 층 더 증가되고 있는 실정이다(전재일 외, 1999).

이러한 경제적 빈곤은 부가 자녀양육과 가사일의 양쪽을 다 신경써야 하기 때문에 이를 고려한 직업을 찾다보면 직업선택의 기회가 줄어들고 전직의 가능성도 높아질 수 있어 더 악화되기도 한다.

이처럼 저소득 한부모가족은 한부모의 저소득과 주거문제, 미취업으로 인해 경제적으로 많은 어려움을 겪고 있다. 그러므로 한부모의 저소득 취업영역을 다양한 직업훈련을 통해 전문성을 길러 고소득 취업영역으로의 전환이 필요하고, 영구임대아파트와 모·부자복지시설의 확충으로 주거권을 보장하여 한부모가족이 경제적인 어려움으로부터 벗어나 자립할 수 있는 방안을 다각도로 모색해야 한다.

(2) 가사 및 자녀양육 문제

한부모가족은 경제적 어려움과 더불어 자녀양육의 문제를 가장 어려운 점으로 들고 있다.

전통사회의 대가족제도일 때에는 가사 및 자녀양육에 있어서 가족과 친척들로부터 도움을 받을 수 있었으나, 현대의 핵가족제도에서는 모가 담당했던 가사 및 육아가 타인에게 전이되게 되었다. 특히 자녀의 나이가 어린 한부모가족은 한쪽 부모가 경제를 책임져야 하므로 자녀를 맡겨 둘 곳이 필요하다. 여기서 양육비라는 새로운 가계지출이 발생되기 때문에 한부모가족을 경제적으로 힘들게 하고 있다.

한부모가족은 직장생활과 가사, 자녀양육을 병행해야 하는 과중한 역할을 담당하고 있다. 자녀를 충분히 돌봐주지 못하고 있다는 죄책감 때문에 자녀양육에 있어서 감정적으로 흐르기 쉽고, 일관성을 기대하기 어렵기도 하다. 또한 우리나라의 교육은 가정에서의 어머니 역할을 강조하기 때문에 모자가족의 모가 직장과 자녀교육을 양립하기는 매우 어렵다. 즉, 모의 과중한 역할 수행은 자녀와의 접촉시간 부족으로 나타나다. 자녀 또한 하루에 대부분을 아동보육시설에서 지내거나 혼자 지내게 되므로 자녀는 부의 상실뿐만 아니라 모의 상실이라는 감정을 느끼게 된다. 부자가족의 경우는 우리 사회가 남자 혼자서 아이를 키우기 위한 조건이 마련되어 있지 않기 때문에 혼자서 자녀를 키우기는 매우 힘들다.

저소득 한부모가족이 경험하는 문제 중 가장 어려운 문제는 빈곤과 자녀양육문제라고 앞에서 여러 번 언급하였다. 한부모 대부분이 생계비를 벌기 위해 직업 전선으로 나가기 때문에 남겨진 자녀들은 정서적인 불안을 느낄 가능성이 높다. 또한 자녀가 성장함에 따라 모나 부의 역할모방학습상의 문제를 겪으며, 한부모의 직장생활로 인하여 자녀들에 대한 보호·감독이 소홀해져 자녀들을 유해한 환경에 방치해 두어 신체적·정신적 해를 입히는 결과를 가져올 수 있다(전재일 외, 1999).

(3) 정서적 문제

한부모가정이 된 부모는 우울과 분노, 가족과 역할의 상실, 자녀에 대한 죄의식, 전배우자에 대한 애착 및 애증을 경험하면서 심리·정서적으로 어려움을 겪는다. 이런 어려움은 다른 가족에게 부정적인 영향을 미칠 수 있다.

(4) 사회적 관계망의 축소

배우자가 있었을 때 연결되었던 친인척과의 관계가 소원해지거나 단절되면서 사회적 지지를 받을 수 있는 관계망이 축소되게 된다. 또한 한부모에 대한 부정적 시선 때문에 예전보다 덜 적극적으로 사회활동에 참여하게 되면서 더 어려움을 겪게 된다.

4) 한부모가족의 부모역할

(1) 심리적 안정

부모나 자녀 모두에게 갑작스런 가족구조의 변화에 따른 심리적 스트레스는 지나치게 감정적으로 반응하게 할 수 있다. 가능한 한 빠른 시간에 일상을 회복하고 적응적인 생활로 돌아오도록 노력해야 한다. 바뀐 자신의 역할과 입장을 수용하면서 자녀와 긍정적인 관계를 유지할 수 있도록 노력이 필요하다. 자녀를 양육하는 부모의 정서적 혼란이 길어질수록 부모역할은 혼돈되고 이것이 자녀에게 부정적인 결과로 이어지기 때문이다.

(2) 양육태도의 점검

어떤 이유이든 한부모로 자녀를 양육할 때 부모는 자녀에 대해 때로는 귀찮고 때로는 불쌍한 양가감정을 경험하게 된다. 이것은 양육태도에 반영되어 지나치게 강압적인 방법을 사용하거나 반대로 지나치게 허용적인 태도를 보일 수 있다. 자녀에게 긍정적인 언어를 사용하고 일관된 태도의 상호작용은 자녀에게 안정감을 줄 수 있다.

(3) 자신을 위한 시간 마련

한부모가족의 부모는 심리적인 불안감과 함께 경제적인 문제를 알게 된다. 살아가면서 만나게 되는 여러 가지 문제를 의논할 상대가 없기 때문에 겪는 심리적 불안감이 커질 수밖에 없다. 또한 경제적인 책임과 자녀양육을 동시에 책임져야 하기 때문에 양부모가 있는 가정보다 부모의 역할과 책임이 배로 늘어나게 된다.

혼자서 이 모든 일들을 감당하려면 많은 어려움이 있다. 이때 자신만을 위한 시간을 갖는 것이 부모와 자녀모두에게 바람직하다. 주변 사람들과 다른 지원체계를 활용하여 아이들을 맡기고 건강한 동호회나 모임에 참여하기를 나누는 등 자신의 시간을 갖는 것은 건강한 생활을 위해 필요하다.

5) 한부모가족을 위한 지원방안

한부모가족, 특히 모자가족이 경험하는 가장 심각한 문제가 경제적인 문제인데 이로 인해 자녀양육에서도 혼란을 경험한다. 그러므로 모자가족의 경제적인 문제를 지원하기 위한 여러 가지 대책마련과 어린이집 확충 그리고 보육비 지원을 위한 제도적인 뒷받침이 필요하다. 여성가족부와 대한법률구조공단이 한부모가족의 양육비와 친자확인 소송을 무료로 지원하기로 한 것도 이러한 취지의 일환이다. 한부모가족을 '결손가정', '안 완전한 가족'으로 받아들이는 것은 사회적 편견과 선입견을 조장할 수 있으므로 이에 대한 인식의 전환이 필요하다. 이러한 부정적인 인식을 차단하고 긍정적인 측면을 강조하기 위해 이미 아론(Ahron, 1994)은 '한부모가족'이라는 용어 대신 '두 개의 핵가족'이라는 용어를 사용하였다(이선애 외, 2015).

우리나라도 종전에 사용하던 편부모라는 용어가 결손이나 결핍을 상징한다는 이유에서 한부모라는 용어로 대치된 것도 이러한 인식의 전환을 보여 준다. 한부모에서 '한'은 하나, 즉 하나로서 온전하다는 의미로 한 명의 부모가 두 명의 부모역할을 모두 수행할 수 있다는 의미이다. 그러므로 이러한 용어에 부합되는 인식의 전환이 필요하다. 사회적 인식, 차별개선, 신체적, 정신적 건강을 강화할 수 있는 지원 등이 뒷받침되어야 한다.

2 재혼가족의 부모역할

1) 재혼가족의 개념

재혼가족은 자녀의 유무에 관계없이 한쪽 또는 양쪽 부모가 재혼함으로써 이루어진 가정이다. 최근 이혼율이 증가하면서 자연스럽게 재혼 또한 증가하고 있다. 재혼가정은 자녀 없이 재혼하는 경우, 한사람 또는 양쪽 모두 자녀가 있는 상황에서의 재혼 등으로 그 형태가 다양하게 존재하고 있다. 이는 초혼가족에 비해 많은 노력을 해야 함을 시사하며, 또한 가족기능 회복을 목적으로 해야 한다.

2) 재혼가족의 실태

2021년 통계청에서 발표한 자료에 의하면 2020년 혼인은 213,502건이며, 전체 결혼 수에 대한 재혼의 비율은 이혼 후 재혼은 94%, 사별 후 재혼은 5.94%~6.26%를 차지하였다. 우리나라에서 이혼으로 형성된 한부모가족의 증가는 재혼가족의 증가로 이어진다.

2021년 통계청에서 발표한 우리나라 혼인 형태별 통계에 의하면 전체 결혼 수에서 재혼하는 인원은 38,064명으로 여자 재혼 수는 25,190명이고, 남자 재혼 수는 12,874명으로 여성의 재혼이 더 많음을 알 수 있다. 평균 재혼 연령은 2000년 여성 37.45세, 남성 42.05세에서 2014년 이후 여성 43.00세, 남성 47.14세로 점차 높아지는 경향이 보인다. 이것은 2010년 이후에는 남녀 모두 40세를 넘긴 나이로 평균 재혼 연령이 형성되어 있음을 나타내고 있다.

표 7-3 연도별 재혼 건수

	2018	2019	2020
전체 결혼 건수	257,622	239,159	213,502
재혼 건수	46,747	44,500	38,064
사별 후 재혼 건수	2,882	2,644	2,384
이혼 후 재혼 건수	43,865	41,856	35,680

출처: 통계청(2021). 연도별 재혼 건수.

재혼가족은 사별로 인해 형성된 재혼가족과 이혼으로 형성된 재혼가족으로 구분할 수 있다. 그러나 점차 사별보다는 이혼으로 인한 재혼가족이 증가하는 추세이며, 특히 부모역할에 영향을 많이 받는 나이 어린자녀를 둔 재혼가족은 더욱 더 사별보다 이혼으로 형성된 경우가 많기 때문에 대부분의 재혼가족에 대한 연구는 이혼으로 형성된 재혼가족에 초점을 맞추고 있다.

3) 재혼가족의 문제점

외형적으로 재혼가족에는 문제가 많은 것 같지만 꼭 그런 것만은 아니다. 일반적으로 재혼가족이 갖는 어려움을 보면 다음과 같다(김미옥, 천성문, 2014).

첫째, 재혼가정은 초혼가정과 달리 가족형성기부터 이미 가지고 시작하는 것이 많다. 이혼과정을 겪으며 상실감, 외로움, 심리적 고통의 경험과 기억, 아직 미해결된 감정 등이 남아 있을 수 있다. 또한 이전 가정에서 형성된 가족문화, 생활양식 등이 있을 것이며, 이혼 후 재혼할 때까지 한부모 가정 형태로 살면서 경험했던 문제들과 재혼에 대한 사회의 부정적 인식과 편견도 있다.

둘째, 재혼부모는 자신에게 부여된 계부모로서의 역할이 불만스럽고 벗어나고 싶을 때가 있을 것이다. 가족 간의 갈등으로 인해 자신의 역할에 긴장감을 느끼며, 자신의 자녀와 계자녀에 대한 불일치한 감정으로 죄책감이나 정서적 고통을 받을 수도 있다.

셋째, 재혼가정은 계부모의 역할과 경계가 명확하지 않아 혼란스러울 수 있다. 즉, 자녀교육에 있어 어느 정도 엄하게 또는 허용적으로 행동해야 하는지와 이로 인해 역할긴장과 양육스트레스를 받을 수도 있다.

넷째, 재혼가정에서는 혈연으로 연결되지 않는 구성원들이 한 가족으로 살게 되면서 이들 간의 '성적 긴장'으로 어려움을 겪기도 한다.

다섯째, 재혼모는 새로운 자녀와 정서적으로 친밀하지 않은 상황에서 자녀와 되도록 빠른 시간 내에 애착, 유대관계를 형성해야 한다는 사회적 압력을 남성에 비하여 더욱 심하게 느끼게 된다. 재혼가정을 이루자마자 양육책임자로서 어머니의 역할을 일상에서 수행해야 하는 것에 어려움을 느낀다.

4) 재혼가족의 지원방안

한부모가족과 마찬가지로 재혼가족에서도 부모의 양육태도는 변화시키는 것이 가능한 유동적인 요인이며, 동시에 자녀의 적응에 가장 큰 영향을 미치는 요인이다. 그러므로 사회적인 차원의 지원과 아울러 부모역할에 대한 지원이 필요하다.

(1) 부모역할의 지침

- 자녀가 이전 관계에서의 슬픔을 극복하고 새로운 관계를 구축할 수 있도록 충분한 시간을 주도록 한다.
- 자기 자신과 다른 가족구성원에 대해 잘 파악하도록 한다.
- 가족들이 새로운 가족에서 자신의 위치를 찾을 수 있도록 도와준다.
- 현재 배우자의 전 배우자와 협력관계와 동시에 일정한 간격을 유지하도록 한다.
- 가능한 한 새 집으로 이사하거나 살던 집을 수리하여 새로운 배우자와 자녀들이 자신의 영역을 새롭게 형성할 기회를 제공한다.
- 가족들이 공동으로 의사결정을 하도록 하고 상대방의 의사를 존중하고 수용해 준다.
- 발달수준에 맞추어 자녀를 의사결정에 포함시킨다.
- 유언이나 자녀양육과 같은 새로운 결혼에 수반되는 법적인 의무를 받아들인다.
- 계자녀에게 사랑을 기대하기보다 상호 간에 예의를 지키도록 한다.
- 친부와 자녀와의 유대감을 존중해 준다.

(2) 사회적 지원

사회적 지지는 자녀뿐만 아니라 재혼부부의 결혼 만족도와도 관련이 있다(Coleman & Gannong, 1991). 조부모나 교사, 이웃의 지원자가 되어 재혼가정 자녀의 적응에 긍정적인 영향을 미칠 뿐만 아니라 재혼부부로 하여금 스트레스가 많은 가족 상황에 잘 대처할 수 있도록 도움을 준다.

지금까지 우리나라 재혼가족에서 가장 문제가 되었던 것은 자녀의 성(姓)과 관련된 문제였다. 자녀가 아버지의 성을 그대로 따르게 되어 자녀의 성이 의붓아버지의 성과 달라 자녀의 적응에 어렵게 만드는 대표적인 요인으로 인식되었다. 2008년에 시행된 호주제 폐지를 주요 골자로 하는 개정된 「가족법」에서 이러한 문제가 해결되었다. 그러나 자녀의 성이 바뀜으로써 자녀가 경험할 수 있는 정체성의 문제는 궁극적으로 해결되지 못하고 있다. 성이 문제가 되는 근본적인 원인은 사회적 인식에서 비롯된다. 계부모가족의 자녀뿐만 아니라 부모도 자신이 계부모라는 사실을 공공연하게 밝히는 것을 꺼리는 것도 이러한 이유 때문이다. 따라서 도움이 필요한 상황에서 실제로 도움을 받지 못하게 되며, 결과적으로 문제를 더 키우는 결과를 초래한다. 근본적인 해결책은 사회적 인식의 변화이다. 이러한 인식의 전환을 촉구하고 계부모가족의 긍정적인 측면을 강조하고자 올슨과 드프레인(Olson & Defrain, 2003)은 '재혼가족'이라는 용어 대신 '재구성된 가족'이라는 용어를 사용해야 한다고 하였다.

3 다문화가정의 부모역할

1) 다문화가정의 개념

다문화가정은 부모 중 어느 한쪽 이상이 외국인 부모인 가정을 말한다. 한국인 남성과 결혼한 이주 여성 가정, 한국인 여성과 결혼한 이주 남성 가정, 노동이나 유학 등을 목적으로 이주한 외국인 가정 등을 말한다.

우리나라는 현재 '외국인 100만 명 시대'를 맞고 있다고 한다. 1990년대 이후로 꾸준히 국제결혼이 이어지면서 2021년 통계자료에 의하면 체류 외국인 수는 203만 6,075명이 되었다. 현대사회는 전 세계가 국제화, 세계화라는 거대한 조류를 형성하고 다문화 시대를 추구하고 있고, 우리나라 또한 점차적으로 다문화, 다민족 국가화가 되어 가고 있다.

2) 다문화가정의 실태

통계청(2021)에 의하면 다문화가족의 가장 절실한 문제는 다문화가족에 대한 편견을 없애는 사회적 분위기 조성으로 나타났고 사회적응을 위한 한국어, 문화 교육서비스, 경제적 지원, 직업훈련과 취업, 알선, 그리고 자녀 교육을 위한 특별교육과정 지원의 순으로 나타났다. 이러한 지표는 그들이 우리나라의 사회적 편견은 부정적 자아개념을 형성하는 데 영향을 주기도 한다. 국제결혼이 주로 이루어지는 지역이 농촌임을 감안할 때 이들의 경제적 지원과 취업 제도 지원이 필요한 상황이다.

우리나라 전체의 다문화가족 형성의 주 원인인 외국인과의 혼인은(15,341건) 전년대비 8,302건으로 35.1% 감소하였으며, 이는 전체 혼인 중 외국인과의 혼인 비중은 7.2%로 전년보다 2.7% 감소하였다.

출처: 통계청(2021). 국제결혼 현황.

그림 7-1 국제결혼 현황

3) 다문화가정의 문제점

다문화가족의 가정에서는 양육에 필요한 보육과 교육 기회에서 소외되어 있는 경우가 많아 자녀의 성장발달에 부정적인 영향을 미치고 있다. 다문화가정에서도 자녀양육과 교육문제는 주로 여성이 담당한다. 미취학 자녀의 양육은 주로 이민자 본인이나 배우자 혹은 기타 가족이 직접 담당하고 있으며, 다른 방식으로는 어린이집이나 유치원 등을 이용한다. 맞벌이부부의 비율이 높은 관계로 미취학 혹은 취학의 자녀들이 혼자 집에서 지내는 경우가 많다. 아이를 양육기관에 보내려고 해도, 보육비용이 너무 많이 들어서 쉽게 감행하지 못한다.

최근 국제결혼의 급증에 따라 결혼이민자가족의 사회문화적 적응과 가족의 안정성 강화, 사회통합 지원이 사회적 문제로 부상하고 있다. 의사소통의 어려움, 문화적 차이, 가족 간의 갈등, 차별대우, 상호적 지원체계의 부족 등 복합적 요인으로 인해 외국인 배우자 중에는 극심하게 적응의 어려움을 겪는 사람들이 적지 않으며, 이러한 현상은 가정폭력으로까지 연결되기도 한다.

4) 다문화가정의 지원방안

다문화가족의 가정은 양육에 필요한 보육과 교육 기회에서 소외되어 있는 경우가 많아 자녀의 성장발달에 부정적인 영향을 미치고 있다. 다문화가족의 가정에서도 자녀양육과 교육문제는 주로 여성이 담당한다. 미취학 자녀의 양육은 주로 이민자 본인이나 배우자 혹은 기타 가족이 직접 담당하고 있으며, 한편으로는 어린이집이나 유치원 등을 이용한다.

한국어 교육은 물론 문화, 양육, 가족상담 등 다양한 방법의 지원서비스를 활용해야 할 것이다. 특히 취학 전 아동의 경우 기본학습능력 발달을 지원하기 위해 대학생과 연계한 멘토링 서비스도 진행되고 있다. 또한 지방자치단체에서 운영하는 다양한 프로그램에 참여하여 부모로서의 역할을 충실히 하고 자녀의 자아정체감과 긍정적인 자아개념이 형성되도록 세상에는 다양한 문화의 인종이 있으며, 자신 역시 그중의 하나라는 것을 인식하고 받아들일 수 있어야 한다. 또한 적절한 언어능력과 사회적 기술의 습득은 양육의 필수적인 일이기 때문에 복지서비스를 활용하여 여러 가지 심리적 문제와 행동적인 문제를 가져오는 원인이 되어서는 안 된다.

최근에는 다문화가족지원센터에서 이들을 대상으로 다양한 서비스를 제공하고 있으며, 정부는 「다문화가족지원법」(2008)을 통해 개인의 상황에 따라 최저생계비와 의료서비스의 지원 등을 제공하여 이들 가족이 건강한 가족으로 자리매김하는 데 많은 기여를 하고 있다(한국가족상담교육연구소, 2010). 이러한 지원과 함께 다문화가정의 자녀들을 받아들이는 사회적 분위기 조성이 필요하며 적극적인 지원정책이 필요하다. 다문화가족의 취약한 부모자녀관계를 지원하고, 다문화가족 자녀의 학업수행 등 교육지원방안도 마련되어야 할 것이다.

4 맞벌이가정의 부모역할

1) 맞벌이가정 개념

맞벌이가정이란 결혼한 부부가 모두 직업 활동을 하는 가정을 말한다. 산업화 초기에 빈곤계층의 가정에서 경제적 이유 때문에 시작된 기호여성의 취업은 여성의 교육수준 향상과 자아실현 욕구의 증가, 가족계획으로 인한 자녀양육기간의 단축, 가정기기의 발달로 인한 가사노동의 간편화 등으로 인해 그 비율이 증가하고 있다. 여성취업자는 2010년부터 매년 증가해 왔으면 맞벌이 가구 역시 증가세를 보이고 있다. 맞벌이 가정이라 하더라도 예전에는 다른 가족들이 자녀를 양육해 주는 것이 우리나라의 문화였으나 핵가족화로 인하여 대리양육자의 부재, 자녀돌봄시간의 부족 등 여러 가지 이유로 자녀양육의 어려움을 겪고 있는 것이 현실이다.

2) 맞벌이가정의 실태

우리나라 여성의 경제활동 참가율은 1980년대 이후로 꾸준히 증가하는 추세에 있으며, 2021년 전체 경제활동 참가율은 52.5%로 나타났다(통계청, 2021). 또한 30~50대 부부의 경우 절반가량이 맞벌이를 하고 있는 것으로 나타났다. 맞벌이 가구 수는 2014년부터 2016년까지 매년 증가하다 2017년 고용 상황악화로 소폭 감소하기도 했었지만, 2018년부터 다시 증가세를 회복하였다.

통계청(2021)의 사회통계조사 보고서에 따르면, 2021년 전체 가구

중 52.5%가 맞벌이 가구이며, 연령별로는 가구주가 40대인 경우 맞벌이 가구의 비중이 67.6%로 가장 높은 것으로 나타났다.

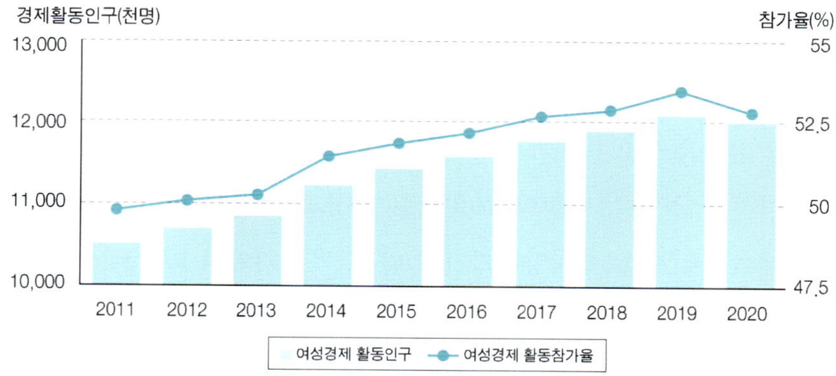

출처: 통계청(2021). 경제활동인구조사.

그림 7-2 여성경제활동인구 및 참가율

맞벌이부모들에게 일반적으로 나타나는 특징을 살펴보면 다음과 같다.

첫째, 자녀양육에 죄책감과 좌절감을 경험한다. 시대가 변하고 남녀의 역할구분이 없어졌다고는 하지만 아직까지 우리나라 사회는 자녀양육의 일차적인 책임이 어머니에게 있다고 생각하고 맞벌이 여성에게도 어머니로서의 역할을 해 줄 것을 기대한다. 하지만 전업주부에 비해 투자할 수 있는 시간과 여력의 한계로 좌절감을 느끼거나 죄책감을 갖기 쉽다.

둘째, 가정과 직장을 양립하면서 스트레스를 경험한다. 취업모들은 자신의 업무 일정을 계획할 때 직업적 선택보다 가족생활의 유지에 더 중점을 두는 경향이 있다. 하지만 직장일로 양육에 문제가 발생하거나 반대로 육아 때문에 직장일에 문제가 발생할 때 극심한 스트레스를 경험할 수 있다.

셋째, 과중한 가사노동으로 인한 어려움을 경험한다. 여성에 비해 남성들은 결혼 후 가사부담에 대한 책임감을 적게 느끼는 것이 현실이다. 여성들은 퇴근 후 담당해야 하는 가사부담으로 가정 내에서도 휴식을 취하거나 여가시간을 갖기가 쉽지 않고 나아가서 결혼생활에 대한 회의를 느끼기도 한다.

넷째, 대리양육자에 대한 불안감을 경험한다. 대리양육자가 영유아 양육에 대하여 어떤 소양을 갖추고 있는지 여부를 확신하지 못하는 상태에서 대리양육자에게 자녀를 맡겨야 하는 경우 부모로서 불안감을 느낄 수밖에 없다.

3) 맞벌이가정의 문제점

맞벌이가족의 문제점은 자녀양육의 문제가 가장 큰 쟁점으로 떠오른다. 그 중에서 어린 자녀를 둔 맞벌이가족은 적절한 대리 양육자를 구하는 문제에서 많은 어려움을 겪는다. 오늘날 대부분이 핵가족이므로 시부모나 친정부모와의 거주지가 멀어 조부모와 같은 대리양육자에게 자녀를 맡긴다는 것이 현실적으로 쉽지는 않다. 또한 베이비시터와 같은 대리양육자에게 맡기기도 하지만 아직은 불신과 경제적 부담으로 인해 선택이 쉽지 않은 상황이다. 여성이 취업할 경우 이를 대치할 양육자의 부재가 가장 큰 문제로 대두된다.

육아지원서비스로 0세 자녀는 조부모가 주 양육자인 경우가 59%로 가장 많았고, 1~4세 자녀는 어린이집에 맡기고, 5세 자녀는 유치원에 보내는 사례가 많았다. 어린이집, 유치원에 보내지 않고 개인양육서비스를 이용하는 이유로는 '기관 이용 후 돌볼 사람이 필요해서'(59.8%)를 가장 많이 꼽았다. '자녀가 어려서 기관에 적응이 어려울까 봐'(36.4%), '원하는 시간에 기관을 이용할 수 없어서'(20.3%)이다(육아정책연구소, 2016).

양육서비스는 민간베이비시터를 제일 많이 이용했으며 이외 친인척, 아이돌보미, 가정보육사, 유치원 등을 이용했다.

맞벌이부부가 일과 가정을 양립하는 데 느끼는 어려움을 알아보는 설문에서는 표 7-4와 같이 직장일 때문에 가족과의 약속을 지키지 못하거나, 가족행사에 참여하지 못할 때 또는 가족과 함께 하는 시간이 부족하다는 의견이 많았다.

표 7-4 성별과 맞벌이 여부에 따른 일/가정양립의 어려움 (단위: 점)

구 분	성별			맞벌이 여부						
	전체	남성	여성	전체	비맞벌이			맞벌이		
	전체	남성	여성	전체	전체	남성	여성	전체	남성	여성
직장일 때문에 가족과의 약속을 지키지 못한다.	2.45	2.52	2.37	2.48	2.55	2.54	2.59	2.45	2.52	2.36
직장일 때문에 가족행사에 참여하지 못한다.	2.4	2.45	2.33	2.41	2.46	2.45	2.56	2.38	2.44	2.3
직장일을 집에 가지고 가는 경우가 있다.	1.91	1.92	1.9	1.94	1.93	1.96	1.7	1.94	1.93	1.96
직장일이 많아서 가족과 함께 하는 시간이 부족하다.	2.42	2.48	2.33	2.44	2.52	2.52	2.56	2.41	2.46	2.34
직장일로 가족들에게 무관심하다는 불평을 듣는다.	2.1	2.19	1.97	2.15	2.24	2.27	1.99	2.1	2.21	1.96

구 분	성별			맞벌이 여부						
	전체	남성	여성	전체	비맞벌이			맞벌이		
	전체	남성	여성	전체	전체	남성	여성	전체	남성	여성
가사나 자녀양육, 가족원 돌봄 때문에 직장에 지각, 조퇴, 결근을 한다.	1.66	1.66	1.67	1.73	1.7	1.7	1.71	1.74	1.71	1.79
가족적 책임(육아, 가사활동 등) 때문에 상관이나 동료들과 제대로 어울리지 못한다.	1.69	1.69	1.71	1.76	1.72	1.71	1.8	1.78	1.74	1.82
가사, 자녀양육, 가족원 돌봄 때문에 직장생활이나 승진 등에 불이익을 받을까 두려움을 느낀 적이 있다.	1.64	1.63	1.66	1.67	1.64	1.65	1.63	1.68	1.66	1.71
가사, 자녀양육, 가족원 돌봄 때문에 직장에서 불성실하다는 비난을 받아본 적 있다.	1.54	1.56	1.52	1.57	1.54	1.54	1.53	1.58	1.59	1.57
가사, 자녀양육, 가족원 돌봄 때문에 직장에서 업무처리할 시간이 부족하다.	1.58	1.56	1.61	1.61	1.58	1.58	1.56	1.63	1.6	1.67

출처: 통계청. 여성가족부(2015).

사회적으로 여성의 취업에 대한 인식이 상당히 수용적으로 변화하였음에도 불구하고, 아직도 가정에서의 남녀 간의 역할에 관한 전통적인 사고방식은 크게 변하지 않고 있다. 여성이 취업을 한 경우 가정생활 내에서 새로운 역할도구가 생겨야 하나, 아직도 많은 맞벌이 가족에서 취업모들은 직장생활과 가정생활에서의 가중된 이중역할의 부담을 가지고 있다.

자녀양육과 관련된 역할 분담도 문제이다. 통계청의 생활시간조사

재구성/여성가족부(2016) 성평등 보고서에 따르면 우리나라 남성 취업자가 평균 가사에 참여한 시간은 2004년 31분, 2009년 36분, 2015년 42분이다. 이는 여성에 훨씬 못 미친다. 같은 조사에서 우리나라 여성취업자 하루 평균 가사 시간은 2004년 2시간 36분, 2009년 2시간 34분, 2015년 2시간 29분으로 드러났다. 맞벌이가족의 경우 여성이 약 2시간 정도 가사노동을 더 하는 셈이다. 한국여성정책연구원에 따르면 현재 우리나라 사회 가족 분야 성평등 지수는 70.0이다. 국가 성평등 지수 값은 0.0(완전 불평등)부터 100.0(완전 평등)사이에 위치한다. 값이 작을수록 성 차별적 사회라는 뜻이다. 시대가 변하긴 하였지만 아직 차별은 존재한다. 이는 맞벌이가족의 여성들이 겪고 있는 역할 부담의 심각성을 드러내는 통계수치이다.

또한 출산의 문제도 간과할 수 없다. 여성들이 취업했을 경우 원하는 자녀의 수나 출산시기 등이 직업에 의해 영향을 받게 된다. 직업적인 일정에 따라 임신기간을 결정하기도 하고 자녀 수를 제한하기도 한다. 이러한 과정이 가족구성원 모두의 동의하에 이루어진다면 직업생활이 가족생활에 미치는 부정적인 영향을 줄일 수 있을 것이다. 이러한 자녀양육의 문제를 해결하기 위해서 일시적, 또는 장기적 무자녀가족을 선택하기도 하는데, 이는 국가적 차원에서 저출산의 문제를 야기하는 요인이 되기도 한다.

4) 맞벌이가족의 지원방안

맞벌이가족이 급격하게 증가하고 있는 반면에 여성의 출산과 양육 부담을 경감시켜 주기 위한 배려는 아직 미흡한 것이 현실이다. 과거와 달리 맞벌이가족은 이제 현대사회의 가장 보편적인 가족 유형이 되었다. 맞벌이가족의 부모역할과 사회적 지원을 개선하기 위한 내용으로 먼저 부모의 역할의 지침으로 보육시설의 확충이나 제도의 개선과 아울러 가족구성원의 도움은 실질적으로 가장 중요한 양육과 관련된 자원이라고 볼 수 있다. 맞벌이가족의 부모역할로 고려해야 할 내용은 다음과 같다.

첫째, 가정 내의 역할에서 가장 우선적인 것은 자녀양육과 관련된 역할이다. 특히, 자녀가 어릴 경우에는 더욱 중요한데 일차적으로 자녀와의 상호작용 시간을 가장 우선적으로 분배하도록 노력한다.

둘째, 핵가족 내에서 아버지의 역할분담은 자녀의 성장에 가장 중요한 자원이므로 적극적인 아버지의 참여가 필요하다. 맞벌이가족에서 남편이 아내의 직업을 인정하고 집안일을 분담하고 자녀양육에 도움을 주고 정서적 지원을 해 주면 맞벌이가족의 많은 문제가 극복될 수 있다.

셋째, 조부모의 지원도 한 가지 대안이 될 수 있다. 최근 맞벌이가족의 육아문제를 해결하기 위한 방안으로 외형상으로는 핵가족이지만 실제는 확대가족의 성격을 갖는 수정 핵가족이나 수정 확대가족이 점차 증가하고 있다. 그러나 이는 노년의 여유를 박탈하는 문제, 양육비 부담, 교육방법이나 가치관의 차이로 인한 문제점을 야기할 수 있으나, 맞벌이가족의 자녀양육에 긍정적인 영향을 미치는 훌륭한 대안임은 분명하다. 우리나라는 노인부양에서도 아직까지 가족 부양을 우선시 하는 문화이므로 노부모가 개인적인 시간을 갖도록 배려하거나 양육비와 아울러 감사의 표시로 노후나 여가에 사용될 때 재정적 지원을 충분히 하는 것과 같은 방식의 접근이 필요하다.

맞벌이가족의 자녀양육 문제를 해결하기 위해서는 보육시설이나 제도적 뒷받침이 우선적 과제이다. 이를 구체적으로 살펴보면 첫째, 보육시설의 확충 및 다양화를 들 수 있다. 맞벌이가족의 자녀양육 문제를 해결하기 위해서는 보육시설의 양적·질적인 확충이 급선무이다. 직장보육시설이나 영아전담어린이집, 초등학생을 대상으로 방과 후 교실을 더욱 확충하여 초등학교에 입학한 자녀에게도 보육의 혜택을 줄 수 있는 제반여건을 확충하는 것이 필요하다.

둘째, 제도적 보완이나 지원도 절실히 필요한 실정이다. 자녀를 출산한 여성 근로자에게 산전·산후 휴가 보장 및 남성 출산휴가제도 등 활성화가 필요하다. 또한 육아휴직제도는 생후 1년 미만의 자녀를 둔 근로자가 희망하는 경우 자신의 신분, 지위를 상실하지 않고 일단 중단했다가 다시 복직할 수 있도록 보장하는 제도를 말하는데 육아휴직에 대한 인식을 널리 알릴 필요가 있다. 더불어 육아휴직기간 동안의 소득보장을 통해 좀 더 다양한 제도적 보완이 필요하다고 본다.

셋째, 맞벌이부부의 자녀양육을 위한 정책적인 지지가 필요하다. 맞벌이부부가 원하는 시간에 마땅히 이용할 만한 기관이 없는 경우 개인양육서비스를 이용하게 되는데 근본적으로 맞벌이 가구 대상 기관보육의 접근성을 제고하는 노력이 필요하다. 또한, 대리양육자가 이용할 수 있는 아동발달 프로그램, 양육스트레스 완화 프로그램 등을 제공해야 한다.

5 장애아가족의 부모역할

"Welcome to holland!"

-Emily Perl Kinley, (1987)-

나는 장애아를 키우는 경험에 대해 얘기해 달라는 부탁을 자주 받는다.

그런 독특한 경험을 해보지 못한 사람들이 이해할 수 있도록, 즉 어떤 느낌인지 상상하도록 돕기 위해서.... 다음 같은 일과 비슷하다고나 할까?

아기를 가진다는 것은 근사한 휴가여행 계획을 세우는 것과 같다.

이를테면 이탈리아로 말이다. 당신은 여행안내서를 한 꾸러미 사서는 멋진 계획을 짠다.

콜로세움, 미켈란젤로의 다비드상, 베니스의 곤돌라, 유용한 이탈리아어 표현을 몇 마디 배워둘지도 모르겠다. 온통 정말 신나는 일이다.

몇 달간 학수고대한 끝에 드디어 그날이 온다. 당신은 가방을 싸서 출발한다. 몇 시간이 지나자 비행기가 착륙한다. 승무원이 들어오더니 이렇게 말한다.

"네덜란드에 오신 것을 환영합니다."

"네덜란드라고요!!!!"당신은 반문한다. "네덜란드라니, 무슨 말입니까? 나는 이탈리아로 가기로 계약했어요! 이탈리아에 와 있어야 한단 말입니다. 나는 평생 이탈이아로 가는 것을 꿈꾸어 왔어요."

하지만 비행계획에 차질이 생겼던 것이다. 비행기는 네덜란드에 착륙했고, 당신은 그곳에 머물러야 한다.

당신이 알아야 할 중요한 것은 역병과 굶주림, 질병으로 가득하고 끔찍하고 역겹고 지저분한 곳으로 온 것이 아니라는 것이다. 그저 다른 곳일 뿐이다.

그러니 당신은 밖으로 나가서 여행 안내서를 새로 사야 한다. 그리고 전혀 새로운 언어를 배워야 한다. 그리고 지금까지 한 번도 만나본 적 없는 전혀 새로운 부류의 사람들을 만나게 될 것이다.

그저 다른 곳일 뿐이다. 네덜란드는 이탈리아보다 속도도 느리고 덜 화려하다. 그러나 그곳에서 잠시 지낸 후 한숨 돌리고 주위를 돌아보면... 네덜란드에는 풍차도 있고 튤립도 있고 렘브란트의 작품들도 있다.

그러나 당신이 아는 사람들은 모두 이탈리아를 다녀오느라 바쁘고, 그곳에서 얼마나 멋진 시간을 보냈는지 자랑하고 있다. 그러면 당신은 남은 평생을 이렇게 말 할 것이다.

"그래, 나도 그곳에 가려고 했었어. 내가 가려고 했던 곳도 이탈리아였어."

그리고 그 아픔은 결코, 절대로, 언제까지나, 영원히 가시지 않을 것이다. 그런 꿈을 잃은 것은 엄청나게 큰 타격이기 때문이다.

그러나 이탈리아에 가지 못했다는 사실을 애석해 하면서 평생을 보낸다면 당신은 네덜란드의 아주 특별하고 아주 사랑스러운 것들을 마음껏 누리지 못할지도 모른다.

신생아는 한 가지 혹은 그 이상의 장애를 가지고 태어날 수 있다. 그러나 자신의 자녀가 장애가 있으리라고 기대하고 부모가 되는 경우는 거의 없다. 따라서 새로 태어난 아기가 어떤 유형이든지 장애가 있다는 이야기를 들으면 대부분의 부모들은 사실을 믿으려고 하지 않는다. 이러한 부모들은 대개 부정하고 갈등하며 죄의식을 갖고 우울증에 시달리며 분노하는 과정을 겪는다. 이러한 단계를 모두 겪고 나서야 비로소 자신의 자녀가 장애를 가지고 태어났다는 사실을 인정하게 된다(Moses, 1983). 부모가 장애가 있는 자녀를 가지게 되었다는 사실에 반응하고 적응하는 양상은 몇 가지 요인에 의하여 영향을 받는다.

장애 유아를 둔 가족은 그 유아를 양육하기 위하여 보통 유아들보다 훨씬 더 많은 시간과 경제적인 부담을 지게 된다. 유아를 다른 사람에게 맡기기도 어렵고 그 유아를 맡아서 적절히 보살펴줄 사람도 찾기 어렵다. 따라서 부모 모두가 전일제 직업을 갖기가 사실상 불가능한 경우가 많다. 장애 유아를 위한 특수교육의 필요성을 감안할 때 맞벌이를 할 수 없는 상황은 이들 가족의 경제적 부담을 가중시키고 이로 인하여 이들 가족의 스트레스는 급격하게 된다. 여기에서는 장애영유아가정의 특성 및 부모의 역할과 심리적 특성에 따른 부모교육 프로그램 지원에 대해 알아보고자 한다.

1) 장애아가족의 특성

장애아 부모가 자녀의 발달지체로 인한 실망감과 좌절 등의 심리적인 불안정을 겪으며, 장애로 인하여 요구되는 지속적이고 특별한 양육부담과 관련한 어려움에 직면하고 있으며, 우리나라의 실정에 부모교육프로그램이나 교사의 다양한 요구가 오히려 장애아 어머니의 양육스트레스를 가중시킬 수도 있다고 하였다(김희수, 1994). 반면 Tagan Sshor(1993)의 장애아 어머니를 대상으로 한 연구에서는 장애아 어머니의 심리사회적 기능에 영향하는 변인에 대한 연구에서 제공되는 사회적 지지의 수가 많아질수록 부모역할의 안녕감, 만족, 수행능력에 대한 자기 인식이 향상됨을 보고하였고, 남편의 지지와 비형식적 지지가 높을수록 장애아 어머니는 스트레스를 적게 경험한다고 하였다. 그러므로 장애가정에 대한 지원은 일반가정과는 차별적으로 접근해서 장애가정에서 발생할 수 있는 많은 문제점을 해결할 수 있는 프로그램을 개발해야 할 것이다.

2) 장애아부모의 역할과 기능

생애주기적 관점에서 장애자녀를 살펴보면 영유아기, 학령기, 청소년기, 성인기로 구분할 수 있으며, 장애자녀의 생애주기에 따라 부모가 수행하는 주요 역할은 새롭게 요청되고 변화되어 간다. 발달장애자녀의 생애주기에 따른 부모역할 수행의 주요 특성을 살펴보면 표 7-5와 같다.

표 7-5 발달장애자녀의 생애주기별 부모역할

생애주기	주요 부모역할
영유아기 (0~5세)	• 정확한 진단 얻기 • 형제와 친척에게 정보 제공 • 서비스 결정 및 제공 • 장애자녀에서 의미를 찾으려는 노력 • 장애자녀부모로서의 긍정적 기여도 확인하기
초등학교학령기 (6~12세)	• 가족 기능을 수행하기 위해 일정 수립 • 장애의 적용에 대한 정서적인 적응 • 통합에 대한 문제 결정 • IEP(계별화교육계획) 회의 참석 • 지역사회 자원들 탐색 • 과외활동계획 • 전문가들과의 긍정적인 관계 형성 • 가족과 아동에게 적절한 교육관련 정보 모으기 • 아동의 미래에 대한 계획 세우기 • 다른 교수적 전략 이해하기

생애주기	주요 부모역할
청소년기 (13~21세)	• 만성적 장애에 대한 정서적인 적응 • 성(性)적인 문제들에 대한 고려 • 왕따나 또래로부터의 거부 등에 대한 고려 • 장래 직업에 대한 계획 • 여가활동에 대한 계획 • 사춘기로 인한 신체적·정서적 변화에 대한 대처 • 중등교육에 대한 계획 • 학교로부터 성인기의 삶으로의 전이에 대한 계획 • 학령기 이후 선호하는 삶에 대한 계획
성인기 (21세부터)	• 성인기에 희망하는 거주 형태에 대한 계획 • 성인기의 집중적 지원에 대한 정서적 적응 • 가족 이외의 사회화 기회요구에 대한 계획 • 직업 프로그램의 시작 • 가족 의사결정에 따른 성인기 삶의 변화에 대한 적응

출처: 백은령 외(2010). 장애인 가족지원. 학지사.

3) 장애아부모의 심리

장애아의 부모는 자녀의 장애로 인하여 많은 스트레스와 좌절 그리고 위기를 겪게 된다. 따라서 장애아 부모의 심리적인 상처를 가볍게 하고 스트레스 좌절을 극복하여 정신적인 건강을 유지하도록 도와주어야 할 것이다. 장애아 부모의 대표적인 증상은 지속적인 우울증과 무력감이다.

장애아 부모가 바로 이러한 우울증과 무력감의 병리적 상태로부터 탈출하여 자신의 정신적 건강을 유지할 수 있게 될 때 장애아 부모로서의 역할을 제대로 수행하게 되는 것이다.

장애아 부모들이 가지는 부정적 태도를 장애아를 가짐으로써 야기되는 긴장에 대한 반응으로 보고 태도를 설명하면 다음과 같다(Leid,

1971).

첫째, 현실을 거부하는 태도로서 신경증적 상태, 부정과 투사의 방어기제, 그리고 거부 또는 과잉보호와 같은 아동에 대한 부정적 양육 태도를 갖는다.

둘째, 자기곤경의 원인에 대하여 타인에게 비난을 투사함으로써 부모 자신의 행동과 태도의 완전한 책임을 전가시켜서 아동에 대한 건전한 태도 형성을 저해하고 장애아를 자기불완전의 산물로 보아 세상으로부터 숨기려 하여 장애아의 정상적인 사회경험을 막는다.

셋째, 자신이 짊어진 무거운 짐을 노출시켜 장애아에 대한 죄의식을 나타내는 것으로서 이러한 죄의식의 무거운 굴레는 장애아의 보호에 커다란 영향을 준다. 또한 부모는 장애아를 사랑할 수 있기 이전에 열망했던 건강한 아동의 손실에 통곡함으로써, 장애발견과 적응의 기간 동안에 대한 부모의 역할 및 태도의 부정적 관계를 형성하게 된다. 장애아 부모들은 장애아로 인해서 심한 정신적 갈등, 정서의 불안정, 사회에서의 도피, 의욕상실, 인생의 패배의식 등 나아가서 가정문제까지 일으키게 된다.

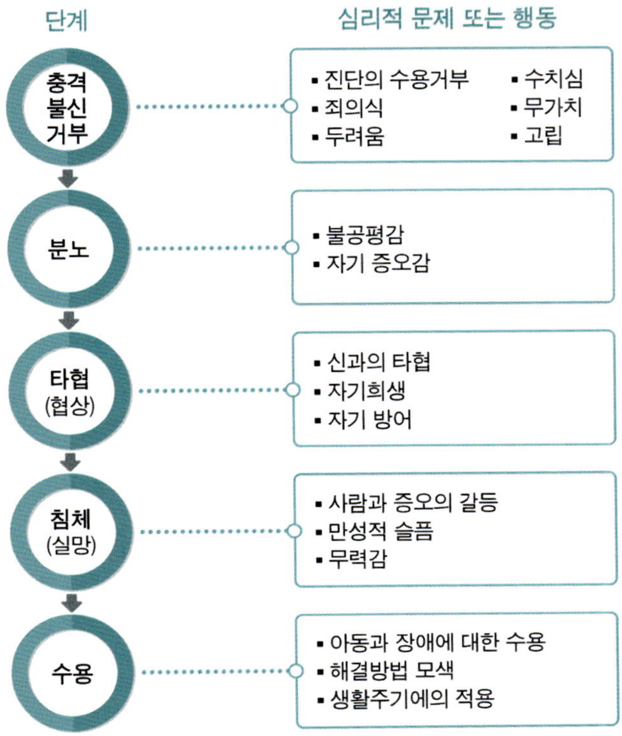

그림 7-3 장애아의 발생에 따른 어머니의 심리적인 반응단계

(1) 제1단계: 충격, 불신, 거부

장애아 발생에 대한 충격과 불신이 지배적이며 진단의 수용 거부가 나타난다. 또한 장애아에 대한 죄책감에 흔히 휘말리며, 특히 어머니는 임신 중의 조치를 후회한다. 그리고 장애아의 출생을 이전의 죄에 대한 벌로 느끼며 유전적 원인을 찾기 위한 가족사의 조사를 하기도 한다. 한편, 장애아의 존재에 대한 수치심을 느끼며 스스로 부가한 고립에 빠져들고 인생에 있어 실패감, 존재의 부적합, 미래에 대한 두려움에 몰입한다.

(2) 제2단계: 분노

장애아의 존재에 대해 더 이상 거부할 수 없게 됨에 따라 분노를 느끼며 분노는 내재화되어 자기증오감을 경험하게 된다. 또한 불공평감에 동반하여 서로 다른 대상, 즉 신, 의사 혹은 간호사에 분노가 투사되기도 한다.

(3) 제3단계: 협상(타협)

신과의 협상과 함께, 자기의 모든 에너지를 장애아와 함께 하는 데 소비하려 하며, 장애아를 위해 자기 자신의 목표 등을 희생하고자 한다. 또한 어머니 자신의 처벌에 대한 잠재의식적 희망을 갖기도 한다.

(4) 제4단계: 침체(실망)

장애에 대한 인식이 나타남에 따라 점차 실망에 빠져 침체되며 장애아에 대해 사랑과 증오의 갈등하는 감성을 노출시키는 데 이러한 침체 분위기는 다른 부모들의 즐거운 순간들을 느낄 때마다 반복된다. 따라서 이러한 반복적인 침체나 슬픔은 장애아 부모에게 있어 만성적 슬픔 현상으로 나타날 수 있다.

(5) 제5단계: 수용

장애아를 가진 부모가 장애아와 그의 장애에 대해 완전히 수용을 하는가는 많은 의문이 제기되지만, 부모는 자신의 감정을 극복할 수 있고, 장애아의 능력과 제한을 이해하는 단계에 이를 수 있다. 즉 미래에 대한 현실적인 기대를 가질 수 있으며, 새로운 문제에 체계적으로 적응할 수 있다. 그러나 침체, 분노, 죄의식, 수치심, 슬픔이 회생할지도 모른다.

그러나 연구자들은 이 적응과정들은 점차적으로 진행되며 부모의 전 생애를 통해 계속되어 간다는 것을 강조하였다. 즉, 대부분 장애아 부모들은 장애아의 각 발달단계에 따른 정상아와의 차이점과 장애아의 한계성을 현실적으로 느껴가면서 초기에 가졌던 슬픔의 과정들을 여러 번 다시 경험하게 될 가능성이 크다고 한다.

함께 생각해 보기

1. 최근 사회변화에 따른 다양한 가족형태가 나타나게 되었는데, 이에 대한 바람직한 부모의 역할특성에 대해 논의해 봅시다.

2. 유아교육기관 현장에서 각 가족형태에 따른 부의 역할과 모의 역할에 대한 부모교육 프로그램을 운영하고자 한다면 어떠한 형태로 진행이 가능한지 생각해 봅시다.

Chapter 08

부모교육의 현장적용

부모교육이 현대사회에서 부모의 역할을 제대로 수행하는 데 도움이 되려면 부모교육을 필요로 하는 대상의 특성과 요구에 맞는 부모교육 프로그램이 실시되어야 한다.

이 장에서는 부모교육 및 부모참여 프로그램의 목적 및 프로그램의 다양한 유형을 살펴보고, 부모교육 프로그램을 계획, 실시, 평가하는 과정에 대해 알아보기로 한다. 또한 부모교육 운영의 실제로서 영유아교육기관에서의 부모교육 프로그램 운영을 제시하고자 한다.

그림 8-1 어린이급식관리지원센터(지역사회)와 협력하여 영양 및 건강교육을 부모교육으로 실시한 프로그램

1 유아교육기관에서 부모참여 프로그램

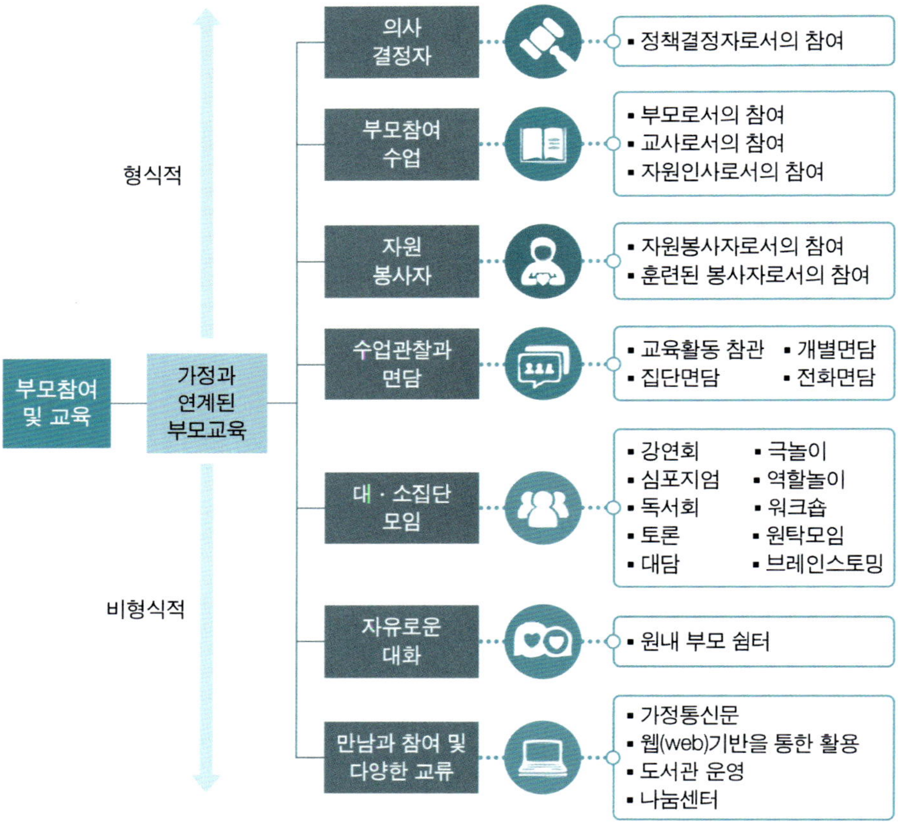

출처: Cataldo(1987), Berger(2004). 이론을 바탕으로 제시한 부모 참여방법(부모교육, 김영옥, 2009).

1) 부모참여 프로그램의 운영목적

영유아교육에서 적극적인 부모의 참여는 반드시 필요하다. 영유아 교육기관이 부모에게 필요한 영유아 발달 및 교육에 관한 전문지식과 기술을 교육하고, 나아가서 보다 적극적으로 영유아교육에 참여할 수 있는 기회를 부모에게 제공하는 일은 성공적인 교육프로그램 운영의 기본이 된다. 영유아교육기관에서의 부모교육은 자녀의 성장발달과 교육에 대하여 올바르게 이해시키고 이에 대한 부모의 역할을 인식하고 증진시켜, 부모들이 효과적인 부모역할을 하도록 돕는 데 그 목적이 있다. 또한 가족과 영유아교육기관이 영유아의 양육과 교육에서의 공통점과 차이점을 이해하고 상호 존중할 때 영유아는 안정감을 느끼고 부모는 기관과 교사를 더욱 신뢰하게 된다. 따라서 영유아교육기관에서는 시설을 개방하고, 영유아의 생활에 대해 부모와 의견을 교환하며, 부모 간 교류, 부모교육과 부모참여의 기회를 제공하는 것은 매우 중요한 일이다.

2) 부모참여 프로그램 운영의 어려움

맞벌이 가정이 증가하면서 부모-교사 회의 또는 여러 교육활동에 부모의 참여를 기대하는 것은 현실적으로 상당한 어려움이 따른다. 영·유아기나 학령기 자녀를 둔 부모의 직장에서 부모들이 자녀의 교육기관 활동이나 부모회의에 참여할 수 있도록 시간을 배려하는 제도(Connors & Epstein, 1995)의 마련 및 정착이 중요하다. 사회적으로 일-가정 양립에 대한 지원제도가 없다면, 부모교육 및 부모참여의 중요성과 필요성이 아무리 강조된다 하여도 현실적으로 이루어지기 어렵다. 부모역할을 보다 효과적으로 하도록 교육이나 훈련을 통해 도와주는 부모교육과 가정과의 협력을 통하여 영유아의 최적의 성장, 발달을 이끌고자 하는 부모참여 활동에는 현실적으로 많은 어려움이 있다. 현실적으로 부모들의 자원봉사는 보편화되지 않은 경우가 많고, 부모회의나 부모교육의 참여도가 낮은 경우도 많다.

부모 참여 프로그램에 참여하기 힘든 사례

- 맞벌이 부모들로서, 시간적인 문제로 부모교육 프로그램에 참여할 수 없거나, 전업주부라 하더라도 여러 가지 일로 시간적 여유를 가지기 어려워 부모교육 프로그램 참여를 어려워한다.
- 부모교육이나 참여 프로그램이 부모의 흥미와 요구, 시설의 목적이나 필요, 지역사회의 실정 등을 충분히 반영하지 못한 경우 부모들의 부모교육 프로그램 참여에 대한 동기가 떨어진다.
- 부모가 부모교육이나 부모회 등 부모참여 프로그램에서 단지 듣기만 하는 소극적이고 일방적인 형태로 진행되는 부모교육 프로그램에 만족감을 느끼지 못하기 때문이다.
- 교육은 교육기관과 교사의 책임이고 가정이나 부모의 책임이 아니라는 전통적인 관념 때문에, 부모 또는 교사가 부모참여에 대해 부정적인 생각을 가지는 경우다.
- 부모와 교사 모두가 서로 의사소통하는 것에 대해 부정적인 느낌을 가질 수가 있다. 부모는 교사와 면담을 하는 것이 자녀에게 문제가 있기 때문인가 하고 걱정할 수가 있고, 교사 역시 부모가 의견제시나 요구를 하면 방어적인 자세가 되는 경우이다.

이러한 어려움은 부모의 요구와 필요성을 바탕으로 한 현실적인 부모교육 및 참여프로그램을 계획하고자 하는 노력과 교사들에게도 역시 부모교육 및 참여의 중요성을 일깨우는 노력이 필요하다.

제2111-22호	청 운 소 식	원 훈
	11월 가정통신문	꿈과 끼를 키우는 행복한 교육
경북 경주시 구매택지 2길 15 / 교무실 ☎745-6262 / http://cafe.naver.com/chungwooni		

안녕하십니까?

온 세상을 아름답게 물들이던 단풍도 서서히 낙엽이 되어가며 가을의 낭만을 즐길 수 있는 시간이 얼마 남지 않았습니다. 아이와 함께 '바스락바스락' 낙엽 소리도 들어보고, 떨어진 낙엽을 주워 책 사이에 끼워 두고 다음 해에 꺼내어 보는 추억 하나 만드는 건 어떨까요? 사람들의 달라진 옷차림, 코끝이 아리게 불어오는 찬바람, 문을 열면 시원하게 들어오는 차가운 공기까지 계절로 인해 생활 속 변화된 모습에 대해 아이들과 이야기 나눠보세요. 11월에는 아이들과 계절의 변화를 감상하며 소중한 추억을 만드시기 바랍니다. 감사합니다.

▩ 공지사항 ▩

* **보육료 및 차량비 (25,000)** 결제일은 11월 15일(월) ~ 11월 19일(금)까지입니다.
* 매월 둘째 주는 열린 어린이집 주간입니다.
* 매월 마지막 월요일은 원내소방훈련 및 지진대피 훈련이 있습니다.

1. 11월은 가을 소풍이 있습니다.
   * 접촉을 최소화하기 위하여 반별로 일정을 나누어 소풍을 진행합니다.
   * 일정은 반별로 추후 안내해 드리겠습니다.
2. 11월 생일 파티는 생일날 각 반에서 진행합니다.
   * 11월 생일: 김정민, 황경록
   생일을 진심으로 축하합니다.

※올바른 방법으로 마스크를 버려요※

코로나19로 인한 생활 속 가장 큰 변화는 '마스크 착용 문화'입니다. 하지만 마스크를 무심코 버리는 행동으로 인해 환경과 생태계가 오염되고 있습니다 특히, 마스크 줄이 야생동물들의 발이나 날개에 뒤얽 켜 생태계 파괴에 주된 원인이 된다고 합니다. 올바르게 마스크를 버리는 방법은 마스크 귀걸이를 자르고 마스크의 오염된 부분이 안으로 가게 하여 두 번 접은 후, 소독제를 뿌려 종량제 봉투에 버리는 것입니다. 마스크를 버리는 방법에 대해 아이들과 함께 이야기 나누고, 마스크를 바르게 버리는 습관을 길러 환경과 생태계가 보존될 수 있도록 해주세요.

▩ 지난달 행사보고 ▩

♧ 숲 체험 - 황성공원 ♧

RE - BORN 재활용! 어디까지 해봤니?
가족과 함께 환경 보호를 알아보는 시간이었습니다.
함께 참여하지 못한 부모님은 다음 기회에 꼭 참여해 주세요.

그림 8-2 가정통신문 – 프로그램에 참여하지 못한 가정에서도 정보를 얻을 수 있도록 가정통신문 등을 통해 결과를 안내하고 참여를 독려하도록 안내하는 것이 필요하다.

3) 부모참여 프로그램의 실제

표 8-1 부모참여 프로그램 예시(일상적/정기적)

2021년 부모참여 프로그램 연간계획안

일상적 개방 프로그램	월	날짜	정 기 프 로 그 램	
▶ 매월 둘째주는 열린어린이집 주간 • 재능기부 • 수업참관 • 수업보조 • 일일교사 • 급식보조 ▶ 나들이 및 견학지원 ▶ 자원봉사 및 도우미 • 어린이집청소	3	3/29 ~ 4/2	• 1차 부모면담	• 1학기 부모 면담 • 신입원아 적응 상담
			• 1차 부모운영위원회	
	4	4/20	• 부모참여프로그램	• 거북이 마라톤 • 봄소풍
	5		• 1차 부모교육	
		5/4	• 부모참여프로그램	• 어린이날
		5/24	• 1차 지역사회 협력 - 불국 119 안전센터	• 합동 소방 훈련
	6	6/7~6/11	• 치료실 참관	
		6/14	• 단오 알아보기	
			• 1차 자체 부모 모니터링	
		6/25	• 부모참여프로그램	• 충혼탑
			• 2차 부모운영위원회	
	7		• 시원한 물놀이	
	8	8/13	• 포항 교통랜드 견학	
		8/20	• 부모참여프로그램	• 역할놀이
		8/26~8/27	• 경북 유아 통합 캠프	
		8/30~9/3	• 2차 부모면담	
	9		• 2차 부모교육	
		9/16~9/17	• 부모참여프로그램	• 추석 맞이 한복 패션쇼
	10	10/8	• 2차 지역사회 협력 - 한국수력원자력	• 리본행사
			• 3차 부모운영위원회	
			• 2차 자체 부모 모니터링	
	11	11/5	• 가을 소풍	
	12	12/2~12/3	• 졸업여행	
		12/24	• 3차지역사회 협력 - 한국수력원자력	• 사랑의 산타 • 작은 발표회
		12/27~12/31	• 겨울 자율 등하원 기간	•
	1	1/27~1/28	• 부모참여프로그램	• 전통놀이 한마당
	2		• 4차 부모 운영위원회	
		2/18	• 졸업식	
		2/21	• 수료식	
		2/22~2/28	• 신학기 준비 기간	
		2/26	• 신학기 오리엔테이션	

사회복지법인 청운어린이집

출처: 청운어린이집. 「2021년 부모참여프로그램」.

(1) 정기 부모참여 프로그램

① 부모면담

부모면담은 교사와 부모의 가장 적극적인 의사소통이라고 할 수 있다. 대화를 통해 교사는 유아의 가정환경을 알 수 있고 부모는 기관에서의 유아의 모습들을 이해할 수 있다. 특히 유아가 문제행동을 보일 때 교사와 부모의 의사소통은 필수적이라고 할 수 있다. 영유아교육기관에서의 부모면담은 유아가 문제행동을 보일 때뿐만 아니라 유아를 좀 더 잘 이해하고 보다 나은 교육을 하기 위해 모든 학부모를 대상으로 계획된다. 대부분 학기 초에 면담을 계획하는데 이는 초기에 교사와 부모가 긍정적인 관계를 형성하기 위해서이다.

학기별 정기면담의 절차는 다음과 같다.

그림 8-3 정기면담의 절차

그런데 대면면담은 실제적으로 자주 이루어지기 어려운 방법으로 학기 초를 제외하고는 가정의 상황을 고려하여 전화상담이 유용할 수 있다. 전화상담은 교사와 부모가 전화로 유아의 생활과 교육에 대한 의견을 교환하는 활동을 말한다. 전화상담은 부모가 직업을 가지고 있을 경우나 시간과 여유가 없는 경우에는 부모나 교사 서로에게 편리한 부모교육의 한 유형이다. 전화상담은 필요에 따라 수시로 교사나 부모에 의해 이루어진다.

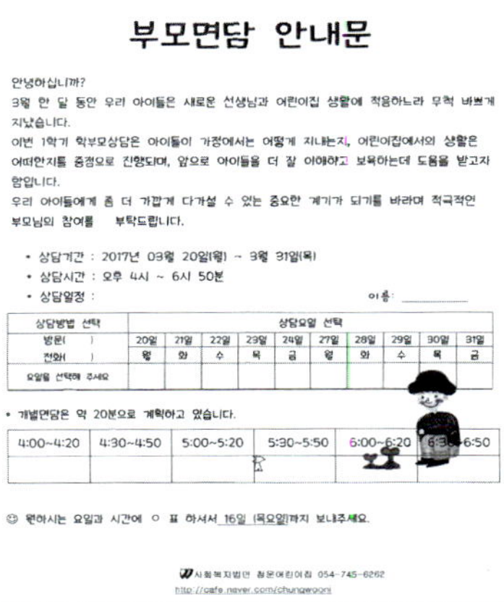

부모면담 안내문

안녕하십니까?

3월 한 달 동안 우리 아이들은 새로운 선생님과 어린이집 생활에 적응하느라 무척 바쁘게 지났습니다.

이번 1학기 학부모상담은 아이들이 가정에서는 어떻게 지내는지, 어린이집에서의 생활은 어떠한지를 중점으로 진행되며, 앞으로 아이들을 더 잘 이해하고 보육하는데 도움을 받고자 함입니다.

우리 아이들에게 좀 더 가깝게 다가설 수 있는 중요한 계기가 되기를 바라며 적극적인 부모님의 참여를 부탁드립니다.

- 상담기간 : 2017년 03월 20일(월) ~ 3월 31일(목)
- 상담시간 : 오후 4시 ~ 6시 50분
- 상담일정 :

이름: ________

상담방법 선택	상담요일 선택									
방문(　)	20일	21일	22일	23일	24일	27일	28일	29일	30일	31일
전화(　)	월	화	수	목	금	월	화	수	목	금
요일을 선택해 주세요										

- 개별면담은 약 20분으로 계획하고 있습니다.

4:00~4:20	4:30~4:50	5:00~5:20	5:30~5:50	6:00~6:20	6:30~6:50

☺ 원하시는 요일과 시간에 ○ 표 하셔서 16일 (목요일)까지 보내주세요.

사회복지법인 청운어린이집 054-745-6262
http://cafe.naver.com/chungwooni

부모면담 안내문

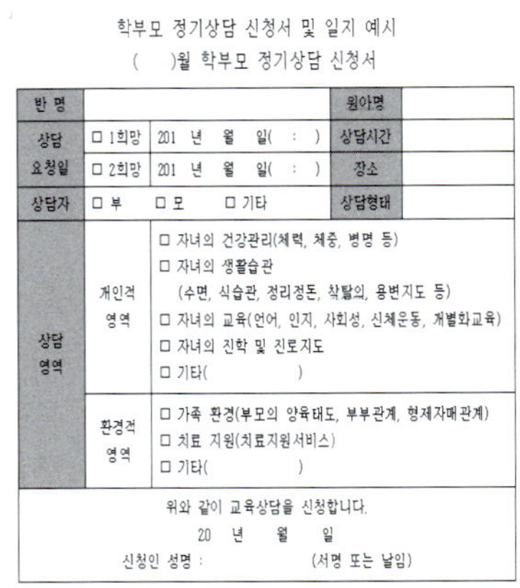

학부모 정기상담 신청서 및 일지 예시

(　　)월 학부모 정기상담 신청서

반 명			원아명	
상담 요청일	□ 1희망	201　년　월　일(　:　)	상담시간	
	□ 2희망	201　년　월　일(　:　)	장소	
상담자	□ 부　□ 모　□ 기타		상담형태	
상담 영역	개인적 영역	□ 자녀의 건강관리(체력, 체중, 병명 등) □ 자녀의 생활습관 (수면, 식습관, 정리정돈, 착탈의, 용변지도 등) □ 자녀의 교육(언어, 인지, 사회성, 신체운동, 개별화교육) □ 자녀의 진학 및 진로지도 □ 기타(　　　)		
	환경적 영역	□ 가족 환경(부모의 양육태도, 부부관계, 형제자매관계) □ 치료 지원(치료지원서비스) □ 기타(　　　)		

위와 같이 교육상담을 신청합니다.

20　년　월　일

신청인 성명 :　　　　(서명 또는 날인)

부모면담 신청서

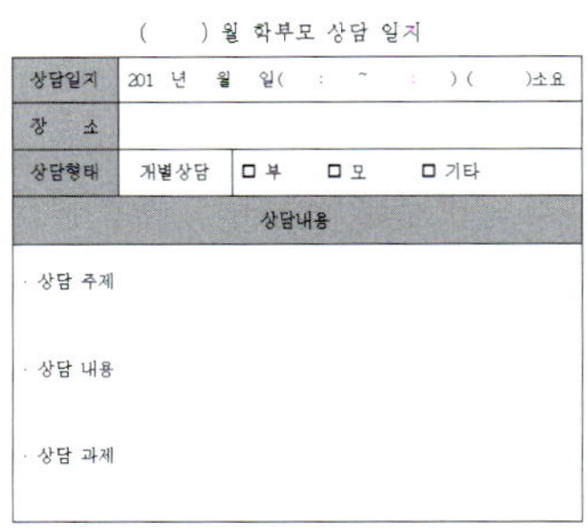

(　　) 월 학부모 상담 일지

상담일자	201　년　월　일(　:　~　:　) (　)소요			
장　소				
상담형태	개별상담	□ 부	□ 모	□ 기타
상담내용				

· 상담 주제

· 상담 내용

· 상담 과제

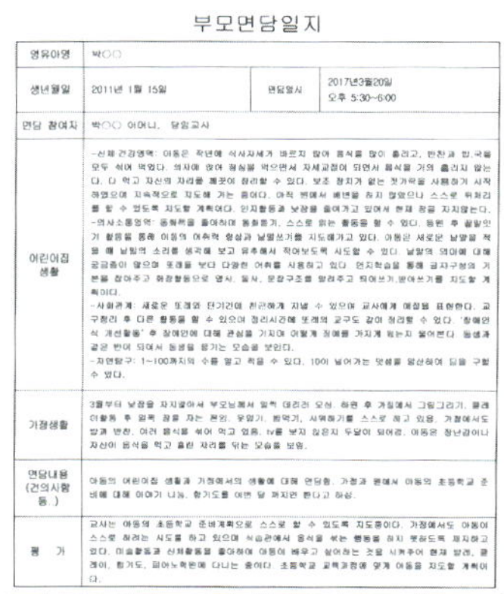

부모면담일지

영유아명	박○○		
생년월일	2011년 1월 15일	면담일시	2017년3월20일 오후 5:30~6:00
면담 참여자	박○○ 어머니, 담임교사		
어린이집 생활	[illegible]		
가정생활	[illegible]		
면담내용 (건의사항 등)	[illegible]		
평　가	[illegible]		

부모면담(상담) 일지

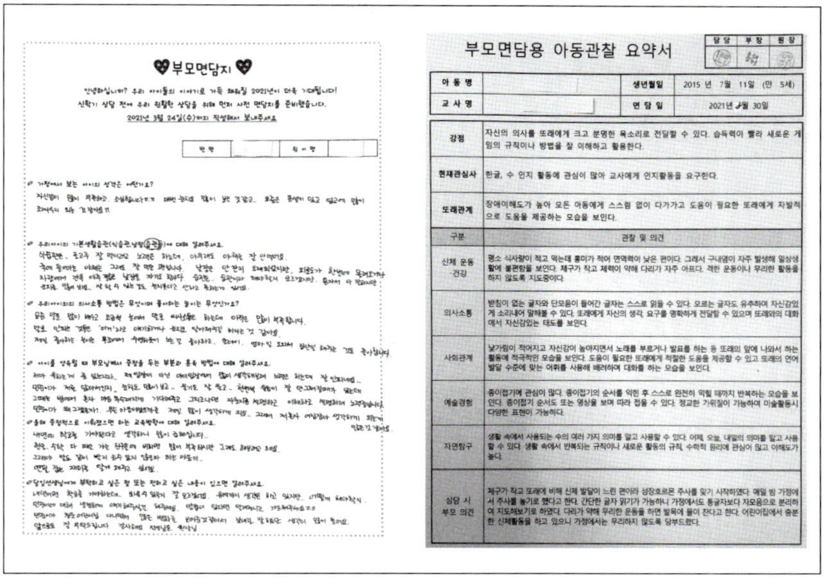

아 동 명		생년월일	2015 년 7월 11일 (만 5세)
교 사 명		면 담 일	2021년 [illegible]월 30일

강점	자신의 의사를 또래에게 크고 분명한 목소리로 전달할 수 있다. 습득력이 빨라 새로운 게임의 규칙이나 방법을 잘 이해하고 활용한다.
현재관심사	한글, 수 인지 활동에 관심이 많아 교사에게 인지활동을 요구한다.
또래관계	장애이해도가 높아 모든 아동에게 스스럼 없이 다가가고 도움이 필요한 또래에게 자발적으로 도움을 제공하는 모습을 보인다.
구분	관찰 및 의견
신체 운동 -건강	평소 식사량이 적고 먹는데 흥미가 적어 면역력이 낮은 편이다. 그래서 구내염이 자주 발생해 일상생활에 불편함을 보인다. 체구가 작고 체력이 약해 다리가 자주 아프다. 격한 운동이나 무리한 활동을 하지 않도록 지도중이다.
의사소통	받침이 없는 글자와 단모음이 들어간 글자는 스스로 읽을 수 있다. 모르는 글자도 유추하여 자신감있게 소리내어 말해볼 수 있다. 또래에게 자신의 생각, 요구를 명확하게 전달할 수 있으며 또래와의 대화에서 자신감있는 태도를 보인다.
사회관계	낯가림이 적어지고 자신감이 높아지면서 노래를 부르거나 발표를 하는 등 또래의 앞에 나와서 하는 활동에 적극적인 모습을 보인다. 도움이 필요한 또래에게 적절한 도움을 제공할 수 있고 또래의 언어 발달 수준에 맞는 어휘를 사용해 배려하여 대화를 하는 모습을 보인다.
예술경험	종이접기에 관심이 많다. 종이접기의 순서를 익힌 후 스스로 완전히 익힐 때까지 반복하는 모습을 보인다. 종이접기 순서도 또는 영상을 보며 따라 접을 수 있다. 정교한 가위질이 가능하여 미술활동시 다양한 표현이 가능하다.
자연탐구	생활 속에서 사용되는 수의 여러 가지 의미를 알고 사용할 수 있다. 어제, 오늘, 내일의 의미를 알고 사용할 수 있다. 생활 속에서 반복되는 규칙이나 새로운 활동의 규칙, 수학적 원리에 관심이 많고 이해도가 높다.
상담 시 부모 의견	체구가 작고 또래에 비해 신체 발달이 느린 편이라 성장호르몬 주사를 맞기 시작하였다. 매일 밤 가정에서 주사를 놓기로 했다고 한다. 간단한 글자 읽기가 가능하니 가정에서도 통글자보다 자모음으로 분리하여 지도해보기로 하였다. 다리가 약해 무리한 운동을 하면 발목에 물이 찬다고 한다. 어린이집에서 충분한 신체활동을 하고 있으니 가정에서는 무리하지 않도록 당부드렸다.

그림 8-4 부모면담관련 서류

부모상담 전 부모의 관심사와 상담에 대한 사전 면담지를 제공하여 부모상담시간을 효율적으로 사용할 수 있다.

② 운영위원회/부모회

부모회는 유아교육기관 내 원아의 부모들이 정기적으로 혹은 비정기적으로 갖는 집단모임으로, 부모를 교육시키고 시설의 활동에 부모를 참여시키는 효과적인 방법 중 하나다. 부모회는 정보나 지식을 제공하고, 부모들에게 집단의식 및 소속감을 갖도록 하는 계기를 만든다. 또한 부모로서 부모역할에 대하여 정확하게 인식하도록 함으로써, 부모교육에 대한 욕구를 자극하고 이를 충족시킬 수도 있다. 또한 시설에서의 교육과 가정에서의 교육이 일관성 있게 연계되도록 한다. 원장은 한 달에 1회 혹은 두 달에 1회 정도 정기적인 부모회를 계획할 수 있으며, 필요시에 비정기적인 부모회를 소집할 수 있다. 때로는 부모의 요청에 따라 자체적으로 부모회가 계획되기도 한다.

어린이집의 운영위원회는 보육시설 운영의 자율성과 투명성을 제고하고 지역사회와의 연계를 강화하여 지역 실정과 특성에 맞는 보육이 가능하도록 어린이집 내에 부모, 원장, 교사, 지역사회인사로 구성된 어린이집운영위원회를 설치하도록 법적으로 규정되어 있다(「영유아보육법」 제25조, 시행령 제21조의2, 시행규칙 제26조, 분기별 1회 이상 실시).

◆ **어린이집 운영위원회가 심의할 내용** ◆

- 보육시설 운영규정의 제정 또는 개정에 관한 사항
- 보육시설 예산 및 결산의 보고에 관한 사항
- 영유아의 건강 · 영양 · 안전에 관한 사항
- 보육시간 · 보육과정의 운영방법 등 보육시설의 운영에 관한 사항
- 그 밖에 보육시설 운영에 대한 제안 및 건의사항

〈운영위원회 회의 구성절차〉

운영위원회 개최 공고	➡	운영위원회 개최	➡	위원장 선출	➡	안건협의	➡	운영위원회 회의결과 공지
▪ 원장이 운영위원의 안건 취합		▪ 가정통신문, 게시판, 홈페이지 공고		▪ 최초 실시되는 운영위원회에서 선출 ▪ 교직원이 아닌 위원 중에서 호선		▪ 취합된 안건 합의		▪ 회의 내용 및 결과공지: 회의록을 가정통신문, 게시판, 홈페이지에 게시

출처: 어린이집 이해와 운영위원회 참여(2015), p.28.

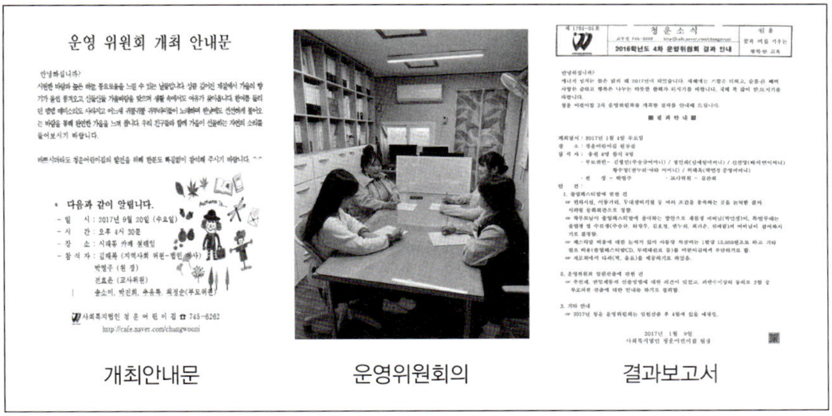

그림 8-5 어린이집 운영위원회

③ 참여수업

참여수업은 자녀와 함께 유아교육기관의 생활을 직접 경험해 보는 활동이다. 부모들은 이러한 경험의 공유를 통하여 교육프로그램을 이해하고 자녀의 생활을 새로운 시각에서 이해하는 기회를 가질 수 있다. 근래에는 가족구조의 변화에 따라 부모의 여건이나 프로그램의 특성에 따라 어머니참여수업, 아버지참여수업, 할머니·할아버지 참여수업 중에서 필요한 활동을 선택하여 계획한다.

그러나 참여프로그램은 행사 중에는 유독 '어머니/아버지/할머니/할아버지 OOO'로 참가 대상을 규정한 경우가 많다. 현대에는 가족구조가 복잡해지고, 직장의 근무 시간도 다양해진 만큼 과거와 같이 참석 대상을 '어머니'나 '아버지'로 제한한다면 행사에 참여할 수 없는 아이는 상처를 받게 되고, 결국 행사의 본래 취지를 살리지 못할 수 있어 피해야 한다. 아이들이 가족의 참여에 민감해하기 때문이다. 물론 행사의 성격에 따라 참석 대상이 제한되는 경우도 있겠지만, 적어도 몇몇 행사에서는 참석 제한을 없애 모두 참석할 기회를 제공해야 한다.

참여프로그램은 수업진행 중 가정과 다른 상황에서 자녀의 행동을 객관적으로 살펴보고 그 차이를 발견하여 또래집단에서의 자녀의 발달 정도와 개인차를 인식하고 이해하는 데 도움을 준다. 교사의 지도방법을 배워 가정에서도 일관된 방법으로 지도할 수 있는 방식으로 참관 및 부모교육의 2가지 목적을 두고 진행할 수 있다.

직접 영유아와 함께 참여하여 활동하는 참여수업의 형태로 진행할 것을 권장하여 유아교육기관에서는 전반적으로 참관수업에서 참여수업의 형태로 운영되고 있다. 이때 유아교육기관의 운영형태나 원에 궁금한 사항들을 상담하고 부모교육을 할 수 있는 기회가 된다.

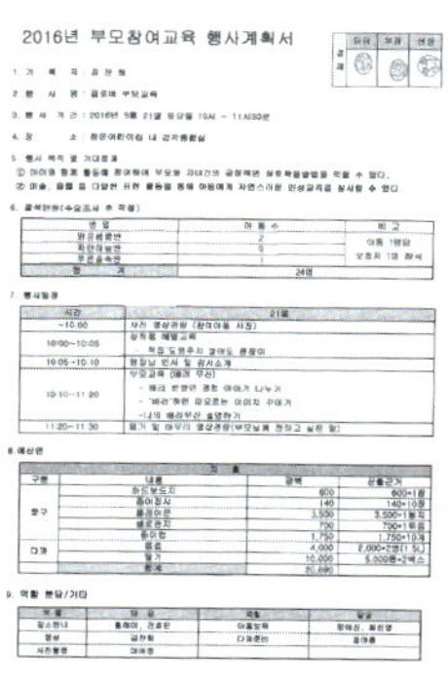
참여안내문

부모참여수업

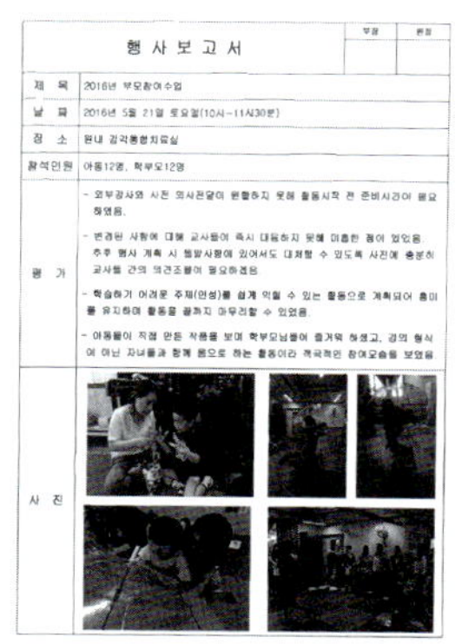
결과평가서

그림 8-6 어린이집 참여수업

(2) 일상적(상시) 부모참여 프로그램

① 부모 자원봉사

부모가 교육기관에 도움을 주기 위해서 교재·교구를 제작해 주거나 보조교사로 일하고 교육기관의 프로그램에 협조하는 것은 부모와 교사 모두에게 아이의 발달을 위한 공통적인 목적 달성에 기여하는 효과적인 활동이기 때문에 부모역할 수행에서는 물론이고 부모-교사와의 파트너십 구현에도 긍정적인 결과를 도출할 수 있다.

부모 자원봉사는 수업보조나 행사도우미에 그치지 않고 부모의 전문지식과 재능을 활용한 활동을 아동에게 제공함으로써 부모자신의 역할과 능력을 새롭게 확인하고 양육에 대한 자신감을 느낄 수 있다.

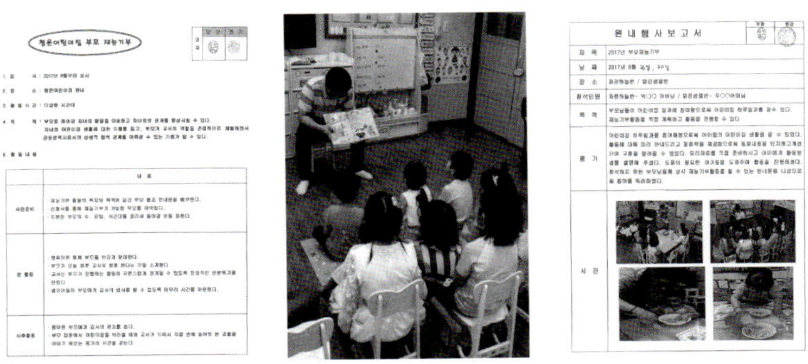

참여계획서 재능기부 참여평가서

그림 8-7 어린이집 부모 자원봉사

② 급식도우미

유아교육기관에서 아이들이 가족과 함께 식사를 한다면 아이들에게 특별한 경험이 될 뿐만 아니라, 참석한 가족들은 교사의 식사 지도 방법을 배울 기회도 된다.

또한 부모의 급식도우미 활동을 통해 교육기관에서의 급·간식에 대한 신뢰도 줄 수 있다.

참여계획서 급식도우미활동 참여평가서

그림 8-8 어린이집 급식도우미

2 유아교육기관에서 부모교육 프로그램

1) 강연회

강연회는 유아교육에 필요한 지식이나 정보를 제공할 목적으로 그 분야의 전문가를 초청하여 강의가 이루어지는 부모교육의 방식이다. 이 방법은 단시간 내에 많은 사람에게 전문적인 내용을 전달할 수 있으므로 영유교육기간에서 가장 활용하기 쉬운 부모교육 방식 중 하나이다. 대체로 학부모가 가장 많이 모일 수 있는 오리엔테이션 당일이나 여름방학이나 겨울방학을 앞둔 시기에 실시한다.

이를 통해, 학부모는 육아 정보 및 영유아의 특성 및 발달, 지도방법에 관한 다양한 정보를 접할 수 있고, 기관에서는 학부모의 유아교육기관에 관한 인식을 높여줄 수 있어 부모가 양육자로서 제 역할을 잘 할 수 있도록 지원해 주며, 이후 영유아들의 생활에서 학부모들의 관심과 협조를 보다 효과적으로 이끌어 낼 수 있다.

(1) 내용

- 영유아교육 관련 내용
  ① 영유아기의 발달 및 전반적인 특성: 인지발달, 사회성 발달, 정서발달, 언어발달, 신체발달, 뇌발달, 연령별 발달 특성 등
  ② 영유아기 특성에 따른 교육: 창의성 교육, 영양교육, 성교육, 부모-자녀 대화법 등
  ③ 구체적인 지도방법: 언어교육, 독서지도, 문자지도, 숫자지도, 신체운동지도, 기본생활지도, 문제행동지도, 식습관지도 등
  ④ 초등학교 입학준비: 이웃 학교나 학부모 중 1학년 담임선생님을 초빙하여 유치원(어린이집)과 초등학교의 차이, 학교 가기 전의 준비, 학교생활 등에 관하여 알아봄

- 가정생활 관련 내용
  ① 가정교육의 중요성과 부모역할
  ② 에너지와 환경교육

③ 소비자 및 경제교육

④ 건강, 영양, 안전교육

(2) 진행절차

① 주제 선정하기: 학부모 요구도 조사 등을 통해 강연회 주제를 선정한다.

② 강사 연락하기: 주제에 맞는 내용을 가장 효과적으로 전달해 줄 강사를 선정하여 연락한다. 대개 1~2개월 전에 미리 연락하여 약속을 정한다.

③ 학부모에게 공지하기: 강연의 주제와 취지, 간단한 강사 소개의 내용으로 학부모에게 안내문을 발송한다.

④ 장소 준비하기: 강연회 장소를 정하고 환경을 구성하며 강사가 강의 시 필요한 기자재 및 시청각 자료를 파악하여 준비하고 차나 다과도 준비한다.

⑤ 강연회 진행하기

- 강사 소개: 강사의 약력 및 현 근무지, 저서 등을 소개한다.
- 강의: 빔프로젝트에 강의 내용을 띄우거나 강의자료를 배부한다.
- 질의응답
- 감사인사 및 종료

⑥ 평가회: 학부모의 반응, 주제의 적절성, 내용 전달, 진행 시 문제점 등을 파악하여 다음 부모교육 운영에 반영한다.

(3) 부모교육 안내문 사례

표 8-2 부모교육 연간계획안 예시

월	교육내용		월	교육내용	
3	새학기	원 적응을 위한 부모교육	9	정서	사과하는 법을 가르쳐요
4	양육	행복을 더하는 아이 양육 팁 4가지	10	양육	우리 아이 공감능력 키워주는 방법
				온라인 교육	MOM대로 놀이 독서 습관 기르기
5	발달	말이 늦은 아이, 언어발달에 문제가 있는 걸까?	11	스마트폰	혹시 우리 아이도 영유아 스마트폰 중독?
6	편식	편식이 심한 아이를 위한 맞춤 솔루션	12	정서	잠들기 전 이렇게 대화하세요
	집합 교육	우리 아이 초등학교 준비하기			
7	정서	부모가 알아야 할 아이의 정서발달	2020 1	양육	규칙 지키기 어려운 아이를 위한 양육
8	양육	소리 지르는 행동 바로잡기	2020 2	양육	무조건 울음으로 상황을 해결하려는 아이

출처: 청운어린이집 『2021년 부모교육연간계획안』.

〈부모교육신청서〉

우리 아이 초등학교 준비하기

안녕하십니까? 봄의 설렘 가득한 날을 지나 우리 친구들과 또 새로운 계절을 하나씩 함께하며 소중한 시간을 나누고 있습니다. 앞으로의 우리 친구들의 걸어가야 하는 그 길을 우리 부모님과 함께 응원하고 이야기 나누는 시간을 가지고자 합니다.

- **내 용 : 학령전기 아동의 진학 관련**
- **대 상 :** 해오름반, 별오름반 부모님
  (학령전기 아동 부모님 대상)
- **일 시 :** 2021년 6월 1일 (화요일)
- **시 간 :** 오후 13:00 ~ 15:00
  *5분 전 도착해주시기바랍니다.
- **장 소 :** 청운어린이집 2층 감각통합실 (예정)
  (신청인원에 따라 장소가 변경될 수 있습니다.)

♡ 절취선 아래의 신청서와 질문을 작성하셔서 **5월 27일 목요일 까지 꼭** 보내 주세요.
♡ 코로나로 인해 다과 준비가 어려운 점 양해 부탁드립니다.

-- 절취선 --

부모 교육 참여 신청서

__________ 반 이름 __________

부모교육 참여 여부
참가합니다. □

*궁금한 점을 적어주시면 교육에 반영하겠습니다.
-
-
-

사회복지법인 청운어린이집

(4) 유의점

가능한 많은 학부모가 참여할 수 있는 시기로 정하고 강연회 일정은 입학 초 연중 학사일정 소개 시에 알려주어 학부모들이 미리 일정을 조정하여 많이 참여할 수 있도록 한다. 학부모가 유치원(어린이집)을 방문할 때에는 환경구성과 정리정돈에 신경을 쓰고, 특히 영유아의 작품을 전시할 때에는 그들의 작품이 골고루 전시되도록 유의하며, 부모교육 자료는 강의 전에 배부하여 미리 읽어볼 수 있도록 배려한다. 강사에게 사전에 지역사회와 학부모의 특성 및 요구사항 등에 관하여 알려주고, 강사 섭외는 강사의 지명도에 따라 일찍 서둘러야 원하는 날짜에 할 수 있으므로 부모교육 강연 일정이 정해지면 강사 섭외가 우선되어야 한다. 학부모 요구도 조사는 전년도 교육평가에서 실시하여 다음 학년도 부모교육 계획에 반영해야 1년 일정을 미리 계획할 수 있다.

2) 워크숍

워크숍은 참가자가 전문가의 조언을 받으면서 문제해결을 위하여 하는 협동 연구를 말하며(위키백과), 영유아교육기관에서의 학부모 워크숍은 전문가의 도움을 받아 익힌 학습 경험을 가정에서 영유아들과 함께 활용해 볼 수 있도록 하는 부모교육방법으로 특정 시기 없이 연중 실시할 수 있다.

이를 통해 학부모는 자녀양육과 교육에 필요한 전문 지식과 기술을 배우고, 다른 학부모들과의 친밀감도 형성할 수 있다.

(1) 내용

자녀와 다양한 방법으로 놀이해 보고 싶은 부모들에게 자녀와 함께 해볼 수 있는 활동을 소개해 준다. 활동에 필요한 준비물을 기관에서 미리 준비해 주고 학부모들은 이를 이용하여 직접 활동을 경험해 본다.

- 영유아용 교재·교구 만들기
- 요리속의 수·과학적 의미에 대해 이야기 나누며 요리하기
- 발달 연령에 따른 영유아 책 읽기 지도
- 다양한 팝업북 만들기 체험
- 미술 재료를 활용한 다양한 미술활동
- 자녀와 함께하는 신체활동

(2) 진행절차

- 워크숍 일정을 공지하고 참석자 신청을 받는다.
- 워크숍 당일 신청자 수보다 넉넉하게 자료를 준비한다.
- 워크숍의 의미에 대해 안내한다.
- 원장이나 원감 또는 초청 강사가 직접 시범을 보여준다.
- 학부모에게 활동에 필요한 자료를 주고 직접 해 보도록 한다.
- 활동 평가 후 가정에서의 활용방안에 대해 토의한다.
- 다음에 다루었으면 하는 내용에 대한 의견을 듣는다.

(3) 부모 안내문 사례

'따뜻한 Book 소리, 우리집에 가득'

'책 읽어주는 아빠' 워크숍 신청 안내

학부모님 안녕하십니까

저희 유치원에서는 독서에 대한 관심 제고 및 분위기를 조성하여 책 읽는 문화를 확산시키기 위해 '책 읽어주기' 프로그램을 운영하고 있습니다.

보도에 따르면, 아빠가 아이에게 책을 읽어줄 때 아이들의 사고력과 상상력의 확장, 정서적 안정감이 높아진다고 합니다(2016. 3. 29. 조선일보).

이에 00유치원에서는 우리 아빠들이 쉽고 편안하게 자녀에게 책을 읽어줄 수 있도록 하기 위하여 '따뜻한 Book 소리, 우리집에 가득'이라는 주제로 '책 읽어주는 아빠' 워크숍을 준비하였습니다.

아이들은 가정과 사회의 미래입니다. 우리 아이들이 지혜롭고, 건강하며, 따뜻한 인성을 갖춘 사람으로 성장하는데 아빠가 책을 읽어주는 것은 아주 중요한 밑거름이 될 것입니다. 아이를 사랑하는 많은 아빠들의 참여를 기대합니다.

'책 읽어주는 아빠' 워크숍 신청

○ 대상 : 본원 재원하는 원생 아빠 ○ 기간 : 20 . . .(목) 19:00~21:00 ○ 장소 : 본원 3층강당 ○ 강사 : 00대학교 000교수	책 읽어주기 워크숍 ◈ 아빠 책 읽어주기 실제 ◈ 소그룹별 책 읽어주기 *책 읽어주기 어머니 지원단 워크숍

○ 신청 기간 : 20 . 00 . 00 .(월)~ (선착순)

---------------- 절 ---- 취 ---- 선 -----------------

워크숍 참가 확인서	
( ) 반	유아명 ( )
워크숍 참여를 희망합니다 ( )	워크숍 참여를 희망하지 않습니다( )

꿈을 키워주는 행복한 ○○○○ 유 치 원

(4) 유의점

워크숍을 진행할 때 너무 복잡하고 어려운 활동은 피하고 재미있으면서도 교육적 의미가 있는 활동으로 선정하며, 학부모가 유아에게 직접 활용할 수 있는 활동으로 구성한다.

3) 가정통신문

가정통신문은 영유아교육기관에서 학부모에게 알려야 할 공지사항을 중심으로 작성되는데 자세한 내용은 다음과 같다.

(1) 내용

가정통신문의 내용은 영유아교육기관에서 부모에게 알려야 할 내용이 모두 포함된다.

- 학사일정 및 다음 한 주간의 교육내용
- 영유아의 발달, 자녀양육방법, 안전교육 등 자녀양육에 도움이 되는 내용

- 효과적인 학습을 위해 부모가 준비하거나 도와주어야 할 사항
- 주말에 부모와 자녀가 함께 해 보거나 가봐야 할 곳
- 체험학습 및 견학일정 안내 및 이에 따른 등·하원 시간 변경 내용
- 영유아교육기관에 제출해야 할 서류 안내(행사참가신청서, 투약의뢰서 등)
- 영유아교육기관에 가져와야 할 개인 준비물(칫솔, 양치컵, 실내화 등)
- 영유아기관의 각종 행사(소풍, 물놀이, 졸업식, 수료식 등)
- 점심식사 및 간식식단
- 수두, 볼거리, 눈병 등 영유아들이 잘 걸리는 각종 질병에 대한 정보
- 납입해야 할 교육비

(2) 시기

일반적으로 가정통신문은 주 1회 발송하며 한 주가 끝나는 금요일에 영유아편에 보낸다. 이외에 특별한 행사가 있거나 급하게 알려야 할 사항이 있을 경우에는 금요일 이외에도 발송할 수 있다. 또한 여름방학이나 겨울방학 등 장기간 휴원을 할 경우에는 휴원 전날 발송한다.

(3) 사례

<table>
<tr><td rowspan="2">제2110-22호</td><td>청 운 소 식</td><td rowspan="2">원 훈
꿈과 끼를 키우는
행복한 교육</td></tr>
<tr><td>파라인플루엔자 바이러스</td></tr>
<tr><td colspan="3">경북 경주시 구메택지 2길 15 / 교무실 ☎745-6262 / http://cafe.naver.com/chungwooni</td></tr>
</table>

「파라인플루엔자 바이러스란」

코로나 19 발생으로 개인위생수준이 높아지면서 독감이나 수두, 결핵 같은 상당수 감염병이 줄어들었으나 식중독, 노로바이러스 장염이나 파라인플루엔자 바이러스 등 일부 호흡기 질환이 일부 지역에서 유행하고 있습니다.

특히, 질병관리청에 따르면 9.19 ~9.25 사이 6살 이하 파라인플루엔자 바이러스 감염증 환자는 111명으로 전체 환자의 94.8%를 차지했습니다.

종류	법정 제 4급 감염병 (급성 호흡기 감염증)
유행시기	4월 ~ 8월, 최근 계속 유행
증상	발열과 기침, 콧물, 가래 인후통 등 (간혹 설사 동반)

이에 의사의 진단결과 감염병에 감염 또는 감염된 것으로 의심되거나 감염될 우려가 있는 영유아, 「감염병의 예방 및 관리에 관한 법률」 제 2조 제 15호의 2에 따른 **감염병 의심자인 영유아는 등원을 중단하고 어린이집으로부터의 격리조치가 필요합니다. (등원이 가능하다는 의사의 소견서가 있어야 등원이 가능합니다.)**

(4) 유의점

가정통신문에 기재되는 교육내용은 어디까지나 예상하여 계획한 내용이기 때문에 변경될 가능성이 있다는 것을 반드시 알려야 한다. 또한 수두, 볼거리 등 전염성 질환이 발생할 경우 같은 내용을 몇 주 반복하여 기재하여 부모들의 경각심을 불러일으킬 필요가 있다. 특히 전염성 질환에 걸렸을 때는 완치 후 영유아교육기관에 등원해도 된다는 확인서를 제출하도록 안내하여 다른 영유아에게 전염되는 것을 방지해야 한다. 식단 안내 시 식재료의 원산지 표시를 하여야 한다. 가정통신문 작성 시 문장은 가능한 한 간결하게 하여 부모들이 한눈에 알아볼 수 있게 하는 것이 좋으며 꼭 강조하고 싶은 내용은 글자색을 다르게 하여 눈에 띄게 한다.

4) 관찰기록장

관찰기록장은 일일 연락장 또는 마주이야기라고도 하며 부모와 교사가 영유아의 기관생활과 가정생활을 공유하며 쌍방 간에 원활한 의사소통을 할 수 있도록 돕는다. 영유아의 행동을 유심히 관찰하여 관찰기록장에 매일 또는 주 단위로 기록하면 영유아의 발달 상황이나 특징을 보다 정확히 파악할 수 있으며 보다 많은 내용을 정확히 전달할 수 있다. 관찰기록장에 대한 자세한 내용은 다음과 같다.

(1) 내용

관찰기록장에는 영유아교육기관에서 원아의 생활, 발달 상황, 식사, 투약사항 등 전달사항을 기록한다. 기록할 때는 너무 어렵지 않은 용어를 사용하고 객관적인 입장에서 서술해야 한다.

관찰기록장은 일반적으로 부모가 가정에서의 생활을 작성하고, 교사가 기관에서의 생활을 작성하도록 되어 있다. 부모와 교사는 상대가 기록한 것을 보며 가정과 기관에서의 생활을 보다 쉽게 이해할 수 있다. 부모는 기관에 가지 않고도 자녀를 기르면서 어려운 점이나 교사의 도움이 필요한 부분을 교사에게 전달할 수 있고, 교사는 부모에게 필요한 양육지식을 전달하거나 적절한 교육 자료를 배부할 수 있어 자연스럽게 부모교육이 이루어질 수 있다.

(2) 시기

관찰기록장은 매일 보내는 것이 일반적인 방법이다. 주로 어린이집 어린 영아들을 대상으로 하기 때문에 매일 작성한 후 가정으로 보내어 영유아의 상태를 부모가 알 수 있도록 한다. 유아를 대상으로 원 생활에 대한 마주이야기의 관찰기록장을 작성하기도 한다. 관찰기록장은 영유아편에 보내거나 등·하원 시 부모나 교사를 통해 전달한다.

(3) 사례

♡3월의 이야기방♡

☆담임선생님께 전할 내용이 있으시면 아래에 기록하여 주시면 됩니다.

학부모(/)	담임교사(/)
학부모(/)	담임교사(/)

꿈을 키워주는 행복한 ○○○ 유치원

주	♡생활 안전교육♡	가정	유치원
3/1	1. 약물에 대한 이해		
3/2	2. 화재의 기초적인 개념		
3/3	[illegible]		
3/4	[illegible]		
주	♡인성교육♡	가정	유치원
3/1	5세 - 배려: '자리에서 박세요'를 통한 배려 교육 6세 - 소통: '눈덩이 사라졌어요'를 통한 소통 교육 7세 - 절제: '시간은 재깍재깍'을 통한 절제 교육		
3/2	절제.존중.준법:큰 숫자를 맞춰라!		
3/3	5세 - 배려: 친구와 인사해요 6세 - 소통: [illegible] 7세 - 절제: 자유선택활동을 계획하고 실천해요		
3/4	절제.예절.공존.소통.준법:사방치기 친구		
주	♡언어전달♡	유치원	
3/1			
3/2			
3/3			
3/4			

꿈을 키워주는 행복한 ○○○ 유치원

♡3월의 이야기방♡

☆담임선생님께 전할 내용이 있으시면 아래에 기록하여 주시면 됩니다.

학부모(3/19)	2017년 3월 16일 목요일
[illegible]	 어머님♥ 하늘하늘 [illegible]유치원(cafe.daum.net/best-kid)에 일주일에 두번씩 사진이 올라온답니다. 우리 꼬맹이들의 일상생활 사진도 보시고 댓글, 관심부탁드려요^^ 꿈다루 이야기방에서는 저와 소통하고 뒷장에는 아이들이 교실에서 배운 언어전달과 친구책으로 하는 독서활동을 기록하면 됩니다☆ 가족분들과 즐거운 주말 보내세요☆
학부모(3/22)	담임교사(3/31)
[illegible]	안녕하세요. 수빈이 어머님 수빈이는 새로운 친구들, 동생들과 노란별반에서 하루하루 잘 지내고 있답니다. 요즘 민주라는 친구가 수빈이를 무척 좋아해서 같이 놀고 싶어해요. 반에서 인기가 많은 수빈이랍니다♡

주	♡생활 안전교육♡	가정	유치원
3/1	1. 약물에 대한 이해		★
3/2	2. 화재의 기초적인 개념		★
3/3	[illegible]		★
3/4	[illegible]		★
주	♡인성교육♡	가정	유치원
3/1	[illegible]		♡
3/2	절제.존중.준법:큰 숫자를 맞춰라!		♡
3/3	[illegible]		♡
3/4	절제.예절.공존.소통.준법:사방치기 친구		♡
주	♡언어전달♡	유치원	
3/1			
3/2			
3/3	친구와 사이좋게 지내요		
3/4	유치원이 제일 좋아요		

꿈을 키워주는 행복한 ○○○ 유치원

온라인 알림장은 사용이 간편하고 실시간 소통이 가능한 장점이 있다.

(4) 유의점

관찰기록장은 영유아가 영유아교육기관과 가정에서 일관성 있는 돌봄을 받고 부모가 자녀의 기관생활이나 발달상황을 이해하도록 하는 것이 주목적이므로 가능한 한 자세히 기술하고 부모가 오해할 만한 내용은 피하는 것이 좋다. 영유아가 고쳐야 할 문제행동을 기술할 때는 세밀한 관찰이 필요하고 가능한 한 완곡한 표현을 사용한다.

5) 온라인 부모교육

최근 부모교육에 대한 필요성이 강화되면서 그에 대한 학습 욕구가 증가하고 관련 연구도 활발해지고 있다. 또한 특정한 시간과 장소에서 행해지는 부모교육에 참여하는 것이 어려워지면서 온라인 부모교육에 대한 관심이 향상되고 있다. 특히 코로나19 이후로 교육의 수단에 있어서 온라인 교육은 필수불가결한 조건이 되었다. 비대면 학습이 주를 이루는 시대적 상황과 맞물려 부모교육 매체로써의 비중은 더욱 높아지고 있는 실정이다.

(1) 내용

온라인 부모교육은 부모들이 쉽게 프로그램을 접할 수 있으며 자녀 양육에 대한 문제점을 해결할 수 있고 내용을 다양하게 구성할 수 있다는 것이 큰 장점이다.

(2) 시기

온라인 부모교육에는 교수자와 학습자가 서로 확인할 수 있고 질의응답도 가능한 실시간 비대면 교육이나 정해진 기간 안에 접속하여 수강해야 하는 반 자율적 형태의 교육 등이 있다. 교육의 형태와 참여가능한 부모의 수요에 따라 날짜(기간), 시간을 정하는 것이 바람직하다.

(3) 사례

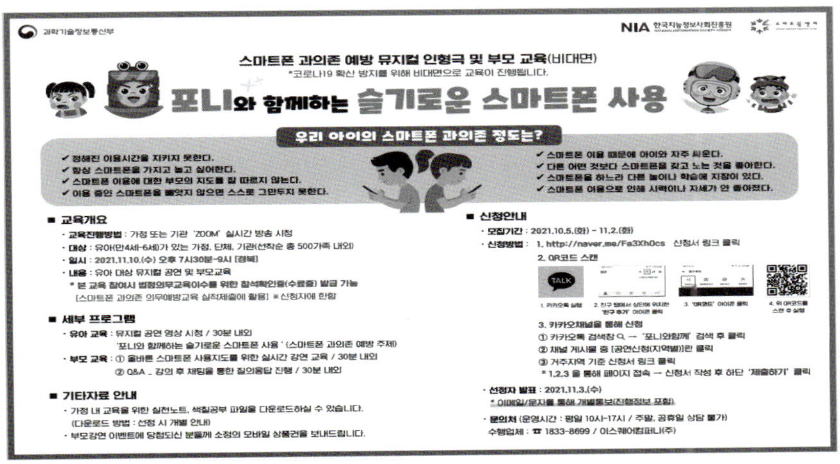

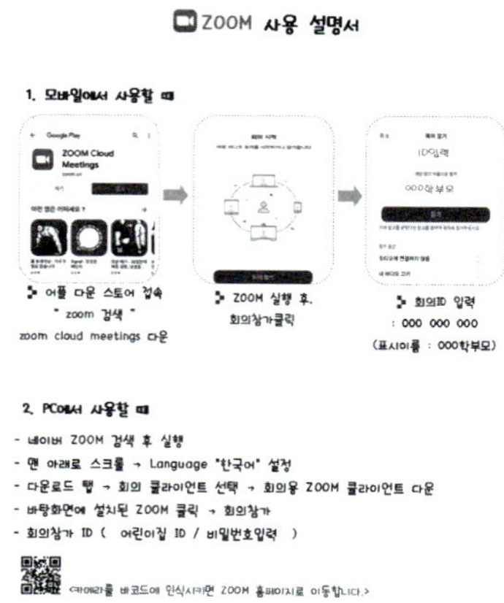

(4) 유의점

부모교육은 온라인뿐 아니라 오프라인 상에서도 정기적인 만남을 병행할 필요성이 있다. 온라인에서는 글로만 생각을 전달할 수 있어 내면의 깊은 생각까지 표현하기 어렵고 자칫 참여 동기가 저하될 수 있기 때문에 정기적 모임이나 토의할 수 있는 기회를 제공하는 것이 좋다.

3 현장 실제 프로그램 - 열린어린이집

1) 열린어린이집이란

어린이집의 물리적 공간 개방성과 함께 보육프로그램, 어린이집 운영에 이르기까지 부모의 일상적 참여가 이루어지는 어린이집 운영 형태이다. 열린어린이집은 부모, 어린이집, 지역사회가 더불어 건강한 양육환경을 조성하고 영유아와 그 가족의 행복을 증진하기 위함이다.

2) 열린어린이집의 목적

- 영유아의 건강한 성장과 발달 지원
- 안정되고 개방된 양육환경 제공
- 영유아의 권리와 행복 추구

3) 열린어린이집이 필요한 이유

- 가정과 어린이집이 소통하고 참여함으로써 서로 신뢰하고 지지적인 관계로 발전하여 영유아의 건강한 성장과 발달을 도울 수 있다.
- 가정, 어린이집, 지역사회가 동반자적 관계를 구축함으로써 안정되고 개방된 양육환경을 제공할 수 있다.
- 정보공개를 통해 부모의 어린이집에 대한 이해를 높이고 다양한 육아 정보를 공유할 수 있다.

4) 열린어린이집의 특성은 무엇인가

개방성	부모의 어린이집 공간 접근성이 확보되며, 어린이집 운영 관련 정보가 공개되고, 부모와 어린이집의 활발한 소통이 이루어지는 곳입니다.
자발성과 참여성	어린이집 운영 및 보육과정 실행에 부모의 자발적 참여가 활발히 이루어지는 곳입니다.
지속가능성	어린이집과 가정의 신뢰 구축을 위해 일회성이 아닌 지속적 교류가 일어나는 곳입니다.
다양성	시설 유형 및 규모, 지역적 특성, 영유아 가족의 여건, 영유아의 연령 등을 반영하여 다양한 부모참여 활동이 계획되고 운영되는 곳입니다.

그림 8-9 지역사회협력프로그램

지역사회기관(한수원)과 협력하여 환경교육 후 부모참여 프로그램을 같이 진행하여 프로그램의 이해를 높일 수 있는 예시

5) 열린어린이집은 무엇을 하나?

영유아가 행복한 최적의 보육환경을 조성하도록 노력하며 영유아의 부모가 부모교육, 부모상담, 부모행사, 봉사활동, 의사결정자/평가자로서 참여할 수 있도록 한다.

신입원아 부모 오리엔테이션	시설 유형 및 규모, 지역적 특성, 영유아 가족의 여건, 영유아의 연령 등을 반영하여 다양한 부모참여 활동이 계획되고 운영되는 곳입니다.
부모 개발 상담	보육교직원과 개별 부모가 영유아의 성장과 발달, 생활 전반에 대해 서로 의견을 교환하고 긴밀한 협력관계를 유지하는 활동입니다.
어린이집 운영위원회	어린이집 운영의 자율성과 투명성을 높이고 지역사회와의 연계를 강화하기 위해 원장, 보육교사, 부모, 지역사회 인사 등이 참여하여 어린이 집의 운영 전반을 심의하는 의사결정 활동입니다.
부모교육	영유아의 발달 및 자녀 양육과 육아정보에 이르기까지 육아에 필요한 다양한 내용을 강의, 토의 등으로 제공하는 폭넓은 의미의 교육활동입니다.
부모참여 프로그램	어린이집 행사나 영유아 보육과정에 부모가 참여하여 영유아의 어린이집 생활을 참관하거나 경험을 공유할 수 있도록 하는 프로그램입니다.
부모 만족도 조사	부모가 어린이집의 보육서비스 및 운영 전반에 대해 평가하는 부모만족도를 실시함으로써 어린이집 운영 개선을 위해 활용합니다.

6) 열린어린이집의 환경 구성의 특징

① 물리적 환경

열린어린이집은 물리적·심리적으로 개방된 곳이다. 부모가 일상생활 중 언제든지 찾아와서 자유롭게 자녀를 볼 수 있으려면 물리적 공간 구성이 개방되어 있어야 한다. 물리적·공간적 환경의 특성은 다음과 같다.

표 8-3 물리적 환경 특성

구분	세부내용
출입구	• 등하원 시 부모와 교사가 자연스럽게 상호작용할 수 있는 중요한 곳이므로 여건에 따라 작은 의자, 작은 책상 등을 비치하여 잠시 머무르거나 대화할 수 있는 공간으로 구성
현관	• 주로 신발장이 비치되어 있으나, 벽면 등의 자투리 공간을 활용하여 부모가 알아야 할 어린이집의 정보 등을 읽기 쉽게 구성하여 제공
연결 통로와 복도	• 매우 일상적인 장소이면서도 작은 소통이 활발해 질 수 있는 공간 • 어린이집에 방문한 부모에게 이야깃거리를 제공할 수 있도록 영유아의 결과물, 교수-학습 자료 등을 전시
부모 공용 공간	• 어린이집에 방문하여 소모임 등의 활동을 할 수 있는 공간 • 부모들이 모여 담소를 나누고 육아 관련 도서를 읽을 수 있도록 공간 마련
창문	• 창문을 통해 보육실 안의 자녀가 어떻게 생활하는지 자연스럽게 관찰 가능하도록 구성 • 보육실 벽에 창문이 없는 경우에는 보육실 문에 유리창문을 내어 보육실 창문을 대신 할 수 있음

② 인적 환경

열린어린이집을 위한 인적 환경이란, 어린이집 구성원인 교직원과 부모, 지역사회가 열린어린이집의 가치를 공유하고 상호 소통하려는 마음자세를 갖춘 것을 의미한다. 원장을 포함한 보육교직원, 부모, 지역사회 등 인적 환경의 특성은 다음과 같다.

표 8-4 인적 환경 특성

구분	세부내용
원장	• 부모를 협력자이자 동반자로 바라보는 마음자세를 갖추고, 부모참여는 영유아의 발달을 지원하는 필수적 활동이라는 공감대를 어린이집과 부모에게 형성하기 위해 노력 • 부모교직원 간 원활한 소통의 기회를 마련하고, 교사실이나 교사휴게실 등을 지원
보육교사	• 열린어린이집 취지를 이해하고, 보육교직원 간 협의를 통해 어린이집 특성, 가족 특성을 반영한 참여활동 개발을 위해 노력
부모	• 부모참여활동에 적극적으로 임함으로써 어린이집 운영 취지를 이해하려 노력 • 부모 개개인의 일정에 맞추기 어려움을 이해하고 최대한 어린이집이 안내하는 활동일정에 맞추려는 노력 필요
지역사회	• 지역사회 자원(관공서, 도서관, 육아종합지원센터 등)의 적극 활용에 협조하고 협력체계 유지

7) 열린어린이집 운영 절차

준비	실행	평가
▪ 함께 생각 모으기 ▪ 부모 희망사항 파악하기 ▪ 운영계획 세우기 ▪ 운영계획 부모에게 안내하기	▪ 운영계획 실행하기	▪ 준비, 실행에 대한 평가 ▪ 향후 계획에 반영

① 함께 생각 모으기

보육교직원은 열린어린이집 운영에 필요한 내용을 함께 의논한다. 부모 협조사항과 다양한 부모참여 활동을 의논하고, 부모 요구도 조사 자료를 만든다.

단계	내용
1단계 보육교직원 자율 자료 수집	- 보육교직원의 업무 특성에 맞게 역할 분담 및 관련 자료 수집 - 어린이집 운영지침 중 부모 협조사항과 다양한 부모참여활동 자료 수집
2단계 보육교직원 회의	- 당해 연도 부모 협조 정도와 부모참여 시 어려운 점, 다음 연도에 개선 보완할 점 검토 - 당해 연도에 진행한 부모참여활동 결과 평가 및 반영 여부 등 논의하여 추가 활동 계획
3단계 수요조사 자료 만들기	- 필요시 팀별 자료 제작 작업 착수 - 자료 제작 완료 후 보육교직원 전체 회의에서 검토

② 부모 희망사항 파악하기

어린이집이 일방적으로 부모참여 활동계획을 수립하는 것보다, 사전에 부모 희망사항을 조사하고 그 결과를 운영계획 수립에 반영한다.

어린이집 이용 협조사항도 함께 안내하여 어린이집 운영에도 도움을 받는다.

어린이집 개별 상황과 보육교직원이 참여할 수 있는 범위를 고려하고 부모교육, 부모행사, 재능기부 등으로 분류하여 부모 희망사항과 참여 정도를 조사한다.

③ 함께 생각 모으기

어린이집의 공간개방성, 프로그램 등을 고려하여 열린어린이집 운영계획을 세운다.

열린어린이집은 구조, 운영에서 개방적이고 부모의 일상적 참여가 이루어지는 어린이집으로 지방자치단체의 장이 선정한 어린이집이다.

그림 8-10 부모의 직업적 특성을 활용해 재능기부를 통한 부모참여 프로그램

④ 열린어린이집 운영계획 부모에게 안내하기

수립된 연간 운영계획을 전체 부모에게 안내하여 부모들의 희망사항을 반영한 어린이집의 노력과정을 알리고, 열린어린이집 운영은 행사의 나열적 진행이 아니라 부모들의 적극적인 협조와 참여가 필요함을 안내한다. 부모참여 시 주의사항에 대해 안내하여 자발적이고 능동적인 태도로 참여하도록 독려하는 것이 좋다.

〈실행 및 평가하기〉

연초에 수립한 열린어린이집 운영계획에 따라 세부계획을 세우고 열린운영을 실행한다. 이때 어린이집의 규모와 물리적 환경, 부모 특성, 보육교직원 여건 등을 고려하고 열린어린이집 운영계획을 원활하게 실행하기 위해 보육교직원, 부모 등이 운영 취지를 이해하고 실행하는 것이 중요하다.

그림 8-11 열린어린이집에서의 부모참여프로그램
교육과정에 따른 현장학습에 부모가 보조교사의 역할로 참여 예시

8) 열린어린이집의 선정 기준 (2020년 기준)

시·도 또는 시·군·구는 매년 우수한 부모참여프로그램을 운영하고 개방성이 높은 어린이집을 열린어린이집으로 선정하고 있다.

표 8-5 열린어린이집 선정, 관리 기준

구 분	내 용
개 념	어린이집의 물리적 구조, 프로그램 운영에서 개방적이고 부모의 일상적 참여가 이루어지는 어린이집으로 지방자치단체의 장이 선정한 어린이집
선정 요건	① 개방성(가. 공간 개방성, 나. 부모 공용 공간, 다. 정보공개, 라. 온라인 소통 창구) ② 참여성 가. 신입원아 부모 오리엔테이션(연 1회 이상) 나. 부모 개별 상담(연 2회 이상) 다. 어린이집 운영위원회 또는 조합(협동어린이집)총회(분기별 1회 이상) 라. 부모교육(연 2회 이상)

구분	내용
	마. 부모참여프로그램(열린어린이집의 날 운영, 분기별 1회 이상) 바. 부모만족도조사(연 1회) 사. 부모 어린이집 참관(연중) ③ 지속가능성 가. 부모참여활동 수요조사(연 1회) 나. 부모참여활동 정기 안내 및 공지(분기별 1회 이상) ④ 다양성 가. 부모참여 활동의 균형적 운영 나. 지역사회와의 연계 및 협력 활동(연 2회 이상) ⑤ 지자체 자체 선정기준
선정권자	지방자치단체의 장 (시·도지사 또는 시·군·구청장)
신규 선정 및 재선정	(신규) 지방자치단체의 장이 매년 선정기준에 따라 평정하여 80점 이상인 어린이집 중에서 선정 (재선정) 지방자치단체의 장이 유효기간이 도래한 열린어린이집에서 재선정을 희망 시 세부선정기준에 따라 평정하여 80점 이상인 경우 재선정함
선정 취소	열린어린이집 선정을 거짓 또는 부정한 방법으로 받은 경우

함께 생각해 보기

3월 신입아동 적응기간이 끝난 후 부모와의 초기상담을 대비해 다음의 절차에 따른 자료 준비와 교사의 역할 또는 준비사항에 대해 계획해 봅시다.

절차 및 내용	교사의 역할 및 준비	자료준비
상담기간 및 수요조사		
상담준비		
상담 전날		
부모상담		
상담 후		

참고문헌

김경미(2019). 육아종합지원센터 가정양육지원 사업 운영 현황 및 보육전문요원의 인식. 이화여자대학교 대학원 박사학위논문.

김경란(2006). 다문화가정자녀의 자아정체감과 사회적 지지가 사회적응에 미치는 영향. 국민대학교 행정대학원 석사학위청구논문.

김미숙(2001). 유아기 자녀를 둔 어머니의 양육스트레스 및 양육효능감과 양육행동과의 관계. **대한가정학회지**, 43(8), 25-35.

김미숙 외(2000). 결손가정아동에 대한 조부모의 역할에 관한연구. 광운대학교 정보복지대학원 석사학위청구논문.

김미옥 · 천성문(2014). 재혼가족의 생활적응향상을 위한 부모교육 프로그램 개발 및 효과. **한국심리학회지**, 26(4), 903-928.

김세영(2021). W부모학교 온라인부모교육프로그램의 효과검증. 아주대 대학원 석사학위논문.

김시혜 · 정순화(1998). 너 잘되라고 때리지 미워서 때리냐. **아동학회지**, 19(1), 55-84.

김애란 · 유경숙 · 유혜자 · 이병래(2021). **부모교육(제 3판)**. 서울: 정민사.

김인경(2017). 한국개발연구원(KDI). 통권 **제79호**

김영옥(2016). **부모교육(2판)**. 경기: 공동체.

김정원 · 전선옥(2016). **영유아교육기관의 부모교육**. 서울: 창지사.

김종권(1993). **사소절**. 서울: 홍신문화사.

김종현 · 윤치연 · 이성현 · 이은림(2016). **특수아동의 이해**. 경기: 공동체.

김지현 · 정지나 · 조윤주 · 한준아(2014). **부모교육**. 경기: 양서원.

김진영 외(2000). **영유아를 위한 부모교육**. 서울: 창지사.

김진경 · 서주현(2014). **부모교육**. 서울: 한국방송통신대학교출판문화원.

김희재(2015). 다문화가정 자녀의 교육실태 및 개선방안에 관한연구. 중앙대학교 대학원 석사학위청구논문.

김희진(2012). **유아교육기관에서의 부모교육과 지원**. 서울: 파란마음.

노희연 · 김민정(2007). 인터넷 카페를 활용한 부모교육의 운영과 효과. **아동복지연구**, 5(1), 55-74.

류점숙(1995). 조선시대 아동의 효행교육. **아동학회지**, 16(1), 21-31.

마미정 · 박초아 · 김동례 · 정경진(2015). 지역중심 가정양육지원 사업의 현황 및 활성화 방안. **부모교육연구**, 12(2), 5-29.

박성연 · 김상희 · 김지신 · 박웅임 · 전춘애 · 임희수(2014). **부모교육(3판)**. 서울: 교육과학사.

백은령 · 김기룡 · 유영준 · 이명희 · 최복천(2010). **장애인 가족지원**. 경기: 양서원.

백혜리(1999). 현대 부모-자녀 관계와 조선시대 부모-자녀 관계의 관계. **아동학회지**, 20(2), 75-82.

보건복지부(2007). 다문화가족 생애 주기별 맞춤형 지원 강화대책, 정책연구과제.

보건복지부(2015). 어린이집 아동학대 근절대책 보도자료.

보건복지부(2020). 2020열린어린이집 가이드라인.

서울특별시 유아교육진흥원(2012). 유치원 부모교육 프로그램.

서혜정 · 서영숙(2002). 웹 기반 부모교육 성과의 예측변인에 관한 연구. **열린유아교육연구**, 7(2), 129-153.

서주현(2021). 온라인 부모교육을 기반으로 한 실천공동체의 학습과정 사례연구. 한양대교육대학원 석사학위논문.

설은주(2006). **가정사역론**. 서울: 예영커뮤니케이션.

신윤식(1998). **어린이를 바르게 지도하는 방법**. 서울: 학문사.

여성가족부(2004). 유아기 부모를 위한 양성평등의식 교육 프로그램.

여성가족부(2015). 성별과 맞벌이 여부에 따른 일/가정양립의 어려움.

여성가족부(2016). 2016년 성평등 보고서.

오성심 · 이종승(1982). 부모의 양육방식에 대한 아동의 지각과 정의적 특성 간의 관계. **연구노트(한국행동과학연구소)**, 11(1), 1-15.

유윤영(2010). **부모교육**. 경기: 정민사.

유은정 · 김혜연 · 박혜정 · 신현정 · 이찬숙 · 황현주(2012). **부모교육**. 경기: 양서원.

유정기(1975). **동양사상사전**. 대구: 대한공보사.

유효순 · 이원영(2005). **부모교육(3판)**. 서울: 한국방송통신대학교출판부.

이경희(1993). 부모의 언어통제유형과 아동의 사회적 능력과의 관계. 고려대학교 대학원 박사학위 청구논문.

이계학(1991). **인격교육론**. 서울: 성원사.

이선애 · 김상림 · 신희이(2015). **부모교육**. 경기: 정민사.

이순형 · 민하영 · 권혜진 · 정윤주 · 한유진 · 최윤경 · 권기남(2012). **부모교육**. 서울: 학지사.

이원영(1983). **부모교육론**. 경기: 교문사.

이원영(1985). **부모교육론**. 경기: 교문사.

이재연 · 김경희(2003). **부모교육**. 경기: 양서원.

이희란(2013). 부모의 자율성지지 및 심리적 통제와 자녀의 심리사회적 적응의 관계: 자녀의 자기조절양식의 매개효과. 단국대학교 대학원 박사학위논문.

이현옥 · 김향자 · 허선자 · 박희숙 · 김연진(2016). **부모교육**. 경기: 공동체.

정계숙 외(2015). **부모교육**. 서울: 창지사.

정순화 · 김시혜(1996). 동시를 통해 아동이 묘사한 아버지의 모습. 아동학회지, 17(2), 79-105.

정옥분 · 김광웅 · 김동춘 · 유가효 · 윤종희 · 정현희 · 최경순 · 최영희(1997). 전통 '효'개념에서 본 부모역할 인식과 자녀양육행동. **아동학회지**, 18(1), 81-107.

정옥분·정순화·임정하(2007). **정서발달과 정서지능**. 서울: 학지사.

정옥분·정순화(2019). **부모교육**. 학지사.

정원식(2015). **가정교육의 실제**. 서울: 교육과학사.

조경자·송윤이(2017). **부모교육**. 경기: 양서원.

조옥라(1996). "재혼, 그 또 다른 시작" 한국가정 법률상담소 창립 40주년 심포지엄 자료집.

중앙육아종합지원센터(2015). **어린이집 이해와 운영위원회 참여**. 서울: 중앙육아정보센터.

중앙육아종합지원센터(2021). 2021 육아종합지원센터 공통부모교육 사업 운영안내. 서울.

최경순(1992). 아버지의 양육행동 및 참여도와 아동의 사회적 능력과의 관계. 고려대학교 대학원 박사학위 청구논문.

최민숙(2007). **장애아동 교육을 위한 가족참여와 지원**. 서울: 학지사.

홍길희·이혜란·왕영희·정미자(2016). **사회·가족 변화에 따른 부모교육**. 서울: 창지사.

통계청(2021). 2020년 출생통계.

통계청(2021). 인구주택총조사.

통계청(2021). e-나라지표.

통계청(2021). 장래가구추계: 2027~2047.

통계청(2021). 연도별 재혼 건수.

통계청(2021). 국제결혼 현황.

통계청(2021). 경제활동인구조사.

Baumrind, D. (1978). Parental disciplinary patterns and social competence in children. *Youth and Society, 9,* 239-276.

Becker, W. C. (1964). Consequences of different kinds of parental discipline. *Review of child development research, 1,* 169-208.

Berne, E. (1996). Principles of transactional analysis. *Indian Journal of Psychiatry*, *38*(3), 154-159.

Berne, E. (2009). *Games people play*. 심리게임 교류분석으로 읽는 인간관계의 뒷면 (조혜정 역) 서울 교양인. (원저출판년도 1964).

Bowlby, J. (1969/1982). *Attachment and loss(Vol.1) : Attachment.* London : Hogarth Press.

Bronfenbrenner, U. (1958). Socialization and social class through time and space. In T. Newcomb & E. L. Hartley (Eds.), *Readings in social psychology*(pp. 400-425). New York, NY : Henry Holt and Company.

Bronfenbrenner, U. (2000). Ecological system theory. In A. E. Kazdin (Ed.), *Encyclopedia of psychology*(pp. 129-133). New York, NY : Oxford University Press.

Brooks, J. B. (1993). *The process of parenting.* Palo Alto, CA : Mayfield Publishing Co.

Campbell, S. B., Pierce, E. W., Moore, G., Markovitz, S., & Newby, K. (1996). Boys' externalizing problems at elementary school age : Pathways from early behavior problems, maternal control, and family stress. *Developmental and Psychopathology, 8*(4), 701-719.

Cardemil, E. V., Reivich, K. J., Seligman, M. E. P. (2002). The prevention of depressive symptoms in low-income minority middle school students. *Prevention & Treatment, 5,* 8.

Cataldo, C. Z. (1987). *Parent education for early childhood.* New York, NY : Teachers College Press.

Conger, R., Lorenz, F., Elder, G., Melby, J., Sikons, R., & Conger, K. (1991). A process of model of family economic pressure and early adolescent alcohol use. *Journal of Early Adolescence, 11,* 430-449.

Conger, R., Conger, K., Elder, G., Lorenz, F., Simons, R., & Whitbeck, L. (1992). A family process model of economic hardship and adjustment of early adolescent boys. *Child Development, 63,* 526-541.

Cornell, W. F. Graaf, A., Newton, T., & Thunnissen, M. (2016). *Into TA. A comprehensive textbook on transactional analysis.* London: Routledge.

Dreikurs, R. & Goldman, M. F. (1986). The ABC's of guiding the child. Alfred Adler Institute of Chicago.

Erikson, E. (1950). *Childhood and society.* New York, NY : Norton.

Erikson, E. (1968). *Identity : Youth and crisis.* New York, NY : Norton.

Fleming, A. S., Ruble, D., Krieger, H., & Wong, P. Y. (1997). Hormonal and experiential correlates of maternal responsiveness during pregnancy and the puerperium in human mothers. *Hormonal Behavior, 31*, 145-158.

Freud, S. (1933). *New introductory lectures on psycho-analysis.* London : Hogarth.

Galinsky, Ellen, The six Stage of Parenthood.(1992). 김세희·김정준·송미선·장화선·전선옥 편역. **자녀와 더불어 성장하는 부모**, 경기: 양서원.

Gilbert J. I.(1986). Logical con sequences: A new classification. *Individual Psychology, 42*(2), 243-254.

Ginott, H., Ginott, A. & Goddard, W. (2003a). *Between parent and child. Revised and updated.* New York: Three rivers press.

Ginott, H., Ginott, A. & Goddard, W. (2003b). 부모와 아이 사이. (신홍민 옮김). 서울: 양철북 (원저출판년도 2003).

Gordon, T. (2002). 부모역할훈련. (이훈구 옮김). 서울: 양철북. (원저출판년도 1965).

Gordon, T. & Gordon, J. (2005). 부모역할 배워지는 것인가. (김인자 역) 서울: 한국심리상담연구소 (원저출판년도 1989).

Grotberg, E. (1983). *The present status and future needs in day care research.* Washington, DC : Office of Child Development.

Hamner, T. J., & Turner, P. H. (1996/2001). *Parenting in contemporary society.* New York, NY : Allyn & Bacon.

Harman, D., & Brim, O. G. (1990). *Learning to be parents : Principles, programs, and methods.* New York, NY : MaGraw-Hill.

Kohn, M. L. (1963). Social class and parent-child relationships : An interpretation. *American Journal of Sociology, 68*(4), 471-480.

Mansbach, I. V., & Green baum, C. W. (1999). Developmental maturity expectation of Israeli fathers and mothers : Effects of education, ethnic origin, and religiosity. *International Journal of Behavioral Development, 23,* 771-797.

Mead, M. (1968). *Male and female.* New York, NY : Dell.

Miller, A. (1983). *For your own good.* Toronto, ON : Collins.

Newman, L. F., & Buka, S. L.(1993). Clipped wings. In K .L. Freiberg (Ed.), *Human Development(21th ed.)*, 96-101.

Ninio, A. (1988). The effects of cultural background, sex, and parenthood on beliefs about the timetable of cognitive development in infancy. *Merrill-Palmer Quarterly, 34,* 369-388.

Parke, R. D. (1995). *Fatherhood.* Cambridge, MA : Harvard University

Press.

Parker, G. (1979). Parental characteristics in relation to depressive disorders. *The British Journal of Psychiatry, 134*(2), 138-147.

Parker, G., Tupling, H., & Brown, L. B. (1979). A parental bonding instrument. *British journal of medical psychology, 52*(1), 1-10.

Parsons, T., & Bales, R. F. (1955). *Family, socialization and interaction.* New York, NY : The Free Press.

Patterson, G. R. & Yoerger, K. (1997). A development model for late-onset delinquency. *Nebraska Symposium on Motivation, 44,* 119-177.

Schaefer, E. S. (1959). A circumplex model for maternal behavior. *Journal of Abnormal and Social Psychology, 59, 226-235.*

Symonds, P. H. (1949). *The dynamics of parent-child relationships.* New York : Harper and Row.

Stewart, I. (2009). 교류분석의 창시자 에릭 번. (박현주 옮김). 서울: 학지사 (원저출판년도 1992).

Stewart, I. & Joines, V. (2010). **현대의 교류분석**. 제석봉, 최외선, 김갑숙, 윤대영 공역. 서울: 학지사 (원저출판년도 1987).

Vondra, J., Sysco, H., & Belsky, J. (2005). Developmental origins of parenting : Personality and relationship factors. In T. Luster & L. Okagaki (Eds.), *Parenting : An ecological perspective* (2nd ed., pp. 35-71).

Winch, R. (1971). The modern family (3rd ed.). New York, NY : Holt, Rinehart and Winston.

찾아보기

ㄱ

ㄴ

ㄷ

ㅁ

ㅂ

ㅅ

ㅇ

ㅎ

기타

저자소개

■ **안지영**

위덕대학교 유아교육과 교수

■ **김민정**

영진전문대학교 사회복지과 겸임교수

■ **박영주**

청운 장애아전문 어린이집 원장

■ **이승하**

중앙대학교 유아교육과 교수

■ **최효정**

포항대학교 유아교육과 교수

부모교육론 개정판

초　판 1쇄 발행 / 2018년 2월 25일
개정판 1쇄 발행 / 2022년 2월 25일
개정판 2쇄 발행 / 2024년 8월 30일

공저자 / 안지영 · 김민정 · 박영주
이승하 · 최효정
발행인 / 이　중　수
발행처 / **동　문　사**

서울특별시 서대문구 홍제원 1길 12
(홍제동 137-8)
Tel : 02)736-3718(대), 736-3710, 3720
Fax : 02)736-3719
등록번호 : 1974.04.27. 제9-17호
가격 : 20,000원

ISBN : 979-11-6328-401-7(93370)
E-mail : dong736@naver.com
www.dongmunsa.com